新型城镇化与新型城乡空间研究丛书

主编　王兴平

集约型城镇产业空间规划
原理·方法·案例

[国家自然科学基金(编号 51078071 和 50508009)]
[东南大学科技出版基金资助]

王兴平　朱　凯　李迎成　著

东南大学出版社
SOUTHEAST UNIVERSITY PRESS
南京·2014

内容提要

生产功能是城镇的基本功能，产业空间是城镇的核心功能空间。在新型城镇化背景下，以集约为导向、对产业空间进行科学规划，是提高我国城镇空间利用效益的重要途径。本书在大量基础研究和规划设计实践的基础上，通过经济学、地理学、城乡规划学等学科的交叉融合以及产业规划、城乡规划、土地利用规划等部门规划的衔接整合，提出了系统的集约型产业空间规划的技术路线，构建了产业发展规划、产业空间布局规划、产业空间再开发规划以及产业空间准入规划与管理控制等核心环节的规划原理和具体技术方法，在一定程度上填补了相关领域的技术空白，并结合规划案例对区域产业空间、综合性开发区产业空间、小城镇产业空间以及新型产业区产业空间等类型的规划进行了具体介绍和展示。

本书可供城乡规划学、经济学、地理学、管理学等领域的专业人员和高校学生参考，也可供各级、各类开发区及政府经济管理、土地管理、城乡规划管理等人员使用。

图书在版编目(CIP)数据

集约型城镇产业空间规划:原理·方法·案例/
王兴平等著. —南京:东南大学出版社,2014.2
(新型城镇化与新型城乡空间研究丛书)
ISBN 978-7-5641-4762-4

Ⅰ.①集… Ⅱ.①王… Ⅲ.①城镇经济—产业经济—经济规划—空间规划—研究—中国 Ⅳ.①F299.221

中国版本图书馆 CIP 数据核字(2014)第 033302 号

书　　名:集约型城镇产业空间规划:原理·方法·案例
著　　者:王兴平　朱　凯　李迎成
责任编辑:孙惠玉　　编辑邮箱:894456253@qq.com
文字编辑:李　贤

出版发行:东南大学出版社
社　　址:南京市四牌楼2号　　邮　　编:210096
网　　址:http://www.seupress.com
出 版 人:江建中

印　　刷:兴化印刷有限责任公司
排　　版:江苏凤凰制版有限公司
开　　本:787 mm×1092 mm　1/16　　印张:15.25　　字数:379千
版 印 次:2014年2月第1版　　2014年2月第1次印刷
书　　号:ISBN 978-7-5641-4762-4
定　　价:49.00元

经　　销:全国各地新华书店
发行热线:025-83790519　83791830

总序

在人类社会漫长而无限的时空演进场景中，城镇的出现虽然历史悠久，但是它主导、引导人类社会的发展进程和城镇化成为人类社会演进的主旋律和主推力，却是最近两三百年的事情。然而，在这数百年波澜壮阔的城镇化发展进程中，人类社会发展变化的节奏、速度和程度，远远超过了此前数千年。一方面，城镇化的发展推动了人类社会的快速发展，另一方面则是人类社会迭次涌现的新技术、新制度、新观念等不断改变着城镇化的模式和方向，新型城镇化模式也由此而阶段性地出现，并随之改变着城乡空间的类型、功能、图景和关系。

在全球层面来看当下的世界新型城镇化模式，其中既包括全球新技术革命带来的城镇化方式的创新，也包括由于中国快速崛起、中国城镇化迅猛推进带来的全球城镇化重心的转移，也就是中国特色城镇化模式。从演进历程来看中国城镇化正在迈入的新型城镇化阶段，我们看到的是中国最近 30 多年快速城镇化所达到的城镇化水平超过 50%的现实基础、所累积的复杂的资源环境与社会问题，以及所面临的老龄化、机动化和国际环境变化带来的挑战。这与 30 多年前中国城镇化水平在 20%以下时的处境大不相同，也与 10 多年前中国城镇化水平跨越 30%门槛时面临的形势有本质区别。如果说，中国在达到城镇化水平 50%以前，还可以借鉴，甚至照搬与模仿西方工业化、城市化高峰时期的理论、模式、经验来指导中国城镇化发展的话，现在我们面临的许多问题，是西方既往城镇化“教材”所没有的，我们只能依靠对自身特点、经验、教训的深刻解读和对未来的超前预判和分析，来设计出适合中国发展的新型城镇化路径，这是我们面临的重要理论问题，也是中国学术界的历史责任，需要极大的创新勇气和艰苦的探索才可能找到答案。

和新型城镇化相对应，世界和中国城乡空间的变革也日新月异，这其中既包括新的城乡关系，也包括新的城乡空间类型、功能、景观，以至于新的城乡空间需求和理念，以及新的城乡空间研究视角和规划模式。仅就中国而言，计划经济、传统产业时期的城乡空间规划与建设理念和模式，与改革开放以来的市场经济、外向型产业和观念多元化变革时期的城乡空间规划与建设理念和模式截然不同，物质空间为本时期与以人为本时代的城乡空间建设与规划模式也不同，加上新技术带来的空间变革，一个新型城乡空间关系、空间类型、空间建设与规划模式涌现的新时代正在来临，需要我们见微知著、详加研判。

城镇化模式与城乡空间类型的创新既有阶段性的质变，也有连续性的渐变，学术研究要遵循事物发展客观具有的“承前启后”的因果链条。因此，本丛书所指的“新”，其历史起点定格在 20 世纪 70 年代全球化和新技术革命开启的新阶段以后，特别是中国改革开放以来，既包括对已经走过的 30 多年所积累的与传统阶段相比有所不同的“新型”的既往式总结，也包括当下即将进入新世纪第二个 10 年、中国城镇化进入加速发展后期以及迈向成熟期之时，对即将面临的“新”时期的预见性展望。希望通过对已经走过的 30 年新实践诸如开发区建设、新城开发、都市圈与城市群等培育进行系统总结和提炼，构筑当代“中国特色城镇化模式”的科学起点，通过对正在成为共识的“以人为本”新阶段所蕴含的新型城镇化的新趋势、新型城乡空间的新类型等进行基于国情现实的预判，改变长期的“拿来主义”倾向和重新确立基于发展自信的文化自信，在面向未来、寻求新路的同时更加对准中国历史原点，逐步建立起未来真正意义上“中国特色城镇化模式”的科学内涵与理论构架。

本丛书是一个动态扩展的开放式学术专著集成平台，围绕“新型城镇化和新型城乡空间”这一总的方向，立足时代前沿、扎根中国实践进行理论探索。丛书既包括新世纪以来对中国城镇发展与规划进行探索的中青年学术骨干的著作，也包括不断涌现的“80后”年轻学人的学术专著，预计“90后”新学人的专著也为时不远。欢迎学术同仁、社会各界对丛书进行指导和支持，也欢迎对本丛书有兴趣的高水平学术新作不断充实进来，汇集涓涓细流，形成推动中国城乡空间与规划研究的新力量。

王兴平

东南大学建筑学院教授、博士生导师

东南大学区域与城市发展研究所所长

2013年于东南大学建筑学院

序言

自2000年王兴平教授攻读博士学位期间即开始关注和研究产业空间。历时10年，通过国家、省科研基金和规划项目，持续不断地探索、实践、总结、深化，形成了自己的学术思路和技术方法。本书即是他在产业空间领域又一颇具价值的学术新作。

本书的重要特点和贡献是：

(1) 对应国家城乡规划编制和管理体系，划分了从区域产业空间至产业空间设计的五个层次的产业空间规划编制体系，提出和构建了从产业发展、空间布局到项目管理全过程和以空间效益为主线、以GIS为平台，包括基于空间效益和适宜性的空间规划、基于产业—空间互适性的产业布局规划、基于效益约束的产业空间准入规划和项目管理、基于空间效益的空间优化整合(更新与再开发)规划的集约型产业空间规划的整体框架，这不仅涵盖了产业空间(产业区)规划的基本内容，更是以空间效益为核心回答了产业区规划迫切需要解决的发展规模、产业布局、项目管理、空间优化更新等技术方法问题。应当说，这是很具创意的。

(2) "空间效益"一直是王兴平教授研究产业空间的关注点和重点。早在2003年，他即在《城市规划》杂志上发表了《中国城市开发区的空间规模与效益研究》一文，引起了规划界的重视，嗣后，他一直坚持研究。他认为"以空间效益为突破口，形成系统规范并且具有创新性的规划方法是集约型产业区规划的核心"。这个思路在本书多章节中通过观点论述、指标构建、流程制定、定量计算等均有具体的体现。同时，鉴于空间载体即为土地，作者认为集约型产业区规划的重点即是土地的集约利用，并可从土地承载的人口规模、用地协调程度和土地利用强度来反映。"集约"不仅是产业转型、城市转型的必然要求，也是我国资源紧约束条件下的必由之路。本书在书名上即明确表示产业空间规划要以集约为先，应以土地集约利用为中心，这反映了作者的敏锐性和对当前发展形势的把握，是可以给广大读者提供启示的。

(3) 本书与一般的"规划"著作较重于理论解释和编制过程不一，虽然也有原理的阐释，但是着重于思路分析、计算预测和多种技术路线的制定，因此是一本应用性强的规划方法的著作。全书分为上、下两部分，上部分包含的五章即本书前五章除第一章是关于理论，方法的概念性、概述性的表达以外，其余四章中几乎每一章、每个主题都有方法和技术路线的内容(有两章即有"方法"冠名)。作者按不同的内容要求，拟定了各种评价指标体系，包括产业空间发展、产业选择、用地功能适宜性、产业优化、产业空间准入、产业建筑再开发可用度评价指标体系等，通过多类评价指标体系来考核、对比、判断产业发展竞争力和空间利用质量。同时，设计了适应规划需要的技术流程和技术路线，例如用地规模预测与用地功能适宜性评价流程、产业适宜性引导和开发区用地整合引导等技术路线，再辅之以定量计算，从而大大增强了本书的操作性和应用借鉴的价值。

(4) 本书下部分包含的四章即本书后四章的篇幅，详实介绍了作者亲自参与实践的包括区域、综合性开发区、小城镇和新型产业区四类不同行政层次和空间尺度的产业发展和空间规划的部分案例。不仅检验了本书所阐述、设想、设计、构建的集约型产业空间规划的原理和方法，增强了本书的可信性和应用性，也有助于同行借鉴、参照和交流，共同提升规划在国家经济和城市发展中的地位和价值。

产业空间是城市功能空间体系的重要组成部分，是城市经济发展的增长空间和支柱载体。而中国的产业空间（产业区）因中国特殊的政治、经济和社会背景，在中国经济与城市发展中发挥了重要的作用，也成为中国特色的重要表征。同时，随着社会转型、发展方式转变和产业结构调整，产业空间也在发生着深刻的变化。因而，编制好适应时代需要、地方实际、环境许可、人民满意的产业空间规划是一项摆在规划工作者面前的重大使命和艰巨任务。本书以“集约”为核心的规划理念和规划方法是符合上述精神和当前需要的。尽管本书提出的观点、方法尚可进一步完善，但仍是一本可读、可思、可用的学术佳作。

兴平索序，欣然命笔。

崔功豪

2013 年 11 月

前言

作为我本人和东南大学出版社联合策划的大型系列丛书《新型城镇化与新型城乡空间研究》的重要组成部分，本书是 2002 年在结合国家自然科学基金项目的基础上，对新产业空间效益所进行的研究为前奏，以作者 2003 年在《城市规划》发表的《中国城市开发区的空间规模与效益研究》一文以及在国内最早开展产业区规模与效益的研究为起点，以 2006 年出版的国家自然科学基金成果《中国城市新产业空间——发展机制与空间组织》在开发区发展机制与规律方面的研究为基础，在随后的近 10 年时间里，借助多项国家和省自然科学基金、城市规划横向项目的支撑，逐步探索而形成的。本书成果来源有两个方面。

一是国家、省科技计划项目。分别为，崔功豪教授主持的国家自然科学基金项目：新城市空间形成、演变与整合研究，编号 40171031，项目执行期为 2002 年 1 月至 2004 年 12 月；本人主持的国家自然科学基金青年基金项目：开发区与城市的空间整合和规划调控研究，编号 50508009，项目执行期为 2006 年 1 月至 2008 年 12 月；本人主持的江苏省自然科学基金项目：苏南城乡规划中的集约型建设用地指标体系研究，编号 BK2008323，项目执行期为 2008 年 11 月至 2011 年 11 月。

二是有关横向委托项目。本人从 2004 年承担唐山高新区发展战略研究和南京市六合区近期建设规划专题研究开始，在近 10 年的时间内，依托东南大学、江苏省城市规划设计研究院实践应用平台等承担多项有关法定城镇规划项目、开发区规划项目、城市设计项目等，对基于效益引导的产业区规划方法、城市规划中的产业用地规划等进行了大量系统的研究、探索，在区域中心城市、综合性开发区、小城镇和新型产业区等不同层面进行了实践应用，形成了各有特色的技术方法。

此外，本人和团队成员长期致力于开发区的研究，解析了国内（尤其是长三角地区）多家典型的开发区，且通过各类国际交流调研、踏勘了国外的诸多颇具品牌影响的科技园区，并与开发区转型发展的趋势相呼应，在国内率先开展了开发区效益和土地利用结构、开发区与城市的空间整合等方面的研究，并较早开展了开发区群、开发区职住平衡、开发区建成区再开发等方面的研究。同时团队成员以城市规划专业学科为背景，兼具经济学学科中的产业经济学和区域经济学特色，长期致力于开发区产业规划的实践，也为本书的形成提供了有力支撑。

本书研究成果的过程分为以下阶段。

(1) 研究方向的确定和基本概念、指标等的界定阶段：该项工作发端于 2002 年崔功豪教授主持指导并由本人执行完成的国家自然科学基金课题（编号 40171031）中对新产业空间效益的研究部分，结合 2004 年东南大学完成的唐山高新区战略研究项目、与江苏省城市规划设计研究院合作完成的南京市六合区近期建设规划专题研究等，对产业区空间效益的内涵、具体指标及其计算方法等进行了研究和确定。

(2) 整体技术路线的探索和建立阶段：该项工作起步于南京市六合区和唐山高新区规划项目，对在 2005—2006 年完成的连云港经济技术开发区产业布局规划进行了系统探索和应用并取得良好效果，2007 年结合常州天宁经济开发区规划项目，对建成产业区的节约型规划技术路线进行了探索，至此基本建立起了以空间效益为核心，包括五大内容体系在内的完整、系统的集约型产业区规划方法以及相应的技术路线。

（3）拓展应用阶段：2008年开始，该项技术方法一方面在项目完成单位承担的有关产业区规划中进行系统推广应用，并拓展至产业区城市设计领域，另一方面在与江苏省城市规划设计研究院合作的有关城市总体规划项目中加以拓展应用和修正；同时，2010年结合宁波有关课题在区域产业区系统即开发区群层面加以拓展应用。

本书的部分核心科技成果于2012年5月由教育部科技发展中心、中国城市规划学会组织在北京通过了由邹德慈院士主持的鉴定会，得到较好评价，有关内容分别获得2012年江苏省科学技术奖励三等奖和江苏省建设科技奖励二等奖。

全书分为上、下两部分，其中上一部分包含的五章即全书前五章主要是对产业空间规划的基本内容、原理和核心环节的技术方法进行系统阐述，下一部分包含的四章即全书后四章选取不同类型的产业空间规划案例具体展示有关技术方法的实践应用，部分案例是对上一部分内容的拓展应用。

全书前五章（理论与方法篇）由王兴平执笔，具体分工如下。

第1章：王兴平；

第2章：王兴平，其中李迎成参加第2.2.2—2.2.5节部分内容撰写；

第3章：王兴平，其中朱凯参与第3.1.1部分内容撰写，朱秋诗参与第3.3节和第4.4.3节部分内容撰写；

第4章：王兴平，其中谢晖参与第4.3节和第4.4节初稿撰写，袁新国参与第4.4节部分内容撰写；

第5章：王兴平。

全书后四章（典型案例篇）由王兴平拟定框架，由朱凯、李迎成分工执笔整理，各个案例项目均来源于王兴平负责的实践项目，具体如下。

第6章：朱凯执笔整理，案例项目参加人包括许景、朱凯、李迎成、赵虎、袁新国、吕冬敏等；

第7章：朱凯执笔整理，案例项目参加人包括朱凯、胡畔、谢晖、章建豪等；

第8章：李迎成执笔整理，案例项目参加人包括李迎成、朱凯、胡畔、张一凡、朱秋诗等；

第9章：李迎成执笔整理，案例项目参加人包括李迎成、朱凯、胡畔、冯淼、贺志华等。

全书由王兴平拟定提纲并进行统稿。此外，硕士生贺志华协助绘制部分图件，硕士生徐嘉勃、国子健和博士生赵立元协助整理了部分资料，在此一并致谢。

江苏省城市规划设计研究院、常州市规划设计院、宁波市城乡规划研究中心等为本书的相关项目开展提供了合作机会并共同参与有关案例的研究，相关开发区管委会、规划管理部门等也给予了大力支持，在此特致谢意。

王兴平

2013年10月于南京

目录

1 集约型产业空间规划概论

1.1 研究背景

改革开放以来，以开发区为主要形式的产业区快速发展，成为中国外向型工业化和快速城市化的重要载体。但是受到以规模扩张为导向的发展观的诱导和“土地财政”的影响，1993 年以后，特别是 2000 年以来，开发区等产业空间的发展暴露出许多不合理的问题。突出表现为用地的盲目膨胀、空间的无序扩张、项目的混乱布局以及产业的低效发展等，这一切迫切需要科学的产业区规划的引导。同时随着我国产业区发展进入加速期，产业空间在城市空间中的地位和影响不断提高，产业用地占城市用地的比例不断上升，产业区和产业用地驱动下的城市空间无序蔓延、低效开发等问题日益严重。因此，产业区和城市产业用地拓展中的发展规模控制、土地利用效益提升和建成区更新优化等技术难题亟须解决，也使得建立科学合理、可操作性强的集约型产业空间规划体系成为当务之急。

新中国成立之后，工业建设不断发展，我国借鉴前苏联的相关规划方法，曾经探索了一套适应计划经济特点的工业区规划方法（彭秀涛等，2006）。但是，由于当时工业项目建设开发机制的计划经济特点，除了空间布局的部分指标具有一定参考价值外，其余内容早已不再适应市场经济下外向型产业区发展的需要。

回望改革开放以来的中国产业区规划历程可以发现，1988 年开始的开发区等产业区规划，基本照搬了当时成形于计划经济时代的以物质空间建设与控制为主的城市规划模式，这种规划方法虽然较好地衔接了当时的法定城市规划体系，也解决了开发区建设起步期对于物质空间建设进行规划控制的迫切需要，但是其忽视了开发区等产业区作为一种经济空间与一般城市空间的属性差异，忽视了在社会主义市场经济城市开发模式、国际性产业合作与竞争环境下发展与建设的背景差异。自 20 世纪 90 年代后期开始，随着市场经济体制的全面确立、开发区建设的全面展开和深入，单一照搬城市规划的产业区规划模式不仅不能有效解决开发区发展对规划提出的要求，还带来了新的问题。

对于以开发区为主要代表的产业空间规划，学术界在开发区建设之初就进行过探讨。早在 1992 年我国开发区建设第一个高潮期的时候，邹德慈先生就专门撰文对开发区规划问题进行过研究，并提出，开发区的规划既要坚持城市规划的基本理论、原则、法制和管理，又要采取灵活机动的策略和方法。要做到“超前、适应、实用”，要促进经济开发，保持环境质量，同时要求做到三个效益统一。然而 1992 年之后的 10 多年时间里，一方面是开发区高速的建设，随之而来的由于开发区发展屡屡突破城市规划、相互之间恶性竞争以及发展效益低下引致的批评和国土部门不断的“清理整顿”，另一方面是开发区等产业区规划的技术和理念依然止步不前，没有适应其特点而探索出既接轨城市规划要求也解决开发区特殊问题的新型开发区规模模式，正如王学锋（2003）所指，开发区规划具有区别于一般城市地域的规划特点和要求，从目前的实际情况来看，开发区的规划编制和实施管理，在适应开发区特点和要求方面不同程度地有所欠缺，特别是普遍缺乏必要的深入研究和技术手段，缺少对土地效益、用地结构、开发时序的研究和调控。为此，规划的重点应该转向那些市场力不能很好发挥作用的空间资源的配置，必须强调土地利用的效益指向。

系统梳理开发区诞生以来有关开发区规划的学术论文可以发现，虽然人们普遍认识到开发区的特殊性，也有学者很早提出过要重视开发区的效益问题，如樊丙庚(1993)对开发区地均开发投入和基础设施建设投入强度，阮仪三等(1994)以工业增长目标法预测开发区人口等问题中都有所提及。部分学者如王宁(1993)也从技术角度系统探讨了开发区规划的技术特点，但是限于当时开发区建设所处的阶段，研究依然停留在应用城市规划的技术路线来进行开发区规划。所以，尽管王宝玲(1997)等学者呼吁的开发区规划要适应市场开发规律，然而这一问题到 2000 年以后依然没有得到有效解决。

开发区规划的不科学、不合理和对市场经济的不适应，其实也反映在整个城市规划领域。为此，周岚(2002)撰文提出城市规划要关注投资问题，编制适应市场经济规律的城市规划。邹德慈(2003)提出，一个科学的城市土地利用方案应该起到最大程度地发挥城市综合功能的作用，且能节约用地、发挥土地的最大效能，并提出，对于如此错综复杂的交叉因素，必须运用各种科学的土地适用性分析方法来解决，简单地套用指标已经不能完全适应当下的需要，并在 2005 年提出城市发展的两个基本目标之一就是产出性的最大化，每个城市都需要增强实力以求产出的增大。徐海贤、邹军(2007)针对江苏城乡发展和规划面临的问题，呼吁要从重复引资、盲目引资走向结构优化，走效益型城市化道路，并明确提出要制定环境准入标准，防止片面强调高起点制定规划而不顾城市自身实际贪大求全，盲目圈地。

在和产业区规划有密切关系的产业规划领域，早期的产业区发展和规划领域的理论研究方面，主要集中于引入介绍国外关于新产业区发展的经验，探讨新产业区和产业集群形成和发展等制度和机制问题，而在产业发展和规划领域的实践方面则主要关注区域层面的产业发展和宏观层次的产业布局问题(张文忠等，2009)，对于具体指导实践操作的产业区规划方法探索却一直比较薄弱。也有部分学者关注过产业规划、开发区规划与城市规划的关系(达婷，2008；陈文凑，2010；耿娜娜，2011)，但是并没有提出具有操作性的新的技术路线或者方法。

本书的科技成果紧抓这一发展需求和技术盲区，针对现时期理论研究与规划实践存在的薄弱环节，围绕产业空间规模预测、产业空间布局、产业项目准入控制、已建成产业空间的更新优化等关键技术问题进行攻关，在国内首次构建了系统的集约型产业区规划技术路线与方法。与此同时，该技术路线和方法还被积极引入并应用到现有规划设计编制的实践当中，在城乡规划领域率先引入空间效益的相关指标核算城市产业用地规模，进而建立起由产业发展规模预测到空间和人口规模预测的分析方法，弥补了传统城市规划忽视产业发展问题，城市空间发展漠视城市经济社会发展需求等不足，完善了我国现行城市规划编制技术和规范。

1.2　我国产业空间规划简史

产业空间作为工业化时代以来近现代城市的重要功能空间，各个学科对其发展规律、空间结构等都在城市整体框架下进行了广泛、深入的研究，国内的地理学领域从工业地理学等产业部门的地理学角度对工业布局等也进行过相关研究，代表性成员有魏心镇(1982)、刘再兴(1997)等。但是专门针对城镇产业空间的规划原理和方法等的系统研究相对缺乏，对改革开放以来以开发区为主要类型的产业空间发展与规划的原理与方法总结的相关研究更为缺乏。就中国过往规划实践而言，近代工业化时期城市规划中的工业区布局，中国计划经济时期借鉴前苏联经验的工业区和工业城市规划，改革开放以来的开发区规划，是我国产业空间规划的重要实践，在此对其脉络予以简要梳理和介绍。

1.2.1 中国近代工业化时期的产业空间规划

洋务运动以后，中国近代工业开始发展，与此相应，在城市规划领域，采用欧美等工业化时期的城市规划理论和方法编制了一批沿海、沿江的口岸型城市或者重要中心城市的规划。局限于当时的发展阶段，并没有出现专门的产业空间规划成果，仅仅是在城市规划中包含了对工业区等产业空间的布局和规划设想甚至是畅想等，纳入了中国传统城市所没有的专门工业区域的规划内容。

1928 年南京的"首都大计划"初稿中(图 1-1a)，根据城市滨水和作为国都的实际城市功能需要进行了功能分区。在分区规划方面，规划者考虑了七项分区内容，即旧城区、行政区、住宅区、商业区、工业区、学校区和园林区等。初稿制定近半年后，市政当局又组织人力进行了修改，完成"首都大计划"二稿(图 1-1b)，在土地分区方面，确定江浦及下关为商业区，以浦口下游及八卦洲为工业区(郭建，2008)。

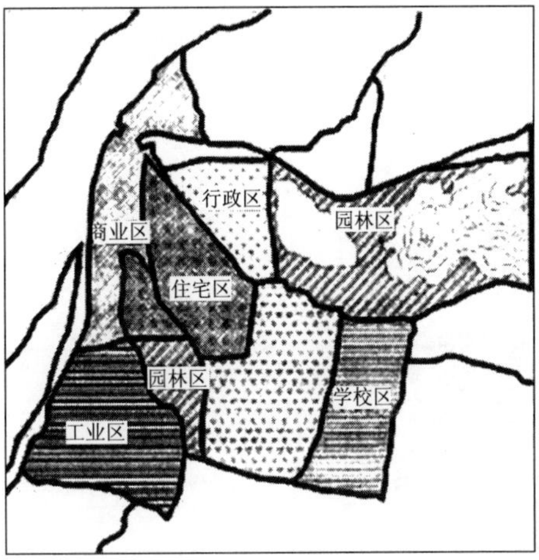

a

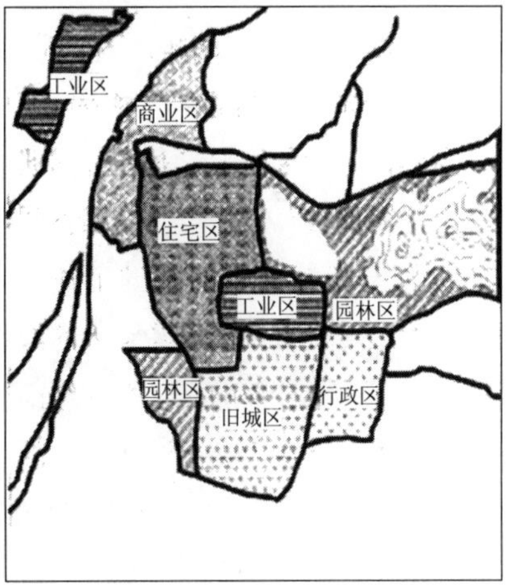

b

图 1-1 "首都大计划"一、二稿分区规划图

在此基础上，1929 年制定的《首都计划》中专门对工业进行了规划，在其中的"浦口计划"中对该地区工业区布局进行了规划(图 1-2)，在其"首都分区条例草案"篇章对工业区的布局原则要求进行了明确，其中的第九条中专门对"第一及第二工业区"的有关建设要求包括允许建设的工业项目、环境要求等进行了明确(国都设计技术专员办事处，2006)。

1946 年编制的上海大都市计划大纲中，对于工业区的布局也进行了比较系统的谋划(《上海城市规划志》编纂委员会，1999)，如图 1-3 所示。

1.2.2 中国计划经济时期的产业空间规划

1949 年新中国成立后，我国拉开了独立自主、规模化的现代工业化进程，产业空间的

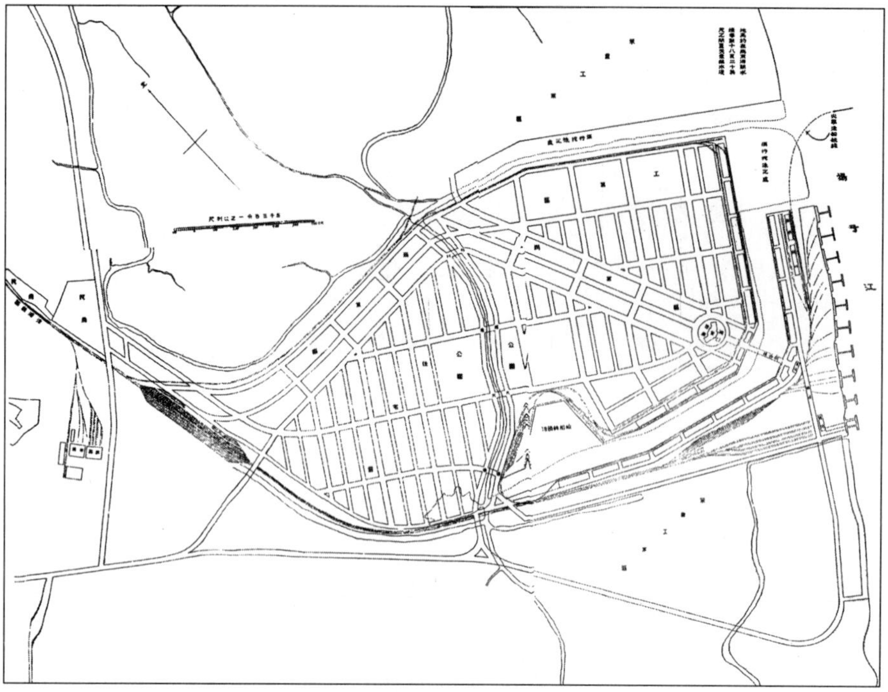

图 1－2　首都计划之浦口计划图

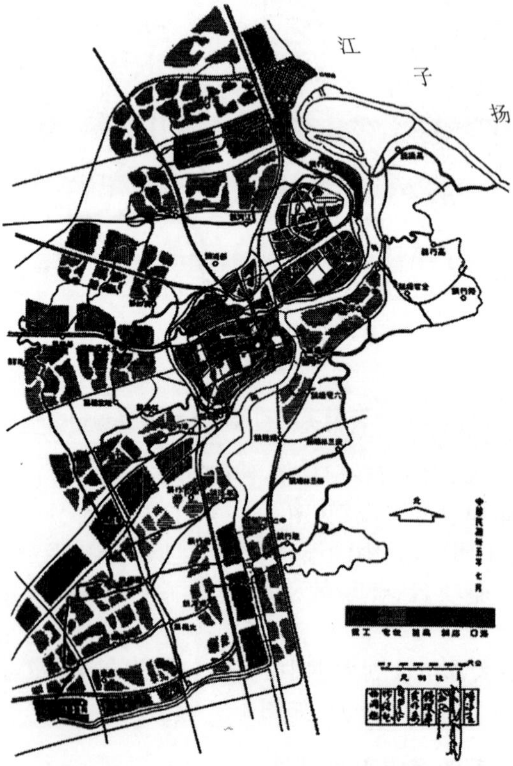

图 1－3　上海市土地使用总图初稿

规划开始成为城市规划的重要内容。特别是由于当时对于社会主义城市“生产性”的确定(李益彬,2007),工业发展成为主导城市发展的核心力量,工业布局规划成为城市规划的最重要内容,形成了工业项目引导城市规划的规划路线。在当时的国内外环境和国际关系影响下,我国基本借鉴甚至是直接照搬了前苏联的区域规划、城市规划、工业区规划的技术路线和有关指标,形成了具有强烈计划经济特征的产业空间规划实践和技术体系。突出表现在“一五”时期和“三线建设”时期。

(1)“一五”计划时期是新中国城市规划的第一个高峰,也是产业空间规划的起步期。伴随着 156 项重点项目建设,新工业区和新工业城市的规划成为重点。典型规划有 1954 年编制的洛阳涧西工业区规划(图 1-4)和兰州西固工业区规划(图 1-5),1955 年编制的包头新市区总体规划(图 1-6、图 1-7),这些规划成果在工业区选址、工业区域老城区、居住生活区的关系处理、工业区内部空间组织等方面,参考了前苏联规划理论和指标,做出了有益的探索,积累了我国工业区规划设计的相关经验。

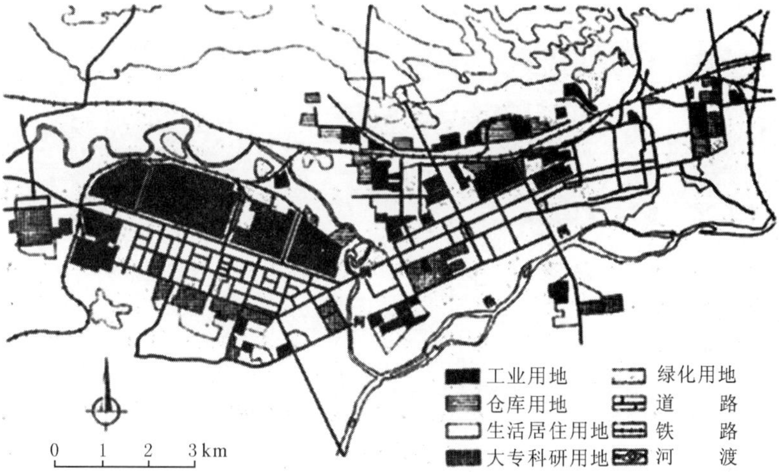

a

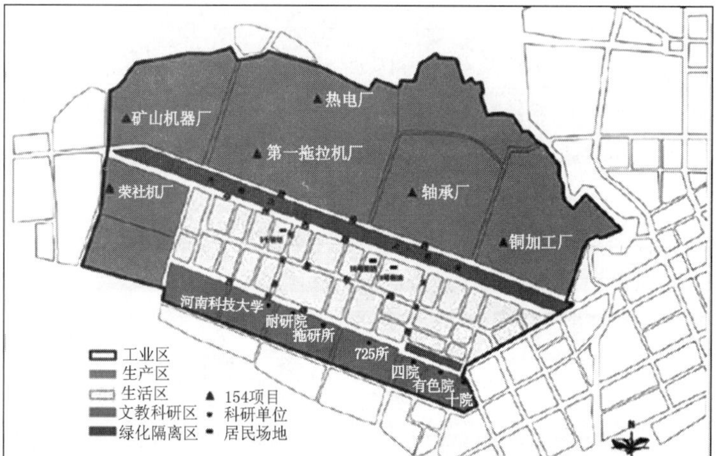

b

图 1-4　洛阳涧西工业区规划(1954)

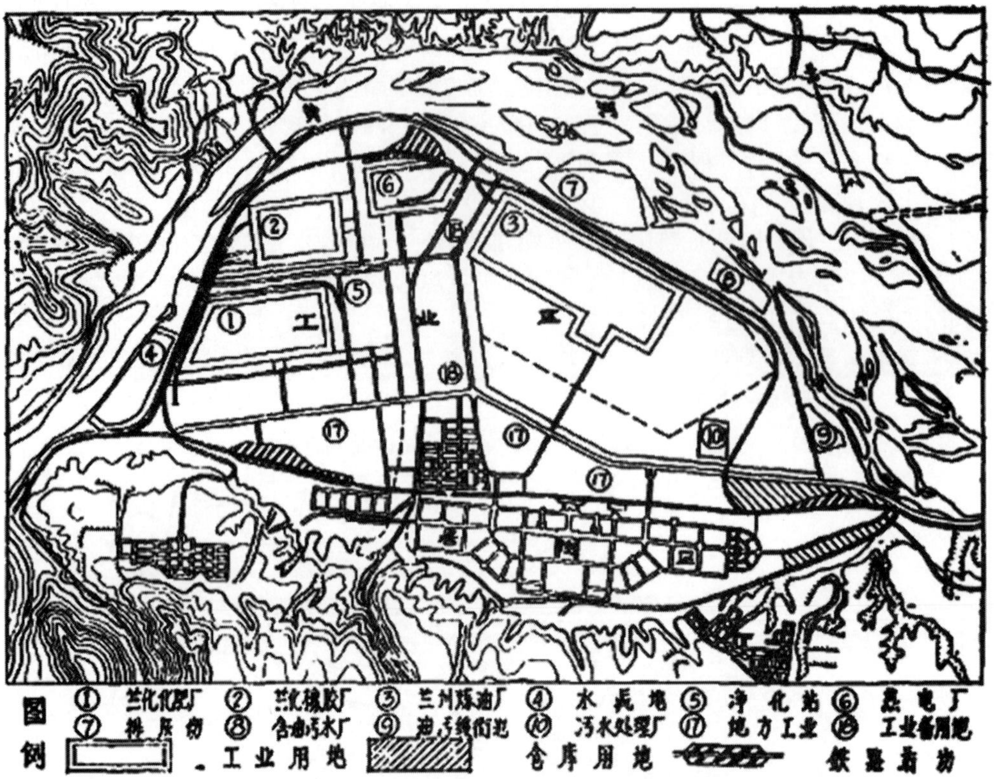

图 1-5　兰州西固工业区规划(1954)

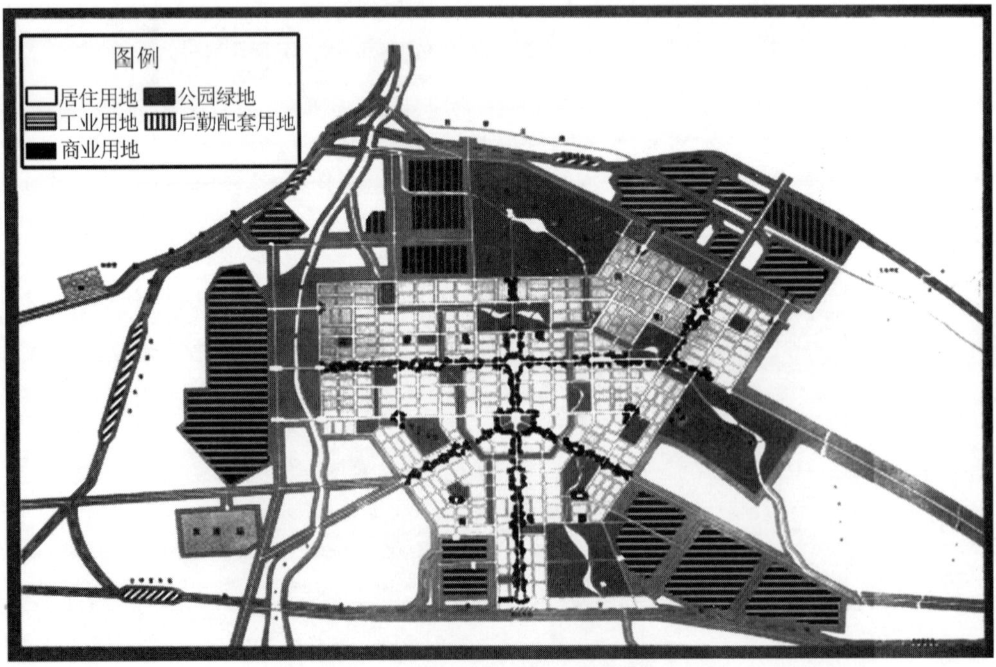

图 1-6　包头新市区规划(1955)

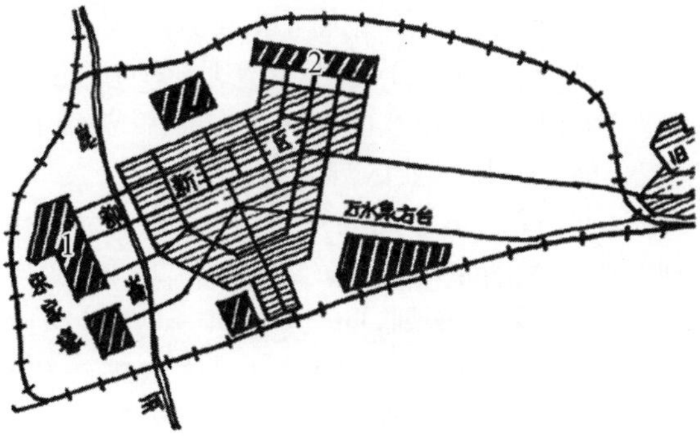

a　河东方案

1—包钢;2—机械工业区

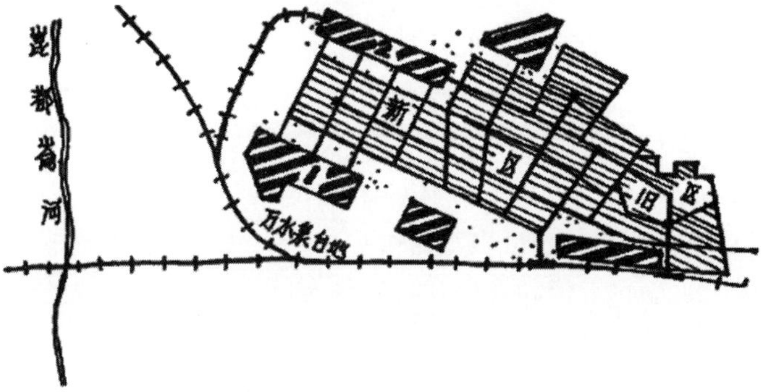

b　万水泉台地方案

1—包钢;2—机械工业区

图 1－7　包头新市区选址方案比较(1955)

(2)“三线建设”时期是我国计划经济时期工业建设的又一个高峰,相应地,我国城市规划工作者独立自主地探索和完成了大量独立工矿区、新型工业城市的规划建设,典型的有 1965 年攀枝花工业区规划(图 1－8)、1966 年编制的贵州盘县矿区规划和总体设计等。

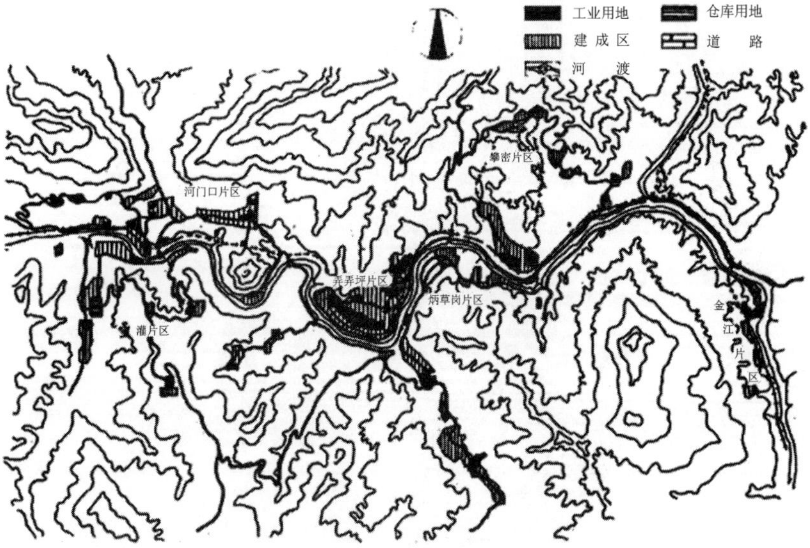

图 1－8　攀枝花工业区规划(1965)

此后“文革”末期至改革开放初期，我国大工业建设出现过一个短暂的高潮，包括所谓的“洋跃进”时期。这一时期开工建设了一些大型工业项目，包括天津北大港石化城规划(沈玉麟，1999)、上海石化总厂项目所在的金山卫总体规划(《上海城市规划志》编纂委员会，1999)等，基本延续了前一阶段工业区规划模式。

总体来看，计划经济时期，规划是计划的落实，产业项目通过国民经济计划确定后，再通过城市规划来筹划和落实空间布局与建设方案，所以一方面产业空间主导了城市空间，产业项目的布局规划主导了城市规划，同时产业空间规划本身相对偏重具体建设的工程技术问题，重点关注选址、用地和工厂项目布局、生活服务和基础设施配套等，在规划编制方面，当时采取工业设计部门、计划部门、城建规划部门联合的工作模式，由工业设计院编制工业区规划和进行厂区总图与运输设计，城市规划部门负责生活居住区以及所在城市规划的编制。

1.2.3 中国改革开放以来的产业空间规划

如果说计划经济时期是项目主导空间，先有项目再规划设计空间的话，市场经济、对外开放之后，这种关系就反过来了。是先有空间，再吸引或者发展产业，产业空间规划不仅仅是对于项目计划的空间落实，还需要先筹划产业发展、项目招引等，产业空间的规划不再停留在单纯的按照有关定额指标和城市规划技术标准、规范要求进行空间设计和布局的层次，需要从产业空间定位和发展到具体的空间布局进行系统的谋划、策划，进而落实到技术性的空间布局规划和设计层面，产业空间的规划要统筹考虑市场经济和工程技术等多个方面要求。大致来看，我国改革开放以来的产业空间规划实践可以分为三个阶段。

(1) 20 世纪 80 年代至 90 年代初期，是我国开发区规划的探索期：在面向市场的招商引资以及与之匹配的地块出让和空间划分方面，我国开始进行与传统工业区规划不同的实践探索。典型规划包括 1983 年编制的蛇口工业区规划(图 1-9)(韩家相，1984)、上

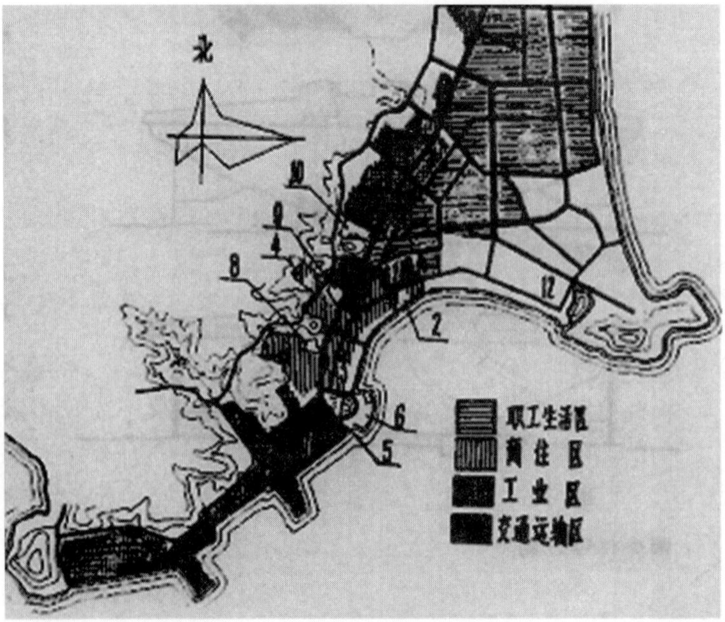

图 1-9 蛇口工业区总平面图(1983)

海闵行工业区规划(图 1-10),等等。在上海虹桥经济技术开发区规划实践中结合开发对土地批租的要求而探索制定的控制性详细规划,对我国城市规划体系具有重要影响。这一时期,一些开发区发展起步早的地区出台了开发区条例等,对开发区的规划体系进行了初步设置,比如《天津市经济技术开发区管理条例》(1985)、《广州市经济技术开发区条例》(1987)、《上海市经济技术开发区条例》(1988)、《上海市工业区规划编制技术要求》(1994)等,均对开发区的规划编制等进行了明确。

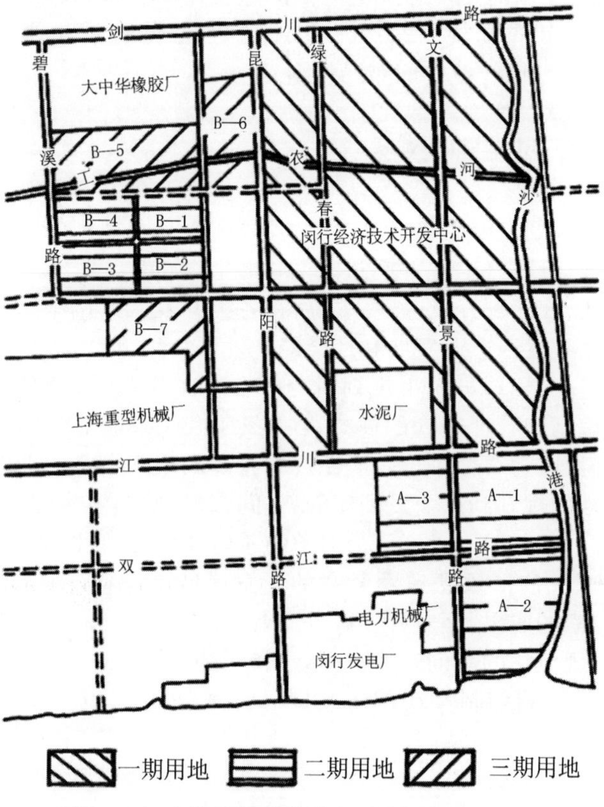

图 1-10 上海闵行经济技术开发区用地规划图

(2) 20 世纪 90 年代中期以后,是我国开发区规划的规范期:这一阶段,最早设立的一批开发区基本完成了启动区开发,开始进行规划调整,开发区规划与城市规划之间的关系成为重要问题,同时出现了苏州工业园区等新的开发区类型,带来全新的开发区规划建设模式,为了明确开发区规划的地位和作用、规范开发区规划编制与管理,原国家建设部在 1995 年出台了《开发区规划管理办法》,对开发区规划与城市规划的关系、开发区规划层次等进行了规范。同时各地方也纷纷出台相应的开发区规划管理办法等,比如《北京经济技术开发区条例》(1995)、《山东省开发区规划管理办法》(1996)等,我国开发区规划在城市规划框架下逐步迈入规范发展的阶段。

(3) 进入 21 世纪,我国开发区发展面临新的环境,转型发展、集约发展成为重要的方面,基于空间效益和创新发展的开发区规划技术路线、方法逐步得到探索和实践,这一阶段是我国开发区发展的深化和创新期。东南大学区域城市发展研究所的开发区和新产业空间研究团队在 2004 年编制的《唐山高新区发展战略研究》、2006 年编制的《连云港经济技术开发区产业布局规划》、2007 年编制的《常州天宁经济开发区概念性规划》、2011

年编制的《盐城经济技术开发区建设创新型园区发展规划》等规划中，系统地从开发区发展定位与产业选择、空间规模预测与布局等方面，进行了持续探索。同时，适应开发区密集地区的发展要求，从产城融合的开发区功能和空间转型、开发区群、专业化产业园区以及开发区的再开发等方面进行了实践探索和理论研究，对其特色化的规划方法进行了创新性实践，这也是本书的核心内容所在。此外，部分中心城市先后制定的城市产业空间布局规划，从整个行政辖区范围，对各类产业空间进行统筹规划，解决产业部门、板块之间的协调整合问题，也是新时期产业空间规划的重要创新实践，典型案例有 2002 年编制的《南京市工业产业空间布局规划》、2005 年编制的《江苏省沿江地区产业空间布局规划》、2011 年编制的《深圳市产业空间布局规划》等。

1.3 产业空间规划编制体系

从我国产业空间规划发展简史可以看出，我国产业空间规划的编制由新中国成立之初的计划部门进行项目计划、工业部门进行总图设计、城市规划部门进行总体规划和配套区规划的工作模式，演化到开发区建立之后在各类开发区条例中参照国家计划—规划体系的计划部门编制开发区产业发展和社会经济发展计划，城市规划部门编制总体规划和详细规划，产业空间的规划与城市规划时分时合。在开发区大发展和“放权”时期，一般采取授权管委会编制和管理规划的模式；在紧缩期与“清理整顿期”，一般采取城市统一编制规划、授权开发区管委会进行一般性规划管理的模式。在产业空间规划类型上由初始阶段偏重工程性的规划到产业发展规划、空间布局规划、各类专项规划，从层次上涵盖区域性的产业布局规划、以开发区等为对象的总体规划、控制性详细规划，以及进入 21 世纪以后随着开发区关注形象塑造而勃兴的开发区城市设计，等等。面对新的发展时期，需要吸取实践探索的成果、面对开发区等产业空间规划管理的客观需求，进行适当系统梳理和重构，形成规范化的新的产业空间规划编制体系。

依据笔者多年的规划编制实践，新时期产业空间规划可以分为综合规划和专项规划两个系列，对应于城乡规划编制体系，纵向上可以分为产业空间集群层面、产业空间总体层面和产业空间局部层面三个层次，为了与国家城乡规划编制和管理体系衔接，在层次上应该形成区域规划、总体规划、详细规划、城市设计等类型。具体的规划类型和内容如下。

(1) 区域产业空间规划：以某个行政区、经济区或者地理单元为对象，编制该区域内产业空间的区域规划，包括区域产业发展、产业空间布局、产业发展支撑体系、产业载体和平台体系建设规划等内容，衔接发改委系统的国民经济和社会发展规划，区域规划、城乡规划系统的区域城镇体系规划和城市总体规划、国土系统的土地利用规划等行业规划。其中开发区群协调整合规划是该层次规划的特定类型。

(2) 产业空间总体规划：以某个集中连片、有具体空间边界的产业空间为对象，编制该产业空间的总体规划，内容包括发展定位与产业选择、空间布局和产业布局、社会服务和市政基础设施体系、空间准入政策等。对应和衔接发改委的产业规划、城乡总体规划和土地利用规划。

(3) 产业空间控制性规划：以产业空间内某个片区为单元，落实有关上位规划要求，明确产业行业、门类的空间布局和片区准入导则等。衔接落实产业空间总体规划、城市控制性详细规划和有关工业项目建设管理的要求，作为开发区项目规划审批的直接依据。

(4) 产业空间更新与再开发规划：针对某一特定片区或者地段，对其定位提升、产业优化、空间更新或再开发、建筑再利用等进行规划，衔接落实产业空间总体规划与控制性规划要求。

(5) 产业空间城市设计：按照设计目的选取特定空间范围，采用城市规划中的技术路线，进行总体或者局部的城市设计，塑造产业空间的形象，并针对新一代产业工人的就业需求，对其空间环境的宜业性、人性化和舒适性进行优化规划。

目前，由于我国以开发区为主体的各类产业空间已经具有一定的规划编制和实施历史，并经历了多个周期性的规划编制和调整，所以在其规划编制体系中，也可以参照城市规划编制要求，进行专门的规划实施评估报告的编制。

在以上各层次规划中，产业选择、空间布局、项目准入等均是核心内容，也是本书在规划原理方法篇章着力研究的方面。

产业空间规划的成果形式可以参照城乡规划成果形式要求，形成文本和图件、说明书、专题研究报告和基础资料汇编的形式，图则、图例亦可参照城乡规划的有关技术要求进行适当变通，比如产业布局规划的图例，可以按照产业行业、门类形成专用图例，控制性规划的图则体系可以参考控制性详细规划图则的表达方式，增加产业准入的有关要求等。

1.4 集约型产业空间规划的总体框架与技术特征

1.4.1 基本概念辨析

本书所界定的“产业区(产业空间)”既包括以开发区为主体的政策性产业区，也包括其他非政策性的城市产业用地。可以分为三个空间尺度：宏观层次由一个地区或者城市的多个产业区组成，且具有一定关联性的区域产业区系统，如开发区群；中观层次具有整体性且能够相对独立运作的单个城市产业区，如国家级、省级开发区；微观层次在开发区或城市内部且属于其统筹管理范围的小型产业区块，如开发区内部承载某类产业功能的板块或片区。产业区(产业空间)规划针对的是城镇发展的经济活动空间，尤其是工业活动空间，这类空间是承载城市产业、支撑城市经济的特定载体，具有明显的“效益”导向和特征。

集约式的城镇化道路是中国特色城镇化道路①和新型城镇化②的重要内涵。经过20多年的发展，开发区等政策性产业区一方面已经成长为区域和城市经济发展的主战场和城镇化的主阵地，同时，量大面广、规模庞大、数量巨大、类型繁多的各类开发区，也成为建设用地扩展的主要场所。当前，随着开发区建设进入新时期，以及土地资源的进一步紧缺，开发区规划的核心问题已经由建设谋划期和启动期对物质空间设计的关注演变为对产业空间利用效益的关注。因此，集约规划必然成为当前开发区等产业区规划的主题和主线。

尽管曹亮功(2007)对于节约型工业区的内容从工程技术支撑角度提出过一些看法，但本书认为，集约型产业区规划的核心是土地的集约利用。根据《江苏省统计年鉴2010》和《2009年中国国土资源公报》的相关数据，截至2009年底，人口与土地面积的比率在苏

① 参见胡锦涛在2005年中央政治局集体学习“国外城市化发展模式和中国特色的城镇化道路”后的讲话。
② 参见习近平在2012年中央经济工作会议讲话。

北是 1∶18.1，在苏中是 1∶12.5，而在苏南是 1∶9.2，江苏省人均耕地面积为0.91 亩①，全国人均耕地面积为 1.38 亩。只有实现土地的集约利用，才能从根本上改善建设用地盲目扩张的现象，才能科学高效地满足人们日益增长的物质文化生活需要，这无论对于城市还是产业区，都具有长远的意义。土地利用的集约水平通常以土地利用程度作为土地最直接的外在表征，可以用土地承载人口规模、用地协调程度和土地利用强度等来反映。因此，以空间效益为突破口，形成系统规范且具有创新性的规划方法，是集约型产业区规划的核心。

“节约”与“集约”这两个概念，前者强调“投入的节省”，而后者强调投入产出的比值，既要节约投入，也要提高产出。既有的规划体系中促进产业区节约发展主要是通过容积率控制和单位用地上提高建设强度来促进土地资源的充分利用，或者通过开发建设和基础设施投入资金的控制促进节约，这是开发区处于基本建设阶段时期节约土地和资金的开发模式。如果将产业空间看作产生经济效益的空间载体，就不仅要关注对于“投入要素”的集约利用，更要强调其经济产出的提高，以此作为衡量产业空间是否“集约”的标志。经济效益是集约发展的基本要求，除此之外，社会效益和环境效益也是集约发展的重要体现，因此，集约型开发区的空间效益是以经济效益为核心，包括社会效益、环境效益在内的综合效益。

集约型产业空间规划方法就是确定集约型的产业空间规划的整体技术框架，优选确定集约型发展的控制指标和发展目标体系，从产业空间特性出发，针对产业选择、产业发展规模与产业布局、产业项目准入以及建成产业区的集约化改造提升等方面，探讨、明确可行的技术路线，进而有效对接既有各类规划、具有特色的新型产业空间规划体系。

1.4.2 集约型产业空间规划整体框架的构建

现时期各类规划编制主体未形成系统化的产业区（产业空间）规划框架，以产业研究院所为代表的编制主体，侧重对产业发展与选择的研究，呈现出“就产业论产业”的特点；以城市规划设计院所为代表的编制主体，侧重对物质空间的设计与组织，呈现出“就空间论空间”的特点。前者如桂徐雄(2004)对我国高新区产业发展规划的思考，以及福卡课题组对于上海某开发区的产业发展规划成果；后者如王宁(1993)和肖熠等(2009)基于城市规划框架提出的开发区规划和工业园区总体规划内容框架，虽然时隔 15 年多，但是基本沿用城市规划的内容框架。这些规划技术方法，虽然有价值和作用，但是正如吴贤文(2005)指出的，这种按照城市规划的“生产流水线”编制的工业区规划与工业区的管理相脱节，在土地集约利用方面存在盲区等，无法解决产业区发展的实际问题。

对于产业区而言，产业选择、空间效益与规模、产业的空间布局模式、产业项目的准入控制以及建成产业区的集约优化，是引导和决定产业区集约发展最为关键的要素，因此本书提出和构建了以空间效益为主线、地理信息系统(Geographic Information System，简称 GIS)技术为平台，包括基于空间效益的空间规模分析与规划、基于空间适宜性的产业空间布局规划、基于空间准入的项目控制导则、基于空间效益的空间优化整合规划的集约型产业区规划方法，回答了产业区规划迫切需要解决的发展规模、产业布局、项目管理、空间优化更新的技术方法问题。这四大方法与借鉴产业经济学

① 1 亩≈667m^2。

有关方法形成的规范化的产业定位与选择技术路线相配合，整体组成了从产业发展—空间布局—项目管理的集约型产业区规划整体框架，如图 1－11 所示。

随着对新型城镇化关注的绿色、低碳问题和我国经济转型发展所关注的创新问题的重视，本书已经进一步往集约—低碳—创新型产业空间规划技术路线提升，特别是在创新型园区建设规划的内容体系方面进行了一定探索，并形成了相关科技成果。

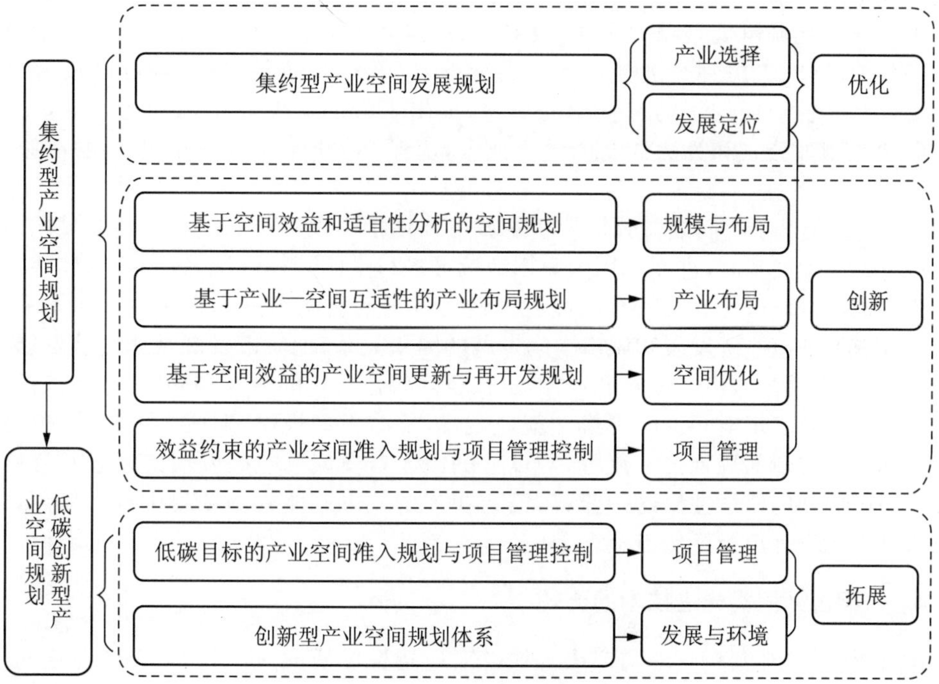

图 1－11　新型产业空间规划的内容框架

上部分（本书前五章）主要对集约型产业空间规划原理与方法进行了介绍，下部分（本书后四章）案例中纳入了部分对于低碳、创新型规划的实践介绍，但是不作为重点。在集约型产业空间规划的五大内容体系中，产业选择主要是在对现有相关技术的跨领域借鉴应用和优化基础上的总结和提升，定位分析和其余四个部分则是本书不同类型的技术创新。

1.4.3　技术特征

上述规划方法主要的技术特征有以下几个方面。

(1) 以产业空间的经济属性为出发点，以其非物理性空间属性指标为规划切入点。传统城市规划的有关控制指标，主要针对空间的非经济属性，以空间的物理属性指标为切入点，更加强调空间建设的建筑开发强度、人口和建筑密度等指标，而本书针对产业空间的特殊性，在保持与物理属性指标衔接的同时，提出了影响产业区综合空间效益的一些非物理属性指标，如投入产出密度、就业密度、环境准入指标、产业行业和项目的适宜性指标等，拓展了城市规划中空间指标的领域和范围。

(2) 全面对应产业用地、产业项目审批的主要行政流程，既满足城市规划管理需要，也衔接产业、招商、国土、环境等部门的管理要求。传统城市规划的内容，主要以满足城市规划部门“一书两证”的发放，以及指导下位相关规划编制为主，而本书构建的集约型产业空间规划内容体系和技术体系，不仅考虑规划管理部门的需要，也衔接了产业、招商、国土、环境保护等与产业用地、产业项目准入审批密切相关的部门管理和行业政策与技术的标准要求，构建了一个围绕产业项目规划管理的综合的、跨部门和领域的大平台，有利于提高部门之间的协同、减少矛盾、提高行政效率。这一点已经为连云港经济技术开发区对规划成果的应用所证明。

(3) 确定了关键指标的动态量化技术标准与方法。传统城市规划的量化指标，基本是一个固定的取值或者一个明确的区间范围，这已无法适应快速城市化的动态发展现实。本书与传统城市规划相关量化指标体系的显著差异在于，一方面明确了底线指标的明确数值，同时考虑到经济指标的动态变化，以及空间效益指标特有的“没有最好，只有更好”的特点，应用了动态量化的概念，提出了既能够保证指标动态发展，又具有确定的量化测算公式和算法的新的量化技术，确保有关指标不因经济形势的快速变化而过时。

(4) 确立了基于空间效益分析的新的城市规划指标预测技术流程。传统城市规划，首先进行人口发展预测，进而套用国家用地标准进行空间规模预测，这一技术路线，实际上是隐含地认可城市化发展具有可以脱离经济发展而自组织的内在规律。而本书则遵循市场经济下城市经济发展和城市空间发展的因果关系，把城市发展视作经济发展的结果，首先预测和确定城市经济发展目标，进行空间效益目标的测算和确定，进而依据经济和产业发展需要确定空间发展规模和就业规模，推演人口规模，形成了由经济发展到人口和空间发展的新的规划技术流程，与以往的由人口发展到空间发展的流程相互验证，提高了城市规划的科学性。这一流程，已经在多个城市总体规划项目中成功应用，而且被越来越多的设计单位模仿借鉴。

1.4.4 与国内外同类先进技术的比较

国外存在对空间收益、地均产出等概念对应指标的研究，也存在基于产业空间组织的产业区的规划，但由于中外土地制度、规划体系、产业发展机制不同，国外缺乏产业区和城市产业用地类似研究的可比较的同类技术路线，且并未述及基于空间效益的产业空间规模预测和空间布局方法。正如埃里克·洛(Erik Louw)等的论文中所言，由于当前西方国家的土地在经济发展中作用降低，其发展和规划理论并不关注土地生产率问题，只有在人口高密度地区，如土地资源稀缺的新加坡、快速城市化的中国、城市蔓延迅速的荷兰等少数国家才关注土地效益与可持续发展规划的关联性。

在国内，与现有产业规划“就产业论产业”和城市规划“就空间论空间”的技术路线和规划方法相比较，本书的创造性与先进性具体体现在对既有产业规划技术方法的突破和对既有城市规划技术方法的突破这两个方面。

(1) 在对既有产业规划技术方法的突破方面，我国主流的产业规划技术方法，主要针对国土尺度或者区域尺度，内容上偏重于产业发展规划，在产业布局方面主要停留在宏观区位层面的产业分布。与此相比较，本书主要针对中微观尺度的产业区和产业空间的规划，在内容上除了吸收和延伸主流产业发展规划对产业发展方向和主导产业选择的技术方法外，更加突出在产业空间布局方面的规划问题，提出了对产业空间规模、产业行业的具体空间布局、产业项目的空间准入控制的技术方法。

为了说明这一点，本书课题组搜集了若干有关产业规划专著，对其内容进行了解读、梳理。可以看出：就空间层次而言，现有的产业规划类著作主要涉及两个层面，即国土和区域层面以及产业区整体层面，缺少对产业区系统、产业区片区、建成产业区和具体产业项目的规划方法分析；现有的产业规划类著作注重对产业规划一般方法和具体案例的介绍、特定产业的大尺度空间布局引导以及基于数理模型的产业发展选择和优化方法介绍，较少考虑从空间效益角度探索指导城市规划实践的技术路线和方法。相比较而言，本书从空间效益研究出发，创新性地将产业经济学、GIS空间分析平台等跨学科知识融合到城市规划的实践当中，应用范围涵盖了从产业区系统到具体产业规划项目的各个层次，选取的参考比较的著作如表1－1所示。

表1－1　本书参考比较的产业规划著作列表

(编)著者	著作名称	(城市)出版社	出版年份
吴德春、董继斌	《晋陕豫蒙宁能源基地区产业规划与布局》	(北京)中国计划出版社	1991
费洪平、戴公兴	《经济开发区产业规划与管理》	(北京)科学出版社	2000
柴彦威	《开发区产业与空间及管理转型》	(北京)科学出版社	2008
吴建伟、毛蔚瀛	《大规划：城市与产业》	(上海)同济大学出版社	2009
李巍、刘艳菊、李天威	《资源型城市产业发展规划环境影响评价方法与实践》	(北京)化学工业出版社	2009
张文忠等	《产业发展和规划的理论与实践》	(北京)科学出版社	2009
陈文晖，鲁静	《产业规划研究与案例分析》	(北京)社会科学文献出版社	2010
蓝庆新	《区域产业规划方法与案例研究》	(北京)知识产权出版社	2011
范拓源	《战略性新兴产业发展规划与管理》	(北京)化学工业出版社	2011

(2) 在对既有城市规划技术方法的突破方面，我国现行的法定城市规划技术方法，虽然以空间问题为核心，但是缺乏对城市各专门化空间的针对性规划设计方法，而且过于关注空间的物质性属性而忽视空间的经济属性等，导致其对产业空间的规划存在技术空白，许多规划成果照搬一般城市规划技术路线来规划产业空间，其成果基本无法满足产业空间规划管理的需要。本书正是瞄准这一现实需要和规划技术盲区，大胆创新，针对产业空间作为城市经济空间的基本属性，构建了与一般城市空间不同的空间规模预测技术路线；整合城市规划管理、土地管理、招商引资项目管理、环境管理等产业空间管理的独特需求，提出了与一般控制性详细规划不同的产业空间准入控制指标体系和导则编制系统；针对产业选择与产业具体布局在规划层面脱节、产业行业微观空间无法确定导致产业项目布局混乱无序的情况，提出和构建了产业因子评价指标体系，确定了从初选到优选的"两步走"产业的空间适宜性评价技术路线，解决了产业在地块层面的具体布局规划问题；针对产业区建成区提出了量化的产业结构优化评价、产业空间发展绩效和可改造性评价的指标体系和技术路线，补充城市规划在产业区建成区更新方面的空间落实内容，推动实现产业空间的集约利用。这些探索和创新不仅成功解决了产业区的规划控制难题，实践证明其实施效果大大超过按照一般城市规划技术路线编制的产业区规划，而且延伸应用在一般城市规划编制中，对改进、优化城市规划和设计流程，提高其科学性也发挥了重要作用。

为了说明与国内现有相关规划技术的差异性和创造性，除了科技查新报告的支持之外，我们还搜集了不同年代的开发区规划和城市规划成果，对其技术路线和内容进行了梳理，并与本书成果比较(表 1－2)。

表 1－2　与传统开发区、城市规划典型案例的规划内容与方法的比较表

规划类型		规划名称	主要内容	主要指标及测算方法
传统规划案例	开发区总规	《南京浦口高新技术外向型开发区总体规划》(第一版，1988)	规模性质、试验区布局、基础设施布局	有指标但是属于经验估算，无具体测算方法，以定性分析为主
		《扬州经济开发区总体规划》(2001)	规模性质、发展目标、总体布局、基础设施	沿用传统城市规划的规模预测方法，没有考虑开发区经济属性的特殊性
	开发区控规	《武进市城西工业园区控制性详细规划》(2001)	用地布局、地块控制、基础设施	以容积率等建设指标为主，缺少对空间效益和环境效益指标的控制
	城市总规	《吴江市城市总体规划(2001—2020)》	城镇体系、城市性质规模及目标、用地布局、基础设施	“由人到地、比例分配”，确定总体规模和各类用地规模
本书成果		《连云港经济技术开发区产业布局规划》(2006)	发展定位、产业选择、空间布局、产业准入控制	基于地均效益指标预测产业空间规模，基于产业布局影响因素构建空间适宜性评价指标体系并指导产业空间布局规划，基于空间效益指标构建产业空间准入指标体系

1.5　技术成熟程度与应用价值

1.5.1　技术成熟度与评价

按照有关技术成熟度的评价标准，本书规划方法在新的产业区规划技术体系构建方面属于原始创新，在相关指标和计算方法的确定方面属于跨学科、部门和领域的集成创新成果。目前，本书经过累计八年多的逐步探索和使用，先后完成了理论研究、模型构建、实验应用和主要在完成单位以及部分合作单位小范围的推广应用，已经进入了成熟技术的推广期，并已经可见部分非本书成果完成单位借鉴参考和使用的个别案例，如《广西北部湾经济区南宁—东盟经济开发区总体规划(2010—2030)》(广西华蓝设计(集团)有限公司，2010)。

在本书的技术成熟度方面，经过反复使用和实践检验，无论是指标体系的选择还是指标数值的测算，都较好地和现有相关法定或者常规统计数据来源全面对接，具有较强的广泛适用性和稳定性。技术成果所依赖的有关软件和技术平台、计算分析模型等，也是目前城乡规划领域成熟的技术，易于操作和推广，便于规范化。

在满足需求方面，本书规划方法也表现出较好的市场成熟度，主要体现在以下两个方面。

(1) 契合了国家关于产业区发展的政策要求，核心内容的提法有较强的前瞻性。作为本书重要的源头和起点，2003 年本书负责人发表的关于开发区空间规模与效益的论文提出的学术观点与随后国家开展的开发区“清理整顿”的文件精神相契合；继 2004 年本书负责人带领的规划团队立足南京市六合区近期建设规划等项目开展的以空间效益为核心的集约型产业区规划实践探索不久，2004 年底国土资源部发布了《工业项目建设用地控制指标(试行)》(以下简称“控制指标”)，即说明了本书的前瞻性，肯定了本书研究的方向的同时也提供了本书研究核心指标量化的法定依据。

(2) 赢得了相关部门的高度评价和充分肯定，本书具体应用的多项规划案例均获得了不同程度的奖励，其中多项竞标项目均获得第一名的成绩，体现了成果的先进性。作为本书重要的前期探索案例，南京市六合区近期建设规划项目获得江苏省优秀工程设计三等奖；作为本书应用最为系统的案例，《连云港经济技术开发区产业布局规划》经连云港市政府专文批复(连政复〔2006〕32 号)，成为开发区产业项目管理的重要依据，该规划先后获得连云港市优秀规划设计一等奖和江苏省优秀勘察设计三等奖；作为本书与有关设计单位合作开展的其他应用实践，如《钦州市总体规划》、《常熟市总体规划》、《安徽蚌埠市淮上区战略规划》等也先后获得江苏省、安徽省优秀规划设计奖励；作为本书在建成产业区更新优化方面的重要应用案例，《常州市天宁经济开发区概念性规划》有力地指导了该园区产业用地的集约化改造，规划成果也获得了江苏省优秀工程咨询成果奖；作为本书在产业园区城市设计方面的典型案例，《苏州太湖科技园区城市设计》、《南京海峡两岸科技工业园概念城市设计与重点地段详细城市设计》等成果由于科学、系统的产业规划分析在国际招标中获得第一名；作为本书重要集成的江苏省自然科学基金项目在验收会上获得了专家好评，并顺利通过江苏省科技厅组织的专家验收，获得江苏省建设科学技术奖奖励。

该基金项目的科技成果于 2012 年在由教育部科技发展中心、中国城市规划学会等在京组织的成果鉴定会上获得了包括中国工程院院士邹德慈，来自国家发改委、国土资源部、住建部等部委规划部门领导以及中科院、北京大学等业内专家在内的高度评价，获得当年度江苏省科学技术奖励(获奖励人员：王兴平、邹军、崔功豪、陈小卉、管驰明、许景、朱凯等)。

1.5.2 对社会经济发展和科技进步的意义

本书规划方法在国内城乡规划领域率先引入空间效益的相关指标，并通过不断地完善和改进，最终形成了一套系统的集约型产业区规划的技术路线和方法。在近八年来的研究和探索过程中，本书成果产生了积极的经济效益和社会意义，在推动规划编制领域的技术创新的同时促进了规划管理领域的科学化，并在对应的人才培养和科技成果传播方面取得了丰硕成果。

(1) 本书规划方法在国内城乡规划编制领域受到广泛应用，有力推动了规划编制的技术创新和科学化。正如前文所述，传统城乡规划领域所遵循的“由人到地、比例分配”的用地规模预测在产业区规划的应用实践中已很难与实践相契合。为了指导国内产业区的集约化发展，并在实践中检验集约型产业区规划的技术路线和方法的科学性和可操作性，本书负责人及其团队积极对接江苏省城市规划设计研究院，推动建立高校和设计研究院的产学研合作开发机制，依托东南大学和江苏省城市规划设计研究院的“校企联盟”平台，确保了技术开发与推广应用的密切结合和相互反馈，有力促进了本书应用价值的提升和经济、社会效益的发挥。在本书研究阶段，由成果单位直接应用于各类规划设计的项目累计达 18 项。此外，常州市规划设计院、广西华蓝设计集团有限公司、南京城理人城市规划设计有限公司、南京市城市规划设计研究院有限责任公司、宁波市城乡规划研究中心、中国城市规划设计研究院、深圳市城市规划设计研究院、南京大学城市规划设计研究院、东南大学城市规划设计研究院、东南大学建筑设计研究院等城市规划与设计机构先后通过项目合作或者案例借鉴，采用或者借鉴了本书科技成果。

（2）本书规划方法转化形成的产业区规划和管理指导性文件，较好地满足了规划管理部门的管理需求，促进了规划管理领域的理念创新和科学化。与本书直接相关的多项城市规划横向项目的应用实践证明，成果提出的基于空间效益的产业空间规模预测、产业空间布局适宜性评价、产业空间准入指标和产业空间整合优化的分析方法，很好地指导了南京市六合区的土地供应计划、唐山高新区的空间管制与准入控制、连云港经济技术开发区的产业项目管理、常熟市和钦州市的产业用地规划等工作，并取得较好的经济社会效益。特别是作为本书应用最为系统的案例，《连云港经济技术开发区产业布局规划》经连云港市政府专文批复（连政复〔2006〕32 号）后，已作为指导开发区管委会和规划管理部门进行开发区规划管理的重要文件，五年多的应用实践证明，规划确定的开发区基于规模效益的发展规模、基于空间适宜性分析的产业布局以及不同片区的产业空间准入导则等，具有很强的前瞻性、科学性和可操作性，是开发区管委会和规划管理部门进行开发区招商引资和项目审批的重要依据，对开发区的科学发展发挥了重要引导作用。

1.5.3 推广应用的条件和前景

近八年以来的不断研究和应用实践表明，集约型产业空间规划的技术路线和方法具有较高的科学性和可操作性，具备了向更大范围和更宽领域进行推广的条件和基础。目前，本书规划方法可以推广应用的范围主要包括规划编制领域、行业技术标准与规范制定、产业区发展战略和管理政策制定等三个方面。

（1）在规划编制领域的推广应用方面，集约型产业区规划技术路线和方法突破和改进了现行规划编制技术和规范，并取得了很好的经济和社会效益。鉴于此，本书科技成果可以在全国城乡规划编制领域进行推广，主要适用范围包括：城市规划中的产业规划内容、城市产业区群的规划整合、新建产业区的空间发展和布局规划、已建产业区的空间整合优化、产业园区城市设计中的产业选择和空间规模分析等。从已有项目的实践效果和未来产业区和城市发展的趋势判断，本书在规划编制领域具有比较广阔的应用前景。

（2）就行业技术标准与规范制定方面的应用而言，本书提出的产业空间准入指标体系和导则系统以空间效益指标为核心，融合了环保部门的相关控制指标，对不同行业提出了明确的空间准入门槛。该成果在指导连云港经济技术开发区进行项目招商和产业管理方面取得了非常好的效果。进一步将本书科技成果推广到国家、江苏省等相关部门的行业技术标准和规范编制修改工作当中，有利于相关部门进行统一管理、提高管理的科学性。

（3）就产业区发展战略和管理政策制定方面的应用而言，本书基于空间效益提出的基于地均效益的空间规模分析与规划、基于空间适宜性的产业空间布局规划、基于空间准入约束的项目控制导则以及基于综合效益的空间优化整合规划等创新成果都可以用来指导产业区制定相关产业发展和布局的政策，服务于开发区转型升级和创新发展。

2 集约型产业空间发展规划及其方法

城镇产业空间发展规划的主要作用在于明确产业空间的发展方向、目标和途径，引导产业空间实现功能的合理配置、产业的协调发展和规模的科学控制等。发展规划的编制，其内容包括以下四大部分。

（1）基础分析部分：产业空间内既有发展基础的综合分析与评价、未来发展条件的系统评估和比较、整体竞争力和核心竞争优势的确定。

（2）发展战略部分：依据其区域分工、基础支撑、目标引导和竞争优势，综合确定产业空间的发展定位，并参照定位要求，参考有关指标体系，确定产业空间的总体发展目标和具体指标体系。

（3）产业选择部分：立足现有产业基础、未来产业条件和可能的产业机会，以及整体产业发展趋势，通过竞争力、影响力、成长性分析和机会分析等，综合确定未来的产业结构、行业选择，并延伸对产业链、产业集群的培育和对产业载体、产品品牌建设等提出规划策略。

（4）规模预测部分：依据发展目标，遵循有关技术标准和规范的约束，并结合对就业、劳动生产率、地均产出效益的预测，对产业空间的人口、就业规模进行预测和规划，并为空间规模的确定提供重要支撑。

上述内容的确定，可以借鉴的技术方法比较多，国内学术界和专业领域也已经有比较系统的阐述、总结和应用，诸如汪宇明等（2003）、张文忠等（2009）、方创琳等（2011），在此不再详述。以上内容和流程中，其重点内容和核心环节是对发展定位与目标的确定、对产业选择和产业集群的培育、对发展规模的预测等。下文将针对其具体内容、方法和流程进行深入阐述和介绍。

2.1 产业空间发展定位与目标的确定

2.1.1 产业空间发展定位

产业空间的发展定位，是由其在规划期内的区域战略地位、产业发展方向、空间功能配置和内在价值追求、外在形象塑造等综合形成的产业空间发展的总体方向。科学的产业空间发展定位，具有前瞻性、独特性甚至唯一性，能够反映该产业空间的独特竞争优势，具有其他产业空间难以模仿和复制等特点，这就要求对产业空间发展定位的分析和确定方法必须科学、系统、全面，才能清晰地认知其现有的发展环境和动力，并从总体上准确把握其未来发展趋势和方向。

目前我国开发区发展定位表述方式通常为“引领区”、“示范区”、“先行区”等模糊通用的口号式定位，定位内容多为创新（新兴）产业、高端人才、生态宜居等宏观而概括的方面，缺乏针对自身特点的明确指向性，也缺乏基于特定区域、特定级别的作用表达。仅有部分影响力极大（如中关村科技园）或区位较为特殊的开发区（如南京高新区）定位与其他有明显差别，大部分开发区定位缺乏独特性（表 2－1）。

表 2-1　部分开发区“十二五”规划发展定位

开发区名称	开发区发展定位
长春经济开发区	成长为东北开放开发先导区、经济起飞的引擎
昆山经济开发区	结构优化、产业振兴、科技进步、体制创新、生态环保、资源节约与可持续发展的引领示范区
苏州工业园区	① 苏南高端人才、高端产业、高端商务的首选地； ② 传统文化和现代文明交相辉映、东方文明和西方文化相互融合、经济繁荣与生活宜居相得益彰的新天堂； ③ 苏南现代化建设的先导区
中关村科技园区	深化改革先行区；开放创新引领区；高端要素聚合区；创新创业集聚地；战略产业策源地；具有全球影响力的科技创新中心新地标
天津滨海高新区	新兴产业核心区；自主创新领航区；高端人才集聚区；开放合作先行区；低碳和谐的科技新城区
南京高新区	国家级高新技术产业开发区；生态型科技新城；应用生物技术的高效生态农业示范区；跨江发展的桥头堡和核心承载区
郑州高新区	新兴产业之城；现代商务之城；科技创新之城；生态人文之城
西安高新区	① 全球——成为通信、光伏、软件、服务外包领域有较强竞争力的产业集群，具有中国内陆自主创新特色的世界一流科技园区； ② 全国——全国科技创新中心、一流研发基地和战略性新兴产业引领区； ③ 中西部地区——最大的总部基地与高新技术产业化基地，新一轮西部大开发和关天经济区发展的先行区； ④ 省内——产业优化升级、辐射扩散、梯度转移和创新型服务业发展的平台，支撑引领西安国际化大都市的建设

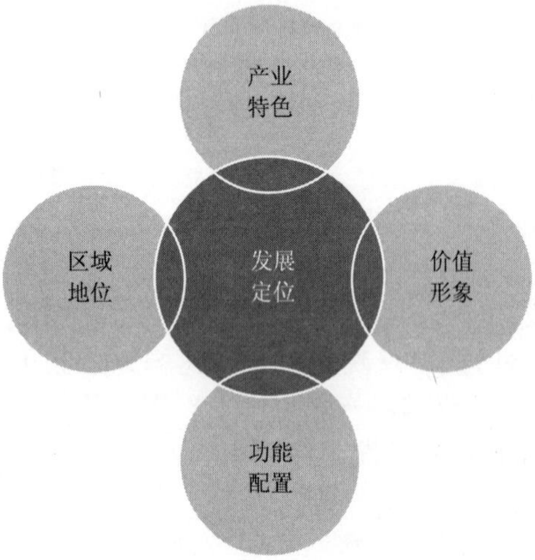

图 2-1　产业空间的“四维定位”分析图

产业空间发展定位分析的理论依据和具体方法与城市、区域发展定位具有一定的类似性。在理论依据方面，可以参照的有城市定位理论和竞争力理论(仇保兴，2002)、区域分工与合作理论(李小建等，1999)等，我国改革开放以来新开发的产业空间多以开发区、产业园区或者产业集聚区等形式存在，产业空间的开发、管理等运行活动由市场化的专业公司与准政府性质的管委会负责，产业空间既是各类企业的集聚空间，自身也是具有类似企业属性、面对市场竞争的一个组织，是城市“企业化”的重要体现(王兴平，2002)，通过定位促进其“营销”和招商引资是产业空间发展的重要途径，因此，企业战略规划中的产品和品牌定位理论、营销理论等也是产业空间定位可以借鉴的重要理论(司马方等，2004)，在此不再赘述。针对产业空间定位的四个方面，可以对应地采用“四维定位”的分析流程来展开，如图 2-1 所示。此外，还可从产业空间在落实国家、区域重大政策中的作用来分析。

每个维度定位的具体内容和方法如下。

（1）进行全面的区域定位分析。通过分析其在全球生产体系、区域产业空间体系、区域城镇体系中具有的比较优势及其辐射、服务、控制影响的具体地域范围，确定其在可能的优势领域和对应地域范围内可以发挥、占据的辐射带动、先行示范等战略作用和地位。确定其区域定位可以借鉴有关区域分析和竞争力分析的技术方法（崔功豪等，2006），诸如区域比较分析、区域联系分析、竞争力量化分析、政策分析和相关规划分析，等等。通过对区域产业空间体系、城镇空间体系中不同板块的系统定性、定量综合比较，或者不同板块之间各种要素联系的调查、预测、分析，以及基于科学量化竞争力的测算比较，结合对未来发展条件与发展趋势下产业空间、城镇空间体系比较优势的变化分析，确定产业空间在不同区域空间范围和所在城镇范围内的现实地位和未来潜在地位，最终多元综合确定其区域定位。对此，可以参照曹敏娜、王兴平（2003）的有关研究案例。

（2）进行系统的产业定位分析。其核心是辨识和确定产业空间在规划期内的主导产业、特色产业和关联产业集群与产业链体系。通过对产业空间集聚的现有产业基础与特色、未来产业发展方向和类型研究，明确产业空间规划期内的总体产业结构、具体产业门类，并遴选出其主导产业、特色产业以及关联的优势产业集群和产业链，以此作为代表产业空间的产业发展定位。作为产业空间定位的核心研究内容，一般可以借鉴产业经济学、经济地理学中区域和城市经济分析、产业分析的有关方法，并与相关规划分析、政策分析结合，进行规划期内产业定位的确定。其具体方法本书后面会进行专节介绍。

（3）进行综合的空间功能分析。从产业空间所在的城市整体分工层面和产业空间内在需求层面，对其所必须承担的空间角色进行多角度、多层次分析，确定其整体空间属性以及功能配置目标。一般而言，产业空间具有三重属性，从所在城市整体分工而言，产业空间的主导功能是生产功能，其作为生产空间与城市其他生活、服务空间形成整体有机分工协作的空间关系；同时，从产业空间自身有机、有序运行的角度看，为了保障产业空间的生产功能正常发挥，必须配置一定规模、不同类型的生产服务功能和设施，这就导致产业空间是以生产功能为主，并具有一定为生产提供服务保障功能的空间；另一方面，产业空间本身既是企业、产业的集聚空间，发挥生产空间的属性，同时也是企业员工集聚的空间，是城市重要的就业活动空间，从产业空间内在活动主体——人——的角度来看，必须考虑其就业活动关联的生活、服务的需求，必须按照产业空间与城市的生活、服务空间共享性的差异，因地制宜地配置不同类型、层级和品质的多元空间，产业空间的功能必然是以生产功能为主的多样化、综合化空间。依据王兴平（2005）提出的中国城市新产业空间的微观区位—结构—功能相关的理论，产业空间功能配置与其在城市中所处的微观区位具有较强的关联性，粗略地可以分为纯产业区、产业社区、综合新城模式等。

（4）进行前瞻性的价值和特色分析。一方面是内在的、非物质化的相对“务虚”的价值追求的确定，要在梳理当代产业空间最新发展理念、企业和职工精神文化追求、企业发展观和产业空间就业者价值观的基础上，进行融会贯通和凝练，形成体现产业空间整体价值追求的“园区精神”；另一方面，是对可以物质化表现的相对“务实”的特色塑造和挖掘，需要系统分析产业空间所在区域的地理环境特点、空间内部格局和环境特征，并结合地域性历史文化传承的脉络、产业空间的特有空间形象，确定产业空间的环境特色、格局特色和建筑特色，提炼出产业空间开发建设可以外在彰显、外来者可以直观感知、能够形成产业空间归属感和标志性的“园区风格”。

2.1.2 产业空间发展目标

产业空间的发展定位与发展目标具有一定的内在关联性和共性，都是对其未来发展所要达到的水平、阶段和程度的确定，从广义上理解，发展定位是发展目标的重要组成部分和定性表达。如果要将两者加以区别的话，狭义的发展目标与发展定位相互联系但是彼此并列，发展定位是对其在未来发展具有优势、独特性甚至唯一性的发展愿景和地位的表述。而发展目标是对其一般意义上的各方面发展愿景和具体指标的表述，与发展定位相比较，发展目标关注的是产业空间时代性、共性发展理念的落实，以及可以通过量化的统计通用、可比较的量化发展指标的确定，两者的区别显而易见。

产业空间发展目标的确定和表述方法很多，大致分为三类。

1）理念型发展目标的确定

理念型发展目标的内涵是指“最佳”发展状态下的产业空间特征和模式，这里所指的“最佳”状态是时代最前沿、最积极的发展理念和发展模式的集成，比如集约、智能、绿色、低碳等新型城镇化的发展模式，全面、协调、可持续的科学发展观，宜人的空间尺度，便利、便捷、节能的园区运行体系等，这些理念性目标确定了产业空间的整体发展方向，引导产业空间的可持续发展和持续优化提升。部分开发区理念型发展目标如表 2-2 所示。

表 2-2　部分开发区发展定位表

开发区名称	发展目标
长春经济开发区	① 开放开发的先行区 ② 现代产业的聚集区 ③ “三化统筹”的样板区 ④ 生态宜居的新城区
苏州工业园区	① 转型升级:率先建成国家创新型科技园区 ② 城市现代化建设:率先建成高水平区镇一体化园区 ③ 社会事业发展:率先建成公共服务均等化示范园区 ④ 生态环境优化:率先建成国家生态文明示范园区
南京高新区	① 城市形象和功能品质跃上新台阶 ② 城市综合管理和生态环境实现新提升 ③ 自主创新、创业功能建设取得新成效 ④ 主导产业和特色产业集群发展取得新突破 ⑤ 园区综合发展实力实现新跨越

2）位序型发展目标的确定

位序型发展目标的内涵是指在“最快”发展速度下产业空间可以达到的可能位序，是相对的、可具体比较的、有明确参照系的半量化目标，也就是产业空间在发挥各种优势、抓住所有可能的机遇的前提下，到规划目标年末在区域产业空间体系中可以达到的位次和排序。许多欠发达的产业空间在确定其发展目标时经常会确定一个或者一类“标杆”，据此提出赶超的时间目标和各项发展目标，或者提出自身由落后梯队经过发展进入“第一梯队”、“第一方阵”等，就是这种“位序”目标。比如苏州工业园区提出“主要指标达到先进国家和地区水平，成为具有全球竞争力的国际化、现代化、信息化高科技园区和可持续发展的创新型、生态型、幸福型新城区”的目标，以及江苏苏北的部分开发区确定的追赶和超越苏南发达地区有关标杆开发区的目标，等等。

3）指标型发展目标的确定

这一综合性的、量化的指标体系一般涵盖产业空间发展的各个方面，包括经济社会发展、生态环境保护与控制、公共服务与市政基础设施建设等，也包括总量指标如国内生产总值(Gross Domestic Product，简称 GDP)、工业总产值等和人均或者地均指标如人均、地均 GDP 等，还包括一些比例指标，如产业结构指标和一些反映普及率、贡献率的指标。这些指标的取值有多个依据或者参照系，比较常见的有三种：一是参照当地当期的国民经济和社会发展计划、城乡规划等相关规划指标、有关开发区的考核或者评估指标以及当地的现代化指标；二是依据发展定位和宏观目标，选定发展条件和发展模式具有类似性、比本产业空间发展领先的相关“标杆”区域，参照其发展经验值与规划指标确定，国内经常作为产业空间发展“标杆”的产业空间有苏州工业园区、中关村科技园区以及开发区经济比较发达的江苏苏南地区、上海市或者深圳市等的典型开发区，在具体指标取值上，有些会选取这些“标杆”已经达到的发展水平值，有些会选取其规划指标，有些瞄准一个具体的开发区作为参照，有些则把一个区域的过去或者未来规划的平均水平作为参照，并参照自身历史发展的平均状况进行修正，比如对于产业空间规划的 GDP 增速的设定，既要看本身过去多年的平均速度，也参照外部标杆区域和园区历史经验值与规划水平，并参照国家、地方国民经济与社会发展目标速度再综合确定；三是依据有关技术标准和法规的要求，设定相关发展目标，常见的是在工程技术属性较强的领域，比如生态环境控制指标、基础设施建设标准、基本公共服务设施建设标准等方面，直接依据有关国家、地方的技术标准与规范来设定规划目标。在指标选取方面，有些会偏重综合性的涵盖各方面的发展指标，有些会依据规划任务的差异，选取一些重点指标，前者如产业空间总体规划的综合型指标体系如表 2-3 所示，涵盖产业空间经济发展、外向型经济、社会发展、基础设施和公共服务建设等多方面，后者如表 2-4 所示经济技术开发区建设创新型园区的指标体系，重点突出有关创新能力与绩效、创新环境的指标，还有一些重点衡量开发区集约发展的指标体系等(表 2-5)。一般而言，依据产业空间属性差异，其发展指标的侧重点也会有所区别，比如经济技术开发区突出外向型经济指标、地均效益指标，高新区突出创新指标，等等。综合型、创新型和集约型发展目标的三类指标体系例举如下。

表 2-3　产业空间发展的综合型指标体系

一级指标	二级指标
发展规模	业务总收入(亿元)
	地方一般预算收入(万元)
	进出口总额(万美元)
	实际外商直接投资额(万美元)
	年末从业人员数(人)
	已开发土地面积(km^2)
基础配套	累计固定资产投资(万元)
	累计基础设施投资(万元)
	供水能力(t/日)
	供电能力(KVA/日)
	供燃气能力(m^3/日)

续表 2-3

一级指标	二级指标
环境保护	万元 GDP 能耗(吨标煤)
	万元 GDP 水耗(m^3)
	万元 GDP 二氧化硫排放量(m^3)
	生活污水集中处理率(%)
	工业用水重复利用率(%)
社会管理	社会保障覆盖率(%)
	失地农民补偿率(%)
	亿元 GDP 生产安全事故死亡率(%)

表 2-4　产业空间发展的创新型指标体系

一级指标	二级指标
创新投入	园区财政科技支出占一般预算支出的比例(%)
	规模以上企业研发投入占企业销售收入比重(%)
	硕士以上学历人数占科技研发人员的比重(%)
	每万名从业人员理工科毕业人数的比重(%)
创新产出	每万名从业人员发明专利申请数(件)
	工业企业自主知识产权产品产值占比(%)
	新产品产值占工业总产值的比重(%)
	省级以上高新技术企业数(个)
	上市企业数量(家)
创新效率	每平方千米营业总收入(亿元)
	园区净利润占营业总收入的比例(%)
	高新技术企业营业总收入占园区的比例(%)
	新兴产业产值占工业产值比重(%)
创新服务	规模以上企业中拥有研发机构的企业所占比重(%)
	生产性服务业销售收入占园区营业总收入的比例(%)
	财政投入占全区研发投入的比重(%)
	科技企业孵化器面积(万 m^2)
	人才公寓和专家楼可容纳人数(万人)
创新环境	万元 GDP 能耗(吨标煤)
	万元 GDP 水耗(m^3)
	人均公共绿地面积(m^2)
	每万名从业人员中专业技术人员数(人)

表 2-5　产业空间发展的集约型指标体系

一级指标	二级指标
开发强度	综合容积率
	建筑密度(%)
	土地开发率(%)
	地均固定资产投资总额(万元/hm^2)
产出效益	地均地区生产总值(万元/hm^2)
	地均地方一般预算收入(万元/hm^2)
	地均规模以上工业增加值(万元/hm^2)
	地均规模以上工业利润总额(万元/hm^2)
低碳环保	万元 GDP 碳排放量(t)
	万元 GDP 能耗(吨标煤)
	万元 GDP 水耗(m^3)
	绿色出行比例(%)
	园区人均绿地面积(m^2)

2.2　产业发展规划

目前,国内大部分开发区产业规划都是在现有主导产业的基础上进一步扩充产业门类、完善体系,规划产业与现状产业相比门类更为多样;另一鲜明特征则是所有开发区如出一辙地顺应时代潮流,将新兴、现代、高端、创新等理念贯彻产业规划的始终。典型开发区产业现状与规划如表 2-6 所示。

表 2-6　部分开发区现状及规划主导产业类型

开发区名称	现状主导产业	规划产业类型
长春经济开发区	汽车及零部件、生物化工、粮食深加工	专用车及零部件、生物化工、装备制造、快速消费品、光电信息、生物制药
昆山经济开发区	电子信息产业、光电与装备制造业、高新技术产业、精密机械产业、轻工、纺织、食品	光电产业、电子信息、装备制造、精密机械、民生用品、汽车零部件产业、节能设备与节能材料、会展、工业设计、软件开发、服务外包、现代服务
苏州工业园区	高新技术产业为主导、先进制造业为支柱、现代服务业为支撑	以高新技术产业为主导、高端制造业为支柱、现代服务业为支撑,“3+5”产业发展:电子信息、精密机械、现代服务业+生态环保、生物医药、软件及动漫游戏、纳米光电新能源、融合通信
中关村科技园区	六大优势产业集群:下一代互联网、移动互联网和新一代移动通信、卫星应用、生物和健康、节能环保以及轨道交通;四大潜力产业集群:集成电路、新材料、高端装备与通用航空、新能源和新能源汽车	三条产业带:沿中关村大街打造“中关村生命科学与新材料高端要素聚集发展区”,沿学院路打造“中关村信息网络世纪大道”,沿知春路打造“中关村航空航天技术国际港”

续表 2-6

开发区名称	现状主导产业	规划产业类型
天津滨海高新区	新能源、软件与高端信息技术(Information Technology,简称 IT)制造、生物医药、先进制造和现代服务业	“231”的产业战略构架:做大做强新能源产业、现代服务业两大主导产业;培育发展新一代信息技术、生物医药、航空航天三大战略性新兴产业;提升优化先进制造业
南京高新区	软件及系统集成、生物医药、新能源新材料	到 2015 年,建成具有规模效应、创新能力强、国内一流的软件、北斗卫星导航系统和生物医药特色产业基地
郑州高新区	电子信息、软件、数字信息、文化创意产业、智能仪器仪表、电子电器	做强做大电子信息主导产业;扶持培育数字信息、智能仪器仪表、物联网信息技术、电子电器、文化创意、新能源与节能环保六个产业集群
西安高新区	电子信息、先进制造、生物医药、现代服务业、通信、光伏与半导体照明、电力设备与能源技术、汽车、软件与服务外包	通信、太阳能光伏与半导体照明、软件服务外包、汽车、创新型服务业

2.2.1 产业选择的基本原则

一般而言,产业空间的产业选择应该准确把握以下几个关系。

1) 在统筹发展与保护的关系中确定选择核心产业集群的底线标准

发展与保护的关系实际就是经济效益与环境效益的关系、当前利益与长远利益的关系。就发展而言,许多产业行业都具有或多或少的经济利益,产业的引进与发展都可以带动地方就业、税收,拉动 GDP 的增长,因此,如果单纯考虑经济发展的效益,地方产业选择的领域将非常广泛。但是,如果忽视环境效益,部分污染型产业的发展在带来短期的巨额经济效益的同时,将可能从根本上破坏地方发展的环境,给子孙后代埋下隐患。所以,政府的产业规划必须严把环境效益的底线,产业发展的环境效益标准除了要考虑国家有关环境保护标准这一底线外,还必须兼顾生态城市标准、生态工业园区标准的要求,保证产业发展与人居环境建设的协调。在满足环境要求的基本前提下,可以在广泛的产业领域中按照经济效益的标准进行培育。就经济效益而言,应该充分考虑集约型社会建设的要求,走集约发展之路,降低产业发展对土地等自然资源的消耗,提高单位面积的投资强度和产出率,优先选择占地小、投资强度高、土地产出率大的产业。

2) 在平衡市场与政府的关系中确定未来核心产业集群的市场标准

现代经济的发展,既不能走传统的计划经济之路,单纯依靠“政府之手”进行调节,也不能走放任的高度自由市场经济之路,听任“市场之手”的摆布,必须在平衡市场与政府的关系中确定产业发展策略。在产业发展中,“市场之手”与“政府之手”是相辅相成、相互作用的,“市场之手”是产业发展的基础动力,“政府之手”则发挥着扶持、提升、强化的作用。在符合环境效益的广泛产业领域中,通过“市场之手”的“普选”,具有发展潜力和经济效益的产业因为符合市场需求而发展起来,这一符合“市场之手”要求的产业谱系是非常宽泛的,而且是动态变化的,不断有新的产业发育起来,也不断有产业被淘汰出局。

在这一产业谱系之中，政府依据一定的标准，在市场普选的基础上按照一定的标准进行“特选”，将那些带动效应明显、产业规模较大、产业发展速度较快的产业选择出来，作为政府着力培育和扶持的主导产业、支柱产业，但这一符合“政府之手”要求的产业并不具有排斥性，也就是说，不在这一产业系列中的其他符合市场、环境要求的产业也将被允许和鼓励在区域内发展，这些产业在市场的培育和竞争中涌现出来的新的优势产业将成为未来政府优选新的主导产业的源泉。因此，作为政府行为的产业规划，选择地区未来发展的优势产业集群，必须考虑区域现有的产业基础，首先从已有的产业中进行优选，现有的优势产业将必然成为政府选定的未来核心产业集群的重要组成部分。

3）在考虑实力与潜力的匹配中确定选择核心产业集群的战略标准

必须看到，经过环境门槛和“市场之手”的选择，在现有优势产业中选择出来的产业集群，一般具有较强的发展实力和速度，但是在现有广泛的产业谱系中，由于各种原因的影响，某些具有发展前景的产业可能并没有在本地发展起来而处于“潜伏”状态，因此，必须结合对地区发展潜在优势和发展机遇的分析，挖掘在现有产业之外发展的各种可能性，以及这种可能性的发展前景，修正产业图谱，从而确定更为科学全面的产业集群，使产业集群选择不仅符合区域发展的实力，也能够发挥其内在的潜力。

4）在地方优势与国家产业政策、时代产业前沿的衔接中把握选择核心产业集群的政策标准

地方优势和产业基础是产业空间进一步发展的基本条件和重要支撑，是确定产业空间主导产业、支柱产业的重要前提，特别对于一些开放、创新条件受限制的区域，必须以此为基点来谋划未来的产业路径。国家产业政策划定了宏观产业发展的导向和底线，明确了鼓励发展的产业和限制发展、禁止发展的产业门类，是产业空间进行发展方向选择的上限和下限，是其争取国家产业政策支持的重要风向标；时代产业前沿是最新科技创新、创意设计产业化转化、市场化开发的最新成果，是产业空间创新发展、跨越发展的战略性方向，是风险和挑战汇聚、机遇与希望并存的方向，也是许多落后的产业空间后来居上的重要突破口。科学、可持续的产业选择方案必须统筹兼顾现实基础、政策要求和技术与市场前沿趋势这三个方面的可能性、必要性，确定近期、中期、远期的发展策略。既不能因循守旧，仅仅在现状发展基础好的方面固守，坐失新发展机会，也要防范不顾条件约束一味追求“高新”，背上发展包袱，更不能无视国家产业政策约束唯利是图、牺牲生态环境等来换取“黑色利润”。

2.2.2 产业选择的理论依据

一般而言，产业选择需要从产业空间自身和其所在区域两个层面进行综合分析。区域层面的产业分析可以明确产业空间承担的区域产业分工地位，自身层面的产业分析则是要梳理影响产业发展的关键要素，并判断其产业结构演变的总体趋势。因而，在众多涉及产业发展的理论当中，产业分工理论、产业区位理论和产业结构演变理论是指导不同类型产业空间进行产业选择的重要理论依据。

(1) 产业分工理论最初是解释国际贸易分工关系的各种理论集合，后被逐渐用于指导不同产业空间的产业选择实践。例如，具有劳动力资源相对优势的产业空间，理论上应该重点发展劳动密集型产业，而具有资本相对优势的产业空间则应重点发展资本密集型产业。当然，实践中往往需要综合考虑产业空间各方面的比较优势，然后形成产业选择的最终结论。

(2) 产业区位理论主要用于指导如何确定产业发展的各类影响因素。与农业区位

论、工业区位论、中心地理论等传统产业区位理论总结的产业发展影响因素相比，影响现代产业发展的因素更加错综复杂。同时，不同类型产业对资源、交通、资金、技术、人才和政策等方面的需求差异，也构成了产业空间在区域范围内的产业分工基础。

（3）产业结构演变理论常用的模型包括配第—克拉克定律、钱纳里多国模型、雁形模式理论等（郝寿义等，2004）。对于综合型产业空间而言，一般需要综合各类模型的分析结论，明确其产业结构的发展历史、现状特点和演变趋势。对于开发区或园区型产业空间而言，产业选择则需重点分析工业行业的内部结构，并遵循产业结构由低级向高级、由劳动密集型向资本技术密集型演变的一般规律。

2.2.3 产业选择的主要内容

面向实施性的产业选择包括行业选择和企业选择两个环节。目前，国内城市规划领域的产业选择内容大都只涉及行业选择，涵盖"产业—行业"两个层面。例如，参照国民经济行业分类标准，结合产业分析方法，得出第二产业应该重点发展纺织业、家具制造业、非金属矿物制品业等行业。这种面向行业的产业选择优点在于行业发展数据易于获取，但产业选择结论往往较为宽泛，在指导产业发展方面缺乏可操作性和灵活性。

面向企业的产业选择内容体系（图 2－2）以面向行业的产业选择内容为基础。该内容体系将产业选择从行业选择进一步延伸到企业选择，涵盖"产业—行业—企业（项目）"三个层面，不仅包括每一大类产业领域的细分子行业选择，也包括每一子行业内应该重点关注的企业或项目。与面向行业的产业选择内容相比，面向企业的产业选择内容更加丰富、层次更加清晰，体现了产业选择"宏观—中观—微观"分层次渐进式的分析过程。该内容体系的核心成果之一是形成明确的目标企业名录，这对于地方政府有的放矢地进行招商引资工作具有非常强的指导意义，同时也极大地提高了产业选择结论的可操作性。当然，面向企业的产业选择内容体系需要翔实的产业和企业数据作为支撑，难点在于目标企业数据库的构建和企业数据的搜集。

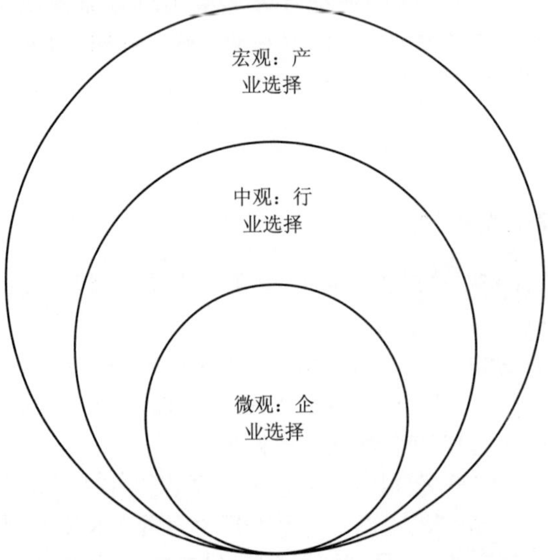

图 2－2　面向企业选择的产业选择内容体系

需要说明的是，上述两类产业选择内容体系由于涉及深度不同，适用的产业空间类型也有所差别。对于乡镇或专业化园区这类产业空间而言，由于产业结构较为单一，面向企业的产业选择流程更易操作；对于县域及县域以上产业空间或综合性开发区这类产业空间而言，由于主导产业类型较为丰富，应以面向行业的产业选择内容为基础，对部分核心行业可以进一步深入到企业选择层面。

2.2.4 产业选择的技术流程

面向操作层面的产业选择技术流程必须符合简单化、清晰化、程式化的基本原则，同时能够覆盖产业空间的不同类型、符合产业空间发展的不同需求。对应于产业选择的两大内容体系，产业选择的技术流程体系也可分为面向行业和面向企业两种类型(图 2-3)。由于产业空间的产业发展基础和发展需求不同，行业选择的技术流程又可进一步分为三类：现状型行业选择，即基于产业空间现状行业评价进行选择；培育型行业选择，即产业空间没有现状基础，但基于相关产业目录计划培育的行业；孵化型行业选择，即产业空间既没有现状基础也没有名录引导，但基于技术创新趋势未来有可能发展的行业。企业选择的技术流程包括引进型企业选择和引退型企业选择两类，有发展基础的产业空间可以综合考虑这两种类型的企业选择，而以行业培育和孵化为主的产业空间应该以企业引进为主。

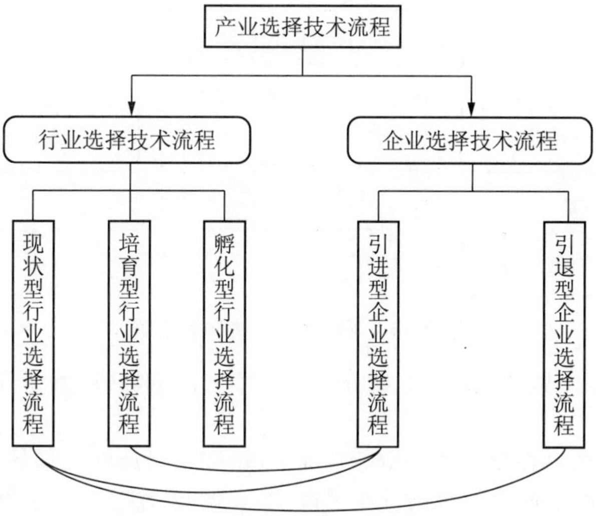

图 2-3 产业选择的技术流程体系

1) 现状型行业选择流程与方法

基于行业发展现状评价的产业选择方法通常适用于具有一定产业发展基础的产业空间，其具体流程如图 2-4 所示。

(1) 建立产业基础数据库

一般而言，政府职能机构中能够提供产业发展数据的部门包括统计局、发改委、经信委、农林委等(部门名称因政府级别不同会有所差异)。通过对相关部门的调研走访、对产业空间的实地探勘以及与企业座谈等方式，可以建立产业基础数据库。

(2) 选择产业评价指标体系

产业评价指标体系包括单一指标和综合指标两种类型。就单一评价指标而言，运用相对成熟的产业分析方法可以计算和比较反映产业发展现状的 1—2 个核心指标，常见的分析方法包括波士顿矩阵、区位熵、偏离份额分析、产业影响力系数和感应度系数、产

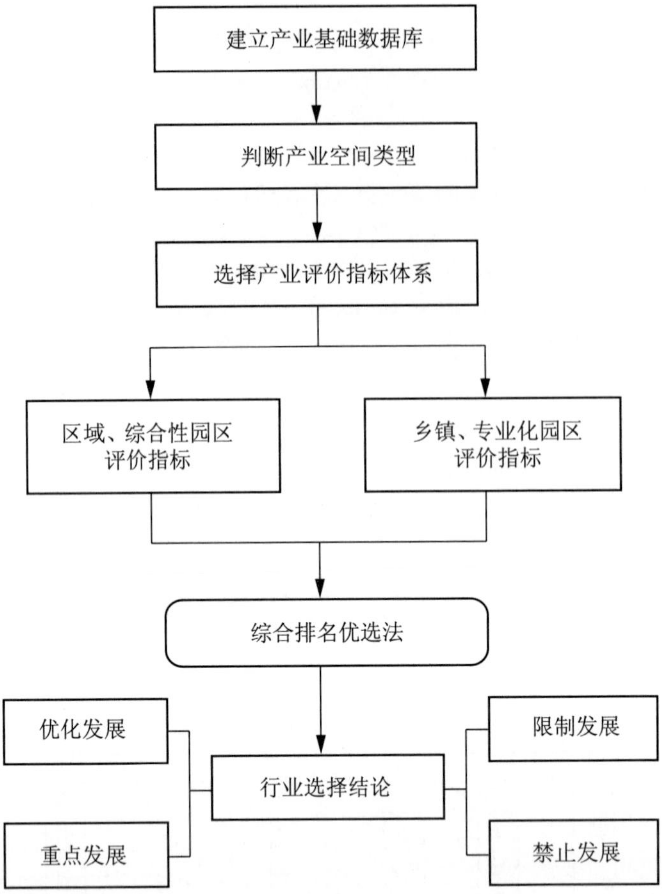

图 2-4 现状型行业选择流程图

业地理集中度等，张文忠等(2009)系统介绍了这些方法的原理、数学模型及计算过程，本书在此不再赘述。

综合评价指标体系在单一评价指标基础上，拓展了对产业发展的基本面分析。如表 2-7 所示，综合评价指标体系包括行业规模、发展效益、增长速度、比较优势和资源消耗五个方面。尽管从理论上讲，综合的产业评价指标体系可以反映产业发展全貌，但面向实施性的产业评价指标体系必须考虑不同类型产业空间的数据可得性和计算方便性，因此，表 2-7 进一步给出上述五个方面的细分指标适用的产业空间类型。当然，在实际操作中，可以根据能够获得的产业发展数据对上述指标进行适当增删。

表 2-7 产业选择评价指标体系

一级指标	二级指标	计算方法	建议产业空间类型
行业规模	工业总产值	原始数据	所有
	工业增加值	原始数据	所有
	固定资产原值	原始数据	区域、综合性开发区
	年平均职工人数	原始数据	区域、综合性开发区

续表 2-7

一级指标	二级指标	计算方法	建议产业空间类型
发展效益	销售利税率	利税额/销售收入	所有
	销售利润率	利润额/销售收入	所有
	地均工业总产值	工业总产值/工业用地面积	区域、综合性开发区
增长速度	年均工业总产值增长率	(期末工业总产值－期初工业总产值)^(1/t)－1	所有
	年均工业增加值增长率	(期末工业增加值－期初工业增加值)^(1/t)－1	所有
	年均利润增长率	(期末利润－期初利润)^(1/t)－1	所有
比较优势	规模优势	区位熵法	所有
	竞争优势	偏离份额分析法	区域、综合性开发区
	集聚优势	产业地理集中度法	区域、综合性开发区
资源消耗	单位工业总产值能耗	综合能耗量/工业总产值	区域、综合性开发区
	单位工业总产值水耗	综合水耗量/工业总产值	区域、综合性开发区

注:由于市县层面往往缺乏分行业资源消耗数据,该类指标在实际应用中可参照区域所在省份的分行业资源消耗数据进行计算。

(3) 综合排名优选法

关于综合指标处理,常用的方法包括德尔菲意见法、层次分析法、主成分分析法等,更为复杂的方法如威弗-托马斯(Weaver-Thomas)模型法(方创琳等,2011)。这类方法尽管有很强的理论支撑,但计算过程复杂,且需要操作人员有很好的数理模型基础,这对于面向实施性的产业选择流程适用性较低。

"综合排名优选法"对上述方法进行了借鉴和简化,在保证科学性的前提下,其操作流程更为简单快捷。首先,分别计算各细分行业的产业评价指标;其次,对每一项指标按计算结果将各行业进行排名,排名最好的记为 1,以此类推;第三,对每一类行业在各项指标上的排名进行累加,计算其综合排名;第四,对每一类行业的综合排名进行排序,作为下一步形成行业选择结论的依据。"综合排名优选法"的表格表现形式如表 2-8 所示。

表 2-8　综合排名优选法的表格表现形式

行业 \ 指标排名	指标 A	指标 B	指标 C	…	综合排名
行业 1					
行业 2					
行业 3					
…					

(4) 行业选择结论

在对各行业综合排名排序的基础上,需要按照一定的标准对行业进行分类。分类标准一般为所有行业数量的三分位数或四分位数，前者可以将行业分为鼓励发展、兼容发展和限制发展三类，后者可以将行业分为优化发展、重点发展、限制发展和禁止发展四类。当然，这种分类标准并不绝对，有时需要结合产业空间发展需求，选取一定数量的行业作为主导产业。同时，对于环境保护要求较高的产业空间，可以根据资源消耗指标评价结果，对相关行业进行"一票否决"。

2）培育型行业选择流程与方法

培育型行业选择方法的特点在于产业空间计划发展的产业相对单一和明确，需要进一步选择其细分行业进行重点培育，其具体流程如图 2－5 所示。

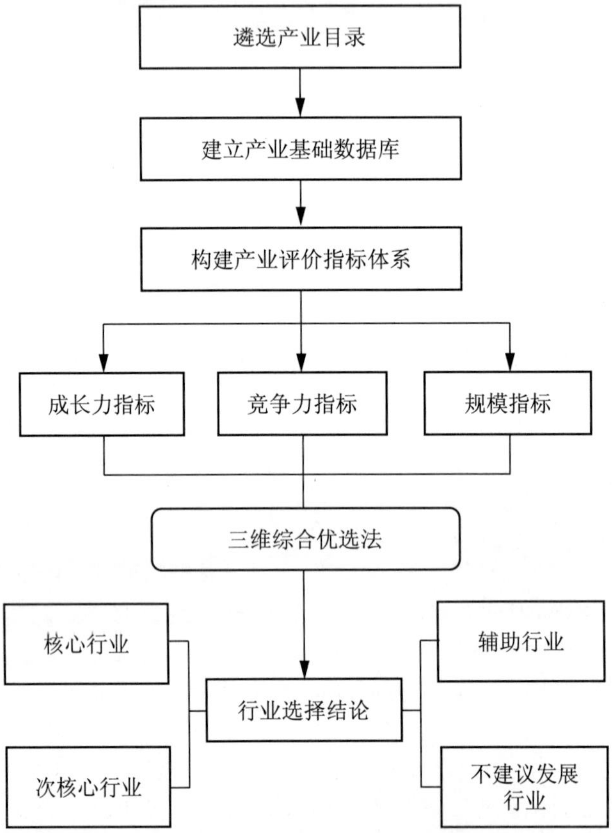

图 2－5　培育型行业选择流程图

（1）遴选产业目录

产业目录是进行分行业评价的基础，一般而言，需要培育的产业类型往往属于战略性新兴产业或高新技术产业，而国家对这类产业均有详细的引导目录。因此，遴选的产业目录一方面要便于与相关统计数据的衔接，另一方面要避免过于宽泛或过于细碎。

（2）建立产业基础数据库

由于产业空间自身缺乏现状基础，用于分析的产业基础数据主要来源于相关行业年份较新的发展报告、国家和地方政府出台的产业目录和产业发展规划等。

（3）构建产业评价指标体系

与基于现状的行业选择不同，基于产业目录的行业选择缺乏全面的统计数据来源，因而其产业评价指标的计算需要综合运用定性和定量分析两种方法。该评价指标体系由产业成长力、产业竞争力和产业规模三部分构成，分别反映产业的发展潜力、竞争能力和行业规模。由于产业规模一般可通过行业总产值或销售收入直接反映，本书只列出了产业成长力和产业竞争力评价指标体系构成情况（表 2－9、表 2－10）。将各二级指标按 10 分制进行评分，然后乘以对应的权重，最后加权求和得到各行业的成长力和竞争力评价结果。在实际操作中，各指标的权重设置和评分没有统一标准，可根据数据情况确定，同时对部分评价指标也可进行增删。

表 2－9　产业成长力评价指标体系

一级指标	二级指标	评分等级				
		8—10	6—8	4—6	2—4	0—2
产业增长速度	产值增长率					
	产量增长率					
	利税增长率					
产业集聚程度	产业基地分布					
	上市企业数量					
资源丰裕度	原料供应能力					
对外依存度	出口所占比重					
	进口所占比重					

表 2－10　产业竞争力评价指标体系

一级指标	二级指标	评分等级				
		8—10	6—8	4—6	2—4	0—2
产业发展环境	全球产业发展现状					
	国内产业发展现状					
	区域产业发展现状					
政策扶持力度	政府体制创新					
	地方法律法规					
	科技金融政策					
产业发展风险	对上游行业议价能力					
	对下游行业议价能力					
	对环境污染程度					

（4）三维综合优选法

三维综合优选法可看作对波士顿矩阵的进一步延伸和拓展，将上述三个维度的评价结果进行韦恩图叠加，可以将目标行业分为四类。如图 2－6 所示，A 区域表示三项指标得分均高于平均值的行业；B 区域表示任意两项指标高于平均值的行业；C 区域表示只有一项指标高于平均值的行业；D 区域表示三项指标均低于平均值的行业。

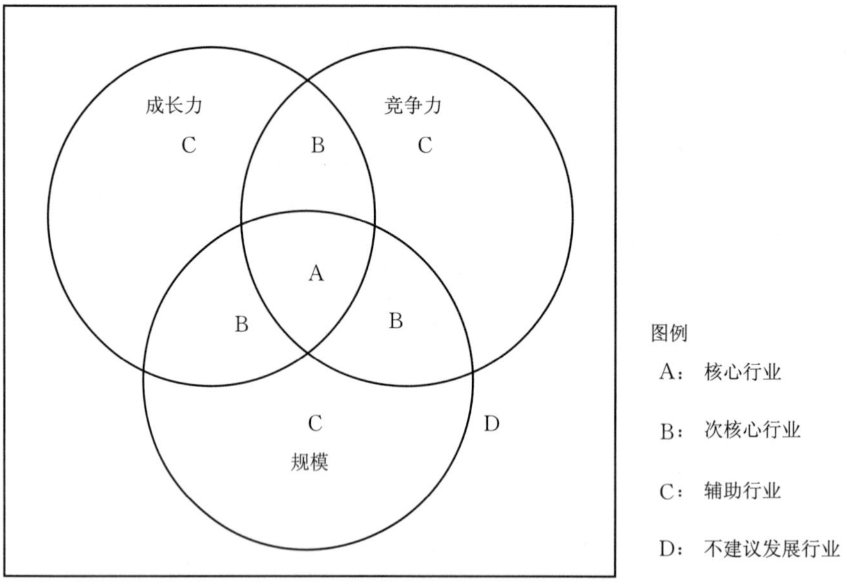

图 2-6　三维综合优选法的韦恩图叠加

3）孵化型行业选择流程与原则

与上述两种类型的行业选择方法不同，孵化型行业选择的不确定性最高，也没有具体的产业名录和数据作为参考，因而很难对其实现量化评价，但任何产业空间在决定发展这类产业之前，仍需遵循一定的选择流程和原则。

① 全球范围内重大技术突破或发明的出现、政府宏观政策导向是有可能催生新行业的前提，应该重点关注；② 识别产业空间自身在市场、资金、技术、人才、土地、政策等方面的竞争优势，并与希望孵化行业所需的发展条件进行比较，以确定彼此之间的耦合程度，③ 若两者耦合度较高，可以引进掌握相关领域核心技术的龙头企业或高端人才入驻，争取国家和地方层面的政策扶持，通过新技术和新产品的研发孕育、重大项目的落户等方式推动潜在行业的发展。近年来，智慧城市建设、智能手机、三维立体(3D)打印等一批技术和产品的问世，已逐渐衍生出一些新行业类型，并带动了上下游行业的发展。

4）引进型企业选择流程与方法

引进型企业选择流程需要经历目标企业数据库构建、企业评价指标体系构建、企业评价结果分析三个步骤，其具体流程如图 2-7 所示。

（1）目标企业数据库构建

由于受限制较少，目标企业数据库的构建具有一定灵活性，但也遵循一定的原则。首先，就企业来源而言，目标企业应该尽量来源于统计口径相同、统计年份连续的报告或名录，且具有一定的公众影响力和认可度，如行业 500 强报告等；其次，就企业数量而言，目标企业并不是越多越好，一般以达到该行业在产业空间内规模以上企业数量的 2—3 倍为宜；第三，对于区域、综合性开发区这类产业空间，由于其主导产业往往涵盖多种类型，此时应进一步明确 1—2 类核心行业，并对核心行业进行企业选择；第四，对于乡镇、专业化园区这类产业空间，其目标企业选择范围不应一味求大求强，而应立足省内或周边市县，如可以将它们的销售收入 100 强企业、纳税 100 强企业作为选择目标。

（2）企业评价指标体系构建

企业评价指标体系包括企业发展实力和入驻可能性两个方面，具体评价过程可以采

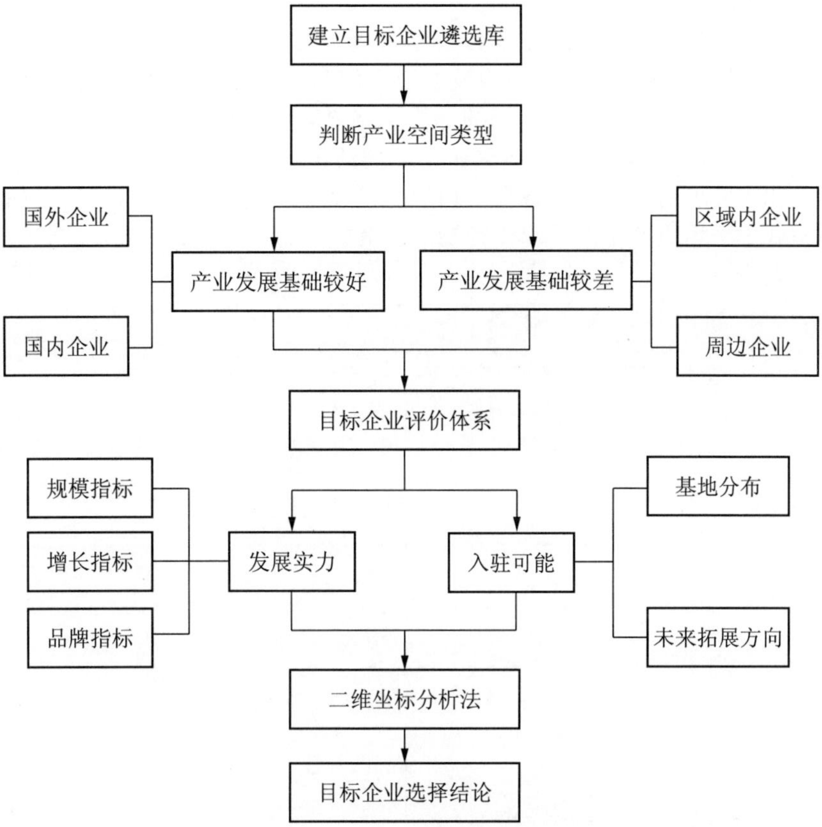

图 2-7　引进型企业选择流程图

用单一指标评价和综合指标评价两种方法。在缺乏基础产业数据的情况下宜采用单一指标，例如以企业的主营业务收入反映企业发展实力。在基础数据较为翔实的情况下，可参考培育型行业选择方法，对反映发展实力和入驻可能性的二级指标分级评分，运用层次分析法计算每个企业发展实力和入驻可能性的得分情况(表 2-11)。同样，各指标的权重设置和评分需视数据情况确定，同时对部分评价指标也可进行增删。

表 2-11　引进型企业评价指标体系

一级指标	二级指标	评分等级				
		8—10	6—8	4—6	2—4	0—2
发展实力	营业收入					
	营业收入年均增长率					
	营业利润率					
	品牌价值					
入驻可能性	在区域的基地个数(含总部)					
	在区域的基地分布					
	今后拓展方向					

(3) 企业评价结果分析

利用二维坐标分析法可以对企业评价结果进行分类，以企业发展实力为横轴，以企业入驻可能性为纵轴，以原点为中心构成二维坐标系(图 2－8)。在此基础上，需按照一定的门槛标准将企业进行分类。常用的标准包括企业发展实力和入驻可能性各自评价结果的平均值或中位数，有时也会借鉴相关案例的经验值作为标准。以平均值为例，企业发展实力和入驻可能性均高于各自平均值的企业应该成为未来招商引资的重点企业，二者有其一低于平均值的企业可以作为招商引资的储备企业，二者均低于平均值的企业原则上不予关注。

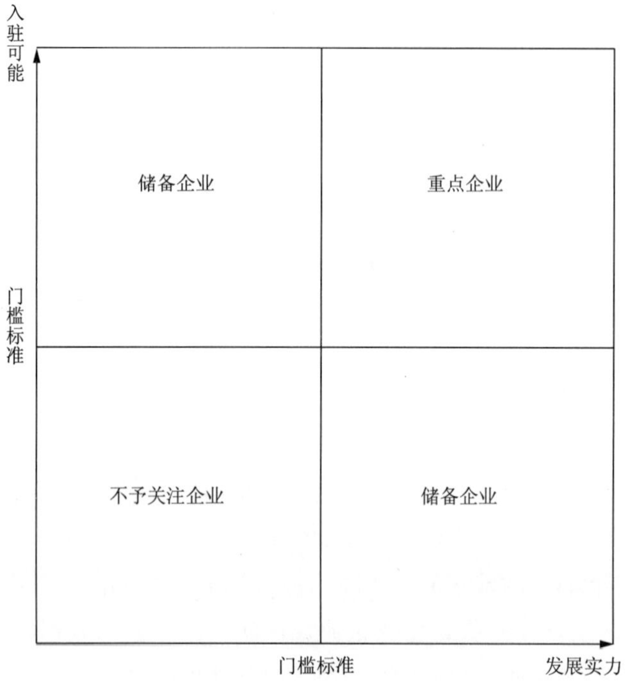

图 2－8　企业评价结果的二维坐标分析

5) 引退型企业选择流程与方法

引退型企业选择适用于发展基础较好、综合实力较强的产业空间，通过引退或转移经营范围涉及限制和禁止发展行业类型的部分企业，有利于提高产业空间的整体发展水平，并促进产业结构的转型升级，其选择流程与培育型行业选择流程类似(图 2－9)。

引退型企业评价指标体系包括企业规模、发展效益和成长潜力三个方面(表 2－12)，对各二级指标的评分方法、权重设置和指标处理可参照前面的表 2－9 和表 2－10 的相关叙述。运用上文介绍的三维综合优选法，对三方面指标评价结果进行韦恩图叠加，并进行分类。其中，三项指标均高于平均值的企业应重点扶持；两项指标高于平均值的企业予以保留但不予扶持；仅一项指标高于平均值的企业暂不引退，但时机成熟会予以引退；三项指标均低于平均值的企业优先引退。

2.2.5　产业集群培育

产业集群培育是在空间层面落实产业选择结论的具体形式，而产业集群识别则是产业集群培育的前提和基础。目前，国土和区域尺度的产业集群识别方法研究已较为成

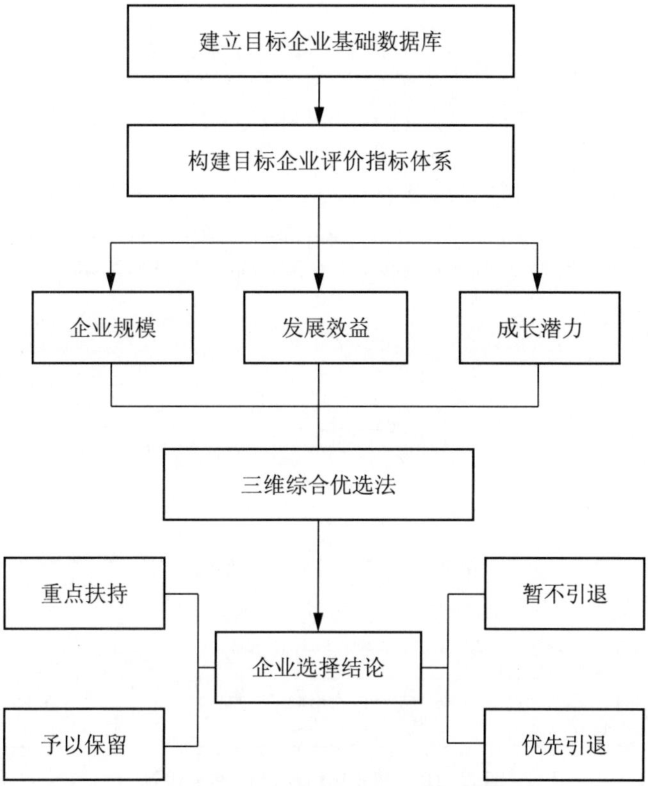

图 2-9　引退型企业选择流程图

熟，朱英明(2006)概括总结了识别产业集群的多元统计分析和投入产出分析这两种常用方法，并提出识别中国准产业集群的三角化方法。产业区尺度的集群识别则主要通过产业链、企业间联系等定性分析方法进行判断。

表 2-12　引退型企业评价指标体系

一级指标	二级指标	评分等级				
		8—10	6—8	4—6	2—4	0—2
企业规模	主营业务收入					
	就业人数					
	注册资本					
发展效益	销售利税率					
	地均主营业务收入					
	地均就业人数					
	企业污染等级					
成长潜力	主营业务收入年均增长率					
	利润年均增长率					
	产品市场需求量					

面向实施性的产业集群培育，其核心是以主导产业为基础，整合其他关联产业和辅助产业，形成涵盖上、中、下游产业的完备产业链。理论上讲，不同类型产业空间可以培育的产业集群数量存在差异，对于小城镇或专业化园区而言，围绕主导产业培育 1—2 个产业集群是比较合理的选择，而对于综合性开发区或县级以及县级以上产业空间而言，根据主导产业的选择结果，采用“园中园”或产业基地形式，可以培育的产业集群数量则没有具体限制。一般而言，自发形成的产业集群通常需要漫长的时间积累，而即使有政府的规划引导，产业集群的培育也并非一蹴而就。因此，在对产业集群进行规划时，应该按照循序渐进的原则，针对集群所处的不同发展时期，规划关注的重点也应有所差异（图 2-10）。

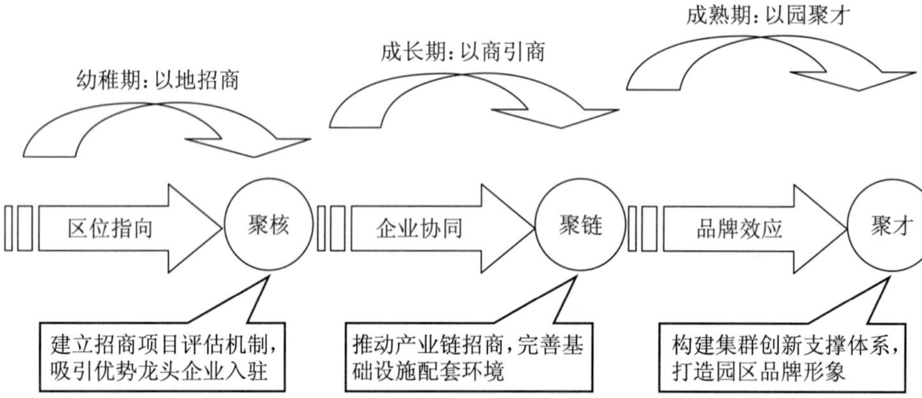

图 2-10　产业集群培育的路径设计

需要说明的是，目前城市规划领域讨论的产业集群主要指的是传统制造业产业集群，事实上，全球范围内产业集群的发展正呈现出一些新趋势，一种是以美国好莱坞影视产业集群为代表的服务业产业集群，另一种是以美国“硅谷”为代表的创新产业集群。国内的横店影视城、中关村也可以看作这类新型产业集群的代表。这类新型产业集群也应该成为我们未来在产业集群规划和培育方面可以进行探索和借鉴的对象。

2.3　发展规模预测与确定

产业空间的发展规模包括其经济规模、人口规模、空间规模等方面，其发展规模的预测，可以参照城市规划的部分方法，但是又有所区别，特别是在人口和用地规模方面，产业空间作为功能相对单一的功能空间，其人口的集聚机制与完整的城市不同，必须完全依赖经济发展提供的就业，空间扩展也与产业开发亦步亦趋，同时人口与用地指标之间不能按照国家的城市用地的技术标准去套用。可以看出，产业空间的三种规模中，经济发展规模是核心，也是人口与就业、空间规模的基本依据，三者之间通过有关人均指标、地均指标相关联。其关系示意如图 2-11 所示。

2.3.1　产业空间经济规模

产业空间经济发展规模一般用衡量经济总量的有关指标来体现。我国目前部分典型开发区无论现状经济规模大小，增长速度基本都保持在两位数以上，现状经济规模较小的开发区常将规划期末的经济规模的预期目标确定为“翻一番”，而现状

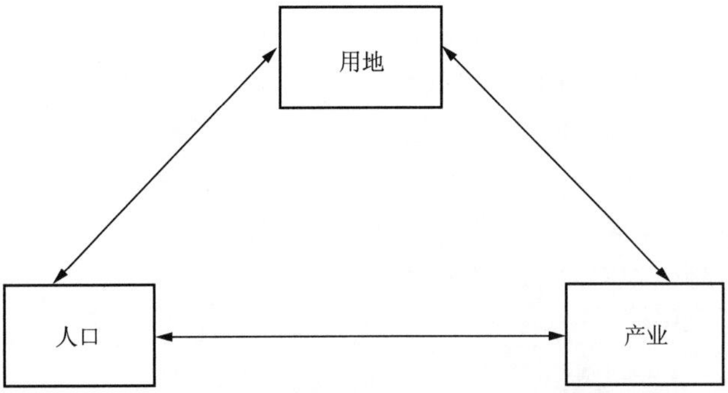

图 2－11　产业、用地与人口的关联构架

经济规模已较大的开发区则大多谨慎地提出一个较为明确的底线。各开发区在规划中提出的经济增长目标衡量口径没有统一的标准，有些采用工业总产值，有些采用地区生产总值或规模以上工业增加值。典型开发区现状和规划的经济规模如表2－13 所示。

表 2－13　部分开发区现状及规划经济规模与增长速度

开发区名称	现状经济规模（2011 年工业总产值/亿元）	规划经济规模（“十二五”末工业总产值/亿元）	现状增速	规划增速
长春经济开发区	1 206.0	2 010	30%以上	15%左右
昆山经济开发区	5 150.0	8 000 以上	16%左右	高于 9%
苏州工业园区	5 907.3	—	—	15%左右
中关村科技园区	5 831.6	—	20%左右	—
天津滨海高新区	1 000.0 以上	1 800(3 000 以上)	30%以上	高于 30%
南京高新区	1 284.0	2 500 以上	—	12%左右
西安高新区	3 425.6	9 000	—	28%

经济技术开发区和高新技术产业开发区作为我国城镇产业空间的主要类型，其反映经济发展规模的指标既有相同的方面，也各有侧重点，一般而言，经济技术开发区衡量经济发展规模常采用的指标有：工业总产值、地方财政收入、利润总额、固定资产投资、社会消费品零售总额、出口总值、实际利用外资额、规模以上工业出口交货值等指标，如果开发区实行的是与地方社会管理一体化的模式，也会统计国内生产总值等指标；高新技术产业开发区还会统计高新技术企业产值和其营业收入、产品销售收入等指标。一般经常选用的是国民生产总值、工业总产值、销售收入和利税额等。常用的产业空间经济发展规模的预测方法一般有三种，其预测结果相互校核，最终确定规划的发展规模。具体如下：

1）基于发展速度的预测

这种方法与城市规划中的相关预测大致类似，在系统分析比较产业空间历史发展速度的基础上，选取合理的参照系，设定多个发展情境进行可能性、可行性和必要性的对比分析，确定规划期不同阶段经济规模有关指标的具体发展速度，进而测算出其经济发展规模。首先是客观分析产业空间发展的生命周期，确定规划期内其所处的发展阶段，据此确定其规划期内将处于高速、中速还是低速甚至衰退、转型的发展阶段，在此基础上，可以选定对应增长类型下自身的历史最高值、有关参照园区或者区域的规划值与经验值、国家和所在城市与区域的发展速度值等，综合选定年度增长速度目标值来预测。基于发展速度的经济指标预测公式如下：

$$GDP_t = GDP_0 \cdot (1+r)^t$$

其中，GDP_0 表示规划基期的国内生产总值（下同）；GDP_t 表示规划期末的国内生产总值（下同）；r 表示年平均增长率；t 为规划期限。一般而言，r 的取值可以参照该产业空间过去 5—10 年 GDP 的年均增长速度，也可参照与该产业空间发展实力相当或可作为该产业空间标杆地区的年均增长速度。

2）基于份额的预测

主要是按照产业空间在所在区域和城市中已经承担的规模份额、将来可能的占比、类似区域的占比情况综合确定产业空间规划期末的经济规模在其所在城市、区域占的合理比重，进而依据城市和区域经济规模规划值推算出产业空间的规模。基于发展占比份额的经济指标预测公式如下：

$$GDP_t = GDP_T \cdot r_0 \cdot \delta$$

其中，GDP_T 表示规划期末该产业空间所在区域的国内生产总值；r_0 表示该产业空间在规划基期国内生产总值占其所在区域的比重；δ 为调节系数。一般而言，如果预测该产业空间在规划期限内的增长速度快于其所在区域，则 $\delta>1$，反之 $\delta<1$。在预测过程中，δ 可以有一个取值范围。

3）基于资源承载的预测

一般是在产业空间已经划定具体空间范围的情况下，依据其空间资源的承载能力确定发展规模，当然，同样的空间资源不同的产业类型，会有不同的产出规模，所以需要进行产业类型和地均产出水平的多方案备选，选取可能性、可行性强的产业发展模式和合理的地均产出水平，进而推算出总体发展规模。基于资源承载力的经济指标预测公式如下：

$$GDP_t = \min\left\{PGDP_0 \cdot (1+r_1)^r \cdot \frac{W_t}{w_t}, LGDP_0 \cdot (1+r_2)^t \cdot L_t, \frac{M_t}{k}, \cdots\right\}$$

其中，$PGDP_0$ 表示规划基期的人均国内生产总值；r_1 表示规划期内人均国内生产总值年均增长率；$LGDP_0$ 表示规划基地的地均国内生产总值；r_2 表示规划期内地均国内生产总值年均增长率；W_t 表示规划期末可供水量；w_t 表示规划期末人均用水量；L_t 表示规划期末可建设用地规模；M_t 表示规划期末矿产资源储备量；k 表示单位国内生产总值矿产品消耗系数。考虑资源承载力的“短板”效应，取各类资源经济承载力的最小值作为该产业空间在规划期末能达到的最大经济总量。

除了上述三种方法之外，对于个别产业空间规模比较小、以一个巨型企业为主体的企业园区，也可以按照该核心企业的发展规模来推算产业空间整体的发展规模。比如江苏如东河口镇的中天工业园区，其核心企业中天集团产值占到全镇工业产值的60%以上，企业用地占到镇区工业用地的40%以上，所以在预测全镇产业空间有关发展指标时，首先预测中天集团的发展指标，然后推算出全镇产业空间整体规模指标。

2.3.2 产业空间人口规模

产业空间的人口特征与城市、区域的人口特征差异很大。对完整的城市和区域而言，其常住人口与户籍人口、就业人口均可统计、可相互量化换算，特别是其就业人口绝大多数同时在同一个城市、区域内居住生活，因此，城市与区域人口规模的统计和预测并不需要刻意区分就业人口与居住人口，只要以常住人口为口径进行统计、预测即可。产业空间作为城市空间的一部分，空间尺度相对较小、空间功能配置相对简单，生产就业人口是其人口主体。此外，开发区的就业人口与居住人口并不存在严格的对应关系，也就是说，其就业人口只有部分是其居住人口，同时，在开发区的居住人口中，相当比例的人口并不在住区所在的产业空间就业，笔者开展的对南京有关开发区的调研早已验证了这一点（王兴平，2008）。这一特征决定了产业空间人口规模的预测与城市、区域人口的预测有所不同，必须立足于产业空间作为就业空间的基本属性，以就业人口为主线来确定其最佳人口规模。在此基础上，对于部分非本地产业配套的，开发规模较大、吸引非本区就业者居住的纯房地产产业空间，按照其房地产发展的有关规模和容量、产业空间外向关联度等，综合梳理分析其各类居住人口的类型和结构，确定其居住人口规模（王兴平，2013）。基于就业人口角度的产业空间人口规模预测流程如下。

（1）依据产业空间有关统计资料，分析其就业人口发展的速度和不同行业就业人口的比例、增长速度。

（2）分析其历史上单位产值、单位用地的总就业人口数量和分行业单位产值、单位用地的就业人数；通过与有关发展较好的"标杆"地区对比，并参照相关专业研究成果、行业发展趋势分析，以及国家有关工业建设指标配额的分析，综合确定其规划的单位总产值、总用地和单位分行业产值、用地的就业人口标准。

（3）依据产业空间规划的经济规模、划定的用地规模，推算出其规划期的就业人口规模，进一步确定合理的本地居住比例和带眷系数，确定就业人口引发的总人口规模。该人口规模加上房地产开发吸引入住的非本地就业人口，就是产业空间的总居住人口规模。

在集约型产业区（产业空间）规划中，用地效益、用地的人口承载能力以及人均经济产业等效率指标均可根据经验借鉴值或是通过历史数据拟合回归等数学方法进行独立求解。以用地规模测算为核心，通过以上三项效率指标，搭建起与产业和人口规模的关联桥梁，提出以用地效益为突破口的产业规划用地规模测算路径，并与产业和人口目标进行衔接，实现求解用地规模目的的同时促成产业指标、用地指标、人口指标三者之间相互约束的联动关系，如图2-12所示。

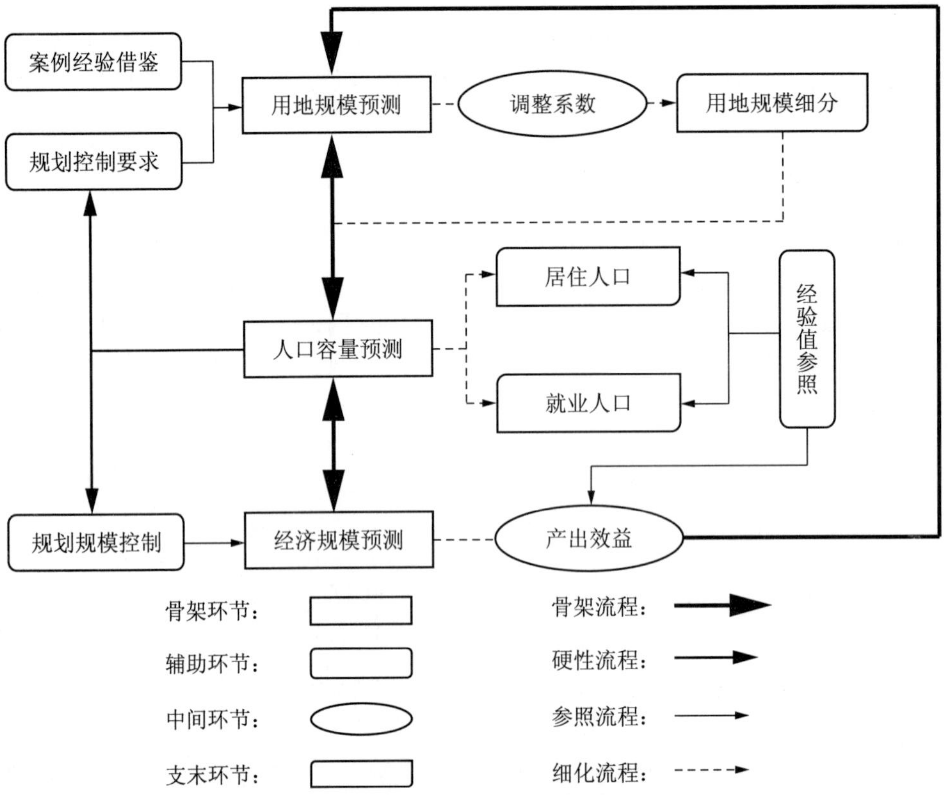

图 2-12　产业、用地与人口的关联关系及规模求解途径示意

2.4　就业发展和生活体系规划①

就业是民生之本，产业空间既是区域与城市的重要生产空间和投资场所，也是区域和城市市民重要的就业空间。过去，产业空间主要面向生产，关注如何形成高效的产业集聚、生产服务体系，导致产业空间“目中无人”。随着以人为本理念的普及以及生产者就业观念、生活模式的改变，产业空间不仅要面向生产，还需要统筹兼顾、全面考虑面向生产者，从完整生活的角度，对就业—生活体系进行全面系统的规划，建设以人为本、乐业宜居的新型产业空间。

我国计划经济时期在就业和生活体系规划方面曾经有一些好的经验。比如研究确定具体的工业项目定额指标，按照定额和产能，确定产业空间的职工数量，按照带眷系数和基本人口、非基本人口比例，确定总人口，进而确定配套生活规划，在就业方面还统筹兼顾职工性别比例等社会指标。这些好的做法在新时期应该加以合理借鉴（李德华，2001）。

产业空间的就业和生活体系规划主要是按照就业—居住—公共服务耦合的机制，对其就业机会进行系统分析，对未来就业岗位的发展和构成进行科学预测，按照职住平衡原则确定合理的就地居住人口，进而对面向生产者的保障房建设进行规划；对区内房地

① 国家自然科学基金项目（编号 51078071）：新型城镇化阶段长三角城市区域就业空间演化与重组研究成果。

产开发进行研究分析，对其集聚的居住人口规模和类型进行分析，对居住人口的就地就业、生活配套进行分析、预测和规划，对于产业空间内职住分离人口进行测算，对其公交通勤体系进行规划(图 2 - 13)。

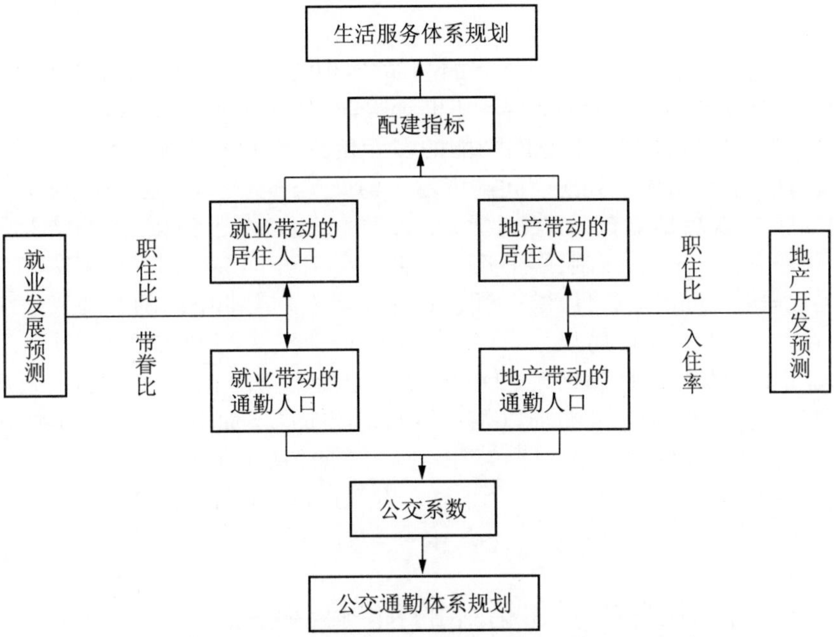

图 2 - 13 产业空间就业—生活体系规划框架图

不过，该项内容虽然重要，但是在我国目前的城市规划和产业空间规划中，均只有对就业规模的简单预测，而没有延伸进行关联就业岗位发展和生活体系的系统规划，本书所提也仅仅是一个思路，其作为新时期产业空间规划的重要方向，有待于进一步结合规划实践进行系统探索。

3 集约型产业空间布局规划及其方法

城镇产业空间虽然是所在城镇空间的一部分，但是随着产业技术的时代性进步，产业空间内生产活动和其他活动的兼容性不断加强，同时投资者、就业者等的工作、生活方式也不断在变化，这些都对产业空间功能的多元化、多样化提出了需求并提供了可能。目前，即使尺度超小、与城镇其他空间高度融合的微型产业空间也已经打破单一生产功能的空间发展模式，就地配套适宜的生产、生活服务设施，甚至一些传统制造业企业为了迎合新一代产业工人工作、休闲、娱乐共时性的需求，在车间层面都开始配套相关服务设施，所以当代产业空间的复合性、综合性正在逐步增强。产业空间的布局要适应其功能变化的内在趋势，从宏观布局规划——选址确定产业空间与城市的关系，中观布局规划——产业空间整体布局协调生产空间、生活空间、生态空间和交通的关系，微观布局规划——生产用地上的产业门类布局以及具体的企业布局层面来展开。其中产业空间用地规模的确定、产业空间的初始选址和范围划定、空间拓展方向的选择、整体空间布局多方案比选与各项用地的具体布局、产业布局多方案选择和确定、空间发展时序的确定等是核心，下文分节阐述。

3.1 产业空间用地规模和指标的预测与确定

3.1.1 产业空间用地规模

产业空间的规模和城镇规模一样，一直以来都有关于是否存在最大规模、最佳规模、最小门槛规模等方面的争论，但是均没有得出科学、公认和值得信服的标准性结论。对于决定产业空间规模的机制也有不同的研究，例如周辅成(1958)依据南宁市工业区规划的经验和体会指出，工业区规模应该加以控制，避免人流、物流的超载，并建议一个城市可以在不同方向发展多个工业区替代一个超大工业区以免城市单向发展，建议工业区职工数以不超过三万人为宜。陆大道(1979)则从综合技术经济角度分析论证后指出，工业区企业成组布局基本建设投资效果系数的正负是反映工业区合理规模的一个重要界限。从技术经济角度看，系数为负的成组布局方案是不可取的，因为这种成组的方案可能在某些方面节省了投资，但某些方面又比单独布局增加了投资，增加的部分大于节省的部分，且增加部分又不能以运营费用的节省来回收。前苏联计划经济时期，综合考虑工业区的位置、对环境的影响和产业性质等确定工业区的规模，建议工业区用地规划计算公式和建议规模如下列的公式和表 3-1(别洛索夫，1984)所示：

$$S=\frac{\sum P_1+\sum P_2+\sum P_3}{K}$$

其中，S 表示工业区用地总面积(hm^2)；$\sum P_1$ 表示工业企业占用的总面积(hm^2)；$\sum P_2$ 表示其他设施(电力、交通、科研等)占用该工业区用地的总面积(hm^2)；$\sum P_3$ 表示为企业发展预留的用地及布置配套生产等项用地的总面积(hm^2)；K 表示土地占用系数，范围在 0.55—0.65。

表 3-1　城市工业区用地规模分类表

工业区类型	工业区适宜用地规模	备注
布置在生活用地范围内的工业区	≤400 hm^2	不产生污染物质的工业区，占地为 30—60 hm^2；某些轻工业、食品业的工业区，占地 120—140 hm^2 或更多一些
为大型企业和企业组团而建的城市工业区	1 000—1 200 hm^2	企业本身占地 600—700 hm^2
远离生活居住用地的工业区	无严格限制	设有硫酸厂、氮肥厂、电热站及其他附属设施的冶金联合企业，占地不超过 1 200 hm^2，整个工业区 1 600—1 800 hm^2；石油加工和石油化工工业区，占地 2 000—2 400 hm^2 或更多

计划经济时期，我国工业区规划规模参照前苏联有关技术指标、按照生产工艺技术等的要求通过定额指标计算确定。但是，进入市场经济发展阶段后，我国的产业空间开发采取"以地养地"的滚动开发模式，这就决定了其"用地规模"具有多重含义，正如笔者研究指出的，按照其用地开发、出让等状态的不同，其用地由内而外、由小到大形成五个层层包绕的圈层，具有明显的"光圈"效应。加上产业空间的人口、用地结构具有与城市、区域不同的特点，城市规划中常用的先确定人口规模，然后按照人均用地指标配额推算确定空间规模和各类用地比例的做法行不通。一般是以空间效益为核心、立足产业发展规模来推算合理的用地规模，与城市规划的"从人到地"不同，产业空间采取"从产到地"的基本逻辑。

基于空间效益具体构建的空间规模测算基本框架主要包含两部分内容：其一是基于空间效益对产业空间内的纯产业用地规模的预测；其二是作为城市总体规划或是指导城市建设的相关研究的重要内容之一，对包括产业用地在内的总体建设用地规模的预测。

就产业用地规模的预测而言，立足集约型产业空间规划对于空间效益的基本诉求和对于空间规模的推算的系统性要求，一般首先是对相关历史数据的回溯和解析以确定其实际水平、对现实条件的考察和对接以确定其可能达到的水平，进而对未来目标加以综合，判断与校核来确定产业空间的规划地均效益目标；其次基于对产业发展规模的预测结论，以空间效益作为突破口，通过现阶段较为成熟的数据分析方法，继而形成产业空间规模的预测结论。因不同产业门类的用地特征具有差异性，所以通常会进行分行业用地的预测和基于此汇总的产业用地总规模，由此构建起以空间效益为导向的系统化产业用地规模预测框架。

就产业空间的整体空间利用规模而言，在确定了产业用地规模之后，一般参照城市规划建设用地分类标准中的有关约束，结合产业空间中各类用地配比的特殊性，确定产业用地的占比，进而基于确定的产业用地规模推算总体用地规模，参照本书提出的开发区用地结构建议指标（表 3-2）。

表 3-2　基于不同因素影响下的开发区用地结构一览表(%)

影响因素		居住用地	工业用地	绿地
区位	城市内部	8—10	40—50	5—10
	城市边缘	10—25	35—45	8—12
	城市远郊	15—30	25—35	8—15
类型	研究开发型	18—25	25—35	8—18
	技术加工型	10—15	30—40	8—15
	加工制造型	10—15	50—60	5—10
等级	国家级	15—25	25—35	8—15
	省级	20—30	25—40	5—10
规模	大于 10 km^2	20—32	25—35	8—15
	小于 10 km^2	8—15	30—50	8—15
发展阶段	小于 10 年	8—10	40—50	8—15
	10—20 年	15—18	35—40	8—15
	20 年以上	15—30	25—30	8—15

注:所有综合型开发区的居住用地标准应保持在 10%的底限以上,工业用地标准下限应在 25%,上限可根据开发区的效益酌情给予调整,效益好的开发区工业用地比重可适当提高,但不能超出地区的生态承载力。

综上,集约型产业空间规划中对于用地规模进行预测研究的流程框架如图 3-1 所示。

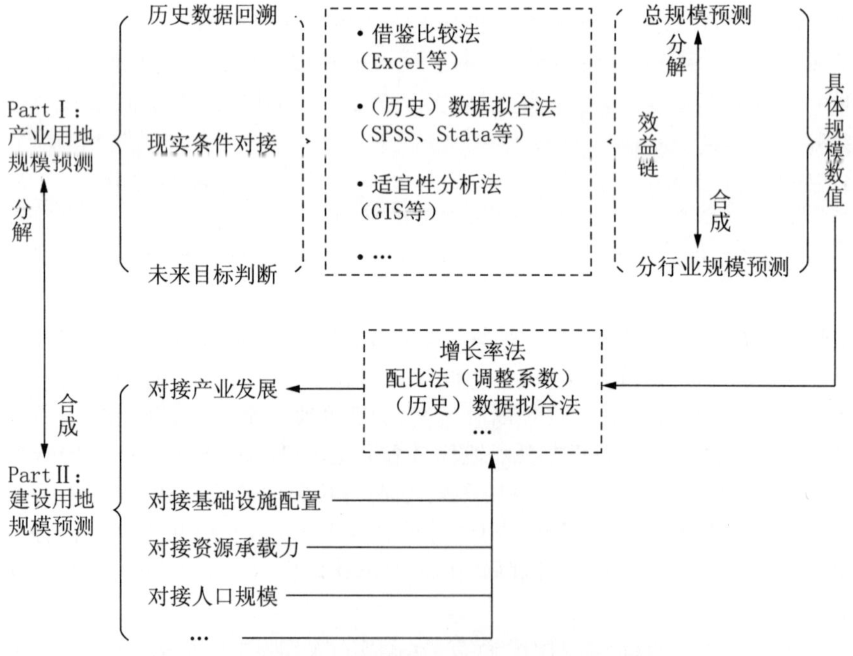

图 3-1　集约型产业空间规划的用地规模预测流程框架

1) 产业用地总规模和建设用地规模预测的通用型方法

以空间效益为核心的空间规模预测首先需要遴选表征空间效益的相关指标。在空间效益的具体指标的选取方面,由于空间效益是指单位空间的经济投入和产出水平,通常涉及地均总产值、地均增加值、地均固定资产投资、地均销售收入等(既可以是产业用地总规模的地均水平，也可以是建设用地规模的地均水平）。具体使用哪一项指标，要依据规划对象的统计资料基础以及其所关注的类型和属性确定。

之后，针对选定的指标确定空间效益的底线和目标。空间效益的确定需要以自身的空间效益水平为基础，对比所在地区的平均水平、全国平均水平、发达地区或者国际先进水平，并结合上位规划、国家规范以及自身的发展趋势与需求确定。通常以现状水平为基本底线、国家和地方国土部门标准为政策底线，通过增长率递推、借鉴比较和数据拟合等方法确定目标水平，且不同阶段对应不同的目标系，具体如下。

（1）增长率的逐年递推。通过测算近年的历史增长率数据，进行空间效益预测的螺旋式递推，即若选定基年的效益数值为 C_0，结合历史增长率的测算所预测的未来空间效益增长率为 a，则可以确定目标年份的空间效益数值 C_n。通常根据空间效益增长率测算方式的不同会有以下两种表现形式：

$$C_n = C \cdot (1+a)^n$$

$$或\ C_n = C \cdot (1+a^n)$$

（2）对上位规划、既有规范和标准或案例地区的借鉴比较。在求解过程中，对上位规划、既有规范和标准或案例地区的借鉴主要表现为规划地区空间效益方面的具体数值控制或建议，通常作为所研究地区该项指标的前提要求，基于如下函数关系：

$$\frac{L_i}{L_j} = \frac{A_i}{A_j} \cdot \delta$$

其中，L_i 和 L_j 为所规划地区空间效益衡量指标 i 和 j；A_i 和 A_j 为上位规划或案例地区空间效益衡量指标 i 和 j；δ 为调整系数，且会根据规划区的功能特征不同而发生变化。

（3）自身数据的拟合。基于自身数据的用地效益求解是将其作为被解释变量，对历史数据进行回归拟合，得到解释变量与其之间的关联关系，并通过已知的解释变量数值预测被解释变量的目标值。回归函数表述为：

$$Y = f(X_1, X_2, X_3, \cdots)$$

若为确定解释变量与被解释变量存在线性关系（通常需要经过无量纲处理），则函数可表述为：

$$Y = a_0 + a_1X_1 + a_2X_2 + a_3X_3 + \cdots + \mu$$

其中，Y 为被解释变量，即用地效益；X_1，X_2，X_3…为解释变量。

这里的数据可以是历史数据、横截面数据，亦或是面板数据，需要根据基础资料的相识程度予以确定，且这一运算过程通常会借助 SPSS/Eviews 等数学软件工具进行具体的数值测算。

最后，结合规划研究中确定的经济发展目标，并依据求解得到的地均投入和产出等空间效益指标（既可以是产业用地总规模的地均水平指标，也可以是建设用地规模的地均水平指标）来核算产业用地规模或建设用地总规模。

2）规划产业用地指标的分配

在确定产业用地总规模后，如果规划对象内部存在多个产业板块，则还需要进行不同板块的规模分配，可以采用借助产出水平和发展潜力等指标系数的方法来解决这一问题，即：

$$K_i = a \cdot A_i + b \cdot B_i + (1-a-b)C_i$$

其中，K_i为 i 板块产业用地规划分配比例；A_i为 i 板块现状产业用地比例；B_i为 i 板块产出在总经济产出中所占的比例；C_i为 i 板块的发展潜力（通常结合产业空间适宜性评价结论)；A_i、B_i、C_i均为介于(0,1)区间内的相对数值，a、b分别为调整系数。

此外，该类经过延伸拓展后的基于空间效益的产业用地总规模预测方法在形成具体规模数值结论的同时亦会呼应集约型产业空间规划中的其他内容，如产业空间的适宜性引导与利用，产业空间格局的优化与整合等。

3) 基于分行业预测的空间规模预测

与此同时，随着产业发展分析的细化，在产业用地的分行业用地的细化与深入方面，亦开始出现相应的结论要求，而这一要求则需要借助行业数据进行测算，并形成与产业用地总量之间的组合与分解关系。

集约型产业空间规划对于行业数据分析的要求在于明确产业内部的行业结构，分清主次产业，通常借助 SPSS 等数据处理工具，最为典型的即主成分分析，通过提取几个较少的综合变量尽可能多地反映原来多个具有一定相关性的变量的信息，该方法在分析多变量指标时具有广泛的应用。如对各类产业的主成分分析通常选取工业总产值、固定资产原值、年平均职工人数、销售利润率和销售利税率等指标(如表 3-3 所示)，进而综合评价现有细分行业的发展情况。

表 3-3　主成分分析选取的主要指标

指标名称	指标编号	计算公式	指标说明
产出指标(工业总产值)	$X1$	原始数据	反映行业产值规模
投入指标(固定资产原值)	$X2$	原始数据	反映行业资本投入
就业吸纳指标(年平均职工人数)	$X3$	原始数据	反映行业人力投入
盈利指标(销售利润率)	$X4$	利润额/营业收入	反映行业盈利能力
行业贡献指标(销售利税率)	$X5$	利税额/营业收入	反映行业税收贡献程度
…	…	…	…

为消除所选取的各指标之间量纲不一样的影响，需要对原始数据进行标准分数(Z 标准化)，使得标准化后的数据均值为 0，方差为 1，再经过巴特利(Bartlett)球形检验及 KMO(Kaiser-Meyer-Olkin)检验，以确定所选取的各项指标适合进行主成分分析。

在分析结论中，多会形成主要反映行业规模优势的第一主成分和反映行业效益优势的第二主成分。结合这一结论，可以判定各类产业的相对优劣情况，进而可以尝试将既定的经济产出目标按照行业类型及其优劣条件不同进行分解，再结合行业产出的经验数值，即可推算各类行业的用地规模，预测的公式如下：

$$T_i = G \cdot f_i / U_i$$

$$T = T_0 + \cdots T_i + \cdots T_n$$

其中，T_i为规划期 i 行业的用地规模；T 为规划期产业用地总规模；G 为规划期总经济产出；U_i 为 i 行业的预期产出率(即单位用地的产出)；f_i 为 i 行业的产出在总经济产出中所占的预期份额。

此外，借助各行业用地规模组合形成的产业用地总规模结论还可以与通过其他方法直接预测的数值进行印证与校核，同时这一细化过程亦是丰富集约型产业空间规划中空间规模研究内容的必然要求。

4) 基于产业用地规模的总建设用地规模预测

集约型产业空间规划对于产业用地规模与建设用地规模之间的关联关系构建主要可以分为两种方式。

(1) 借助产业用地在建设用地中比例的经验数值，大致推断产业用地在规划对象的规划期限内二者之间的比例关系，进而在结合通过以上提及的空间规模求解方法得到的建设用地规模，分解得到产业用地总规模，反之亦然。

(2) 随着规划对象属性在规划期内的变动以及囿于各种发展目标的设定，由该种方式所依托的经验数值通常具有静态和固定特征，故而又需进一步探索形成另一种关联关系构建方式，即基于产居平衡的空间规模预测路径。该种方式基于"合适的产业空间的用地比例，应推动城市整体空间比例的优化而不是带来城市空间比例的失调"(王兴平，2005)这一理念，尝试在建设用地内部的不同用地类型之间架构关联线索，抓住总体规划中对于产业用地和居住用地两大用地类型关注的现实，借助设定二者之间的平衡关系这一前提，组合并进一步推断建设用地规模。

其中，产业用地需要与既定的城市规划用地分类标准相对应(表 3-4)，分为工业用地和服务业用地，在此基础上，工业用地可以进一步按照工业产业门类分类细分，也可以直接采用既定的一、二、三类工业用地的分类；服务业可以参照城市规划建设用地标准分为公共管理与公共服务业、商业服务业，然后进一步细分。

表 3-4　现状用地中与产业发展紧密相关的用地类型

<table>
<tr><th colspan="3">工业用地(M)</th><th colspan="2">服务业用地</th></tr>
<tr><td rowspan="9">国家行业分类标准</td><td rowspan="9">既定工业用地类型分类</td><td rowspan="9">…</td><td>公共管理与公共服务用地(A)</td><td>商业服务业设施用地(B)</td></tr>
<tr><td>行政办公用地</td><td>餐饮业用地</td></tr>
<tr><td>文化设施用地</td><td>零售商业用地</td></tr>
<tr><td>体育用地</td><td>金融保险业用地</td></tr>
<tr><td>医疗卫生用地</td><td>贸易咨询用地</td></tr>
<tr><td>高等院校用地</td><td>旅馆用地</td></tr>
<tr><td>中等专业学校用地</td><td>农贸市场用地</td></tr>
<tr><td>科研设计用地</td><td>成人与业余学校用地</td></tr>
<tr><td>…</td><td>…</td></tr>
</table>

在明确产业用地和居住用地与建设用地的关联关系之后，建立用地结构求解方案如下。

$$T_0(\text{或者 } T_1) = a_1 \cdot T_{xz} + a_2 \cdot T_{pj} + a_3 \cdot T_{lx}$$

$$Y = C_0 / T_0$$

$$Y = C_1 / T_1$$

$$T_1 = A \cdot C_0 \cdot D \cdot K$$

其中，T_0 为产业用地比例；T_1 为居住用地比例；T_{xz} 为现状比例(基础系)；T_{pj} 为同类地区平均比例(参考系)；T_{lx} 为理想比例(目标系)；C_0 为产业用地预测规模数值；C_1 为居住用地预测规模数值；Y 为建设用地预测规模数值；a_1、a_2 和 a_3 为各类系统分别对应的调整系数；A 为单位产业用地承载的就业人口数量(经验值)；D 为带眷系数；K 为人均居住用地规模。

测算过程通过借助基础系、参考系和目标系等作为参照标本，再结合经验性的若干系数值，将产业用地与居住用地联系在一起推导建设用地的规模，同时又建立了二者之间的关联关系。

此外，以上提及的关于建设用地规模的预测，均是直接或间接地立足于用地效益这一突破口，在具体的规划实践中对于建设用地规模的确定亦存在着抛开产业视角的不同测算途径，如基于人口承载、资源承载、基础设施供给等途径的建设用地规模测算，由此亦会衍生一系列测算方法。这些方法相互印证,进一步增强了空间规模预测的科学性,这也是目前各类规划实践中进行用地规模测算的共识。

3.1.2 产业空间各项用地比例

对于工业区各项用地的配比关系,苏联有关研究(别洛乌索夫,1984)提出如下建议比例(表3-5)。

表3-5 前苏联工业区用地指标表

工业区中的工业主导部门	企业及与其有关的项目占用工业区用地的占地系数	土地利用系数	铁路/汽车路基运输构筑物占地的百分率(%)	公共中心和科技中心占地的百分率(%)	铁路长度(厂区内不计)(km/hm²)	汽车路长度(厂区内不计)(km/hm²)	职工人数(人/hm²)	绿化系数
黑色冶金	0.60—0.65	0.85—0.90	8—10	2—5	0.011—0.030	0.025—0.030	15—30	0.2
有色冶金	0.60—0.65	0.85—0.90	8—10	2—5	0.011—0.030	0.025—0.030	20—30	0.2
石油加工与石油化学	0.55—0.60	0.80	5—10	3—5	0.008—0.011	0.010—0.020	7—10	0.2
化学	0.55—0.60	0.80	5—10	3—5	0.008—0.011	0.010—0.020	22—40	0.2
重型机械制造	0.60—0.65	0.85	8—10	5—10	0.010—0.020	0.020—0.050	65—120	0.2
其他机械制造	0.65—0.70	0.85	8—10	5	0.010	0.030—0.050	67—135	0.1—0.2
轻型机械与仪器制造	0.60—0.70	0.80	5—10	2—5	0.010	0.025—0.065	100—200	0.2
木材加工及林业化学	0.50—0.60	0.85	5—10	2—3	0.040	0.010—0.020	17—35	0.2
建筑工业	0.50	0.85	10—15	2—5	0.009—0.010	0.020—0.050	30—60	0.2
食品工业	0.55—0.60	0.85	5—7	2—5	0.009—0.010	0.025—0.065	27—50	0.1—0.2
轻工业	0.65—0.70	0.85—0.90	5—8	12	0.009—0.010	0.025—0.065	110—240	0.1—0.2
采掘工业	0.35—0.50	—	8—10	5	0.004—0.009	0.010—0.020	80—90	—

虽然有些学者和开发区管理部门认为,产业空间不同于城市空间,应该有自己的用地分类体系,但是考虑到产业空间作为城市空间的重要组成部分,其总体空间布局需要和城市布局进行对接,其总体空间布局规划也主要是解决产业空间内外的生产、生活、生态用地的协调问题,因此可以也有必要采用国家标准的城市用地分类标准(《城市用地分类与规划建设用地标准》,编号为GB 50137—2011)作为空间布局的基本依据。

但是,在各项用地的合理比例确定上,应该充分考虑产业空间的特点,不能简单照搬城市的各项用地比例。在经过深入调查分析长三角开发区的实际用地和规划用地比例后,我们以国标为参照标准,选取区位、类型、等级、规模、阶段作为影响因子列出如前面表3-2所示的开发区用地结构建议指标(王兴平等,2013),借助这一指标体系,可以基于产业用地等单项用地的规模来推算总用地规模。由于同一个开发区往往受几种因素的影响,因此在确定用地标准时需要综合考虑多个影响因素。需要说明的是,这个建议指标只针对以生产研发为目的的开发区,其主要功能并未变异,对于正在向城市功能转型的开发区需要根据定位进一步做出调整。

3.2 产业空间选址和发展方向确定

3.2.1 产业空间的选址

对于新建的产业空间，需要在一定的范围内进行选址规划。产业空间的选址是其规划建设的第一步，公司地理学有关理论、工业区位论和工业地理学相关理论可以作为产业空间选址的重要理论依据，同时如果可以确定产业空间未来产业项目，也需要参考对应产业项目的选址条件作为选址的重要技术依据。在具体流程上，一般要按照可选范围内可建用地的容量、相关配套建设条件(交通运输、水资源供应、各类市政配套、相关空间管制要求等)、与城镇其他空间的动态关联关系等，预选多个方案，进行综合比较后确定。对于专业化园区比如化工园区等，还需要特别考察其特殊的约束条件以及其对空间的外部影响等。核心环节包括空间区位的择定和空间范围的划定两个步骤。

1) 选定建设的空间区位

苏联在城市规划中将工业区按照与居住区区位关系的不同分为三类：远离生活居住用地的工业区、位于生活居住用地边缘的工业区、位于生活居住用地范围之内的工业区(别洛乌索夫，1984)(图 3-2)。

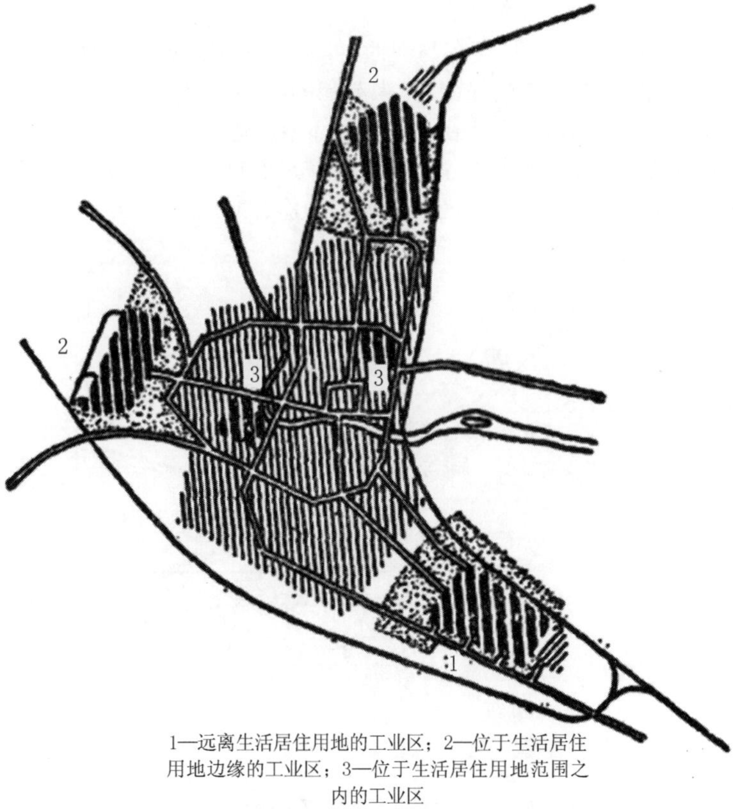

1—远离生活居住用地的工业区；2—位于生活居住用地边缘的工业区；3—位于生活居住用地范围之内的工业区

图 3-2 城市工业区在城市规划上的分类图

按照空间区位的不同，我国目前的产业空间选址大致有城市型、独立工矿型、交通枢纽型三类。其中，城市型按照距离城市中心的距离、与城市的整合度高低，又分为街区型、边缘型、近郊型和远郊型四种(王兴平,2005)。在我国大都市地区,各类开发区多围绕其绕城公路、郊区环线布局,形成了具有时代特点的大都市区开发区带,比如南京、西安、北京等大都市地区,其改革开放后涌现的各类新产业空间都呈现出在其绕城环路地区集聚的特征;工矿型产业空间基本围绕资源产地布局,这在我国中西部矿产资源富集区比较多见,不过,随着资源型地区城镇化的发展、交通条件的改善以及企业职工对人居环境、公共服务要求的提升,传统的直接依托资源产地的所谓"坑口型"独立工矿产业区将逐渐减少,除了资源采掘、粗选环节外,后续加工等产业均逐步依托就近的资源型城市展开布局,特别是越来越多地依托各种配套比较完善的地方中心城市(主要是所处区域的地级中心城市),由独立工矿型向资源城市型区位变化,不过由于其特殊的产业特征,这类资源型城市的资源加工型产业空间基本位于城市远郊区,不能直接和中心城市相连;交通枢纽型产业空间包括临空型产业空间、临港型产业空间、铁路枢纽型产业空间和依托各级、各类公路道口的"道口型"产业空间。

各类新建的产业空间的选址,基本遵循以上空间区位类型并综合考虑具体场地的土地资源、产业自身要求等进行具体比选,确定产业空间的建设位置。苏州工业园区的最初选址是产业空间选址的经典案例(王兴平,2005),依据 1994 年 3 月编制的《苏州工业园区首期开发区总体规划报告》,苏州工业园区的拟建地段是根据以下原因而加以选择①。

(1) 位置优越,具备多项优势:和上海的经济成长相辅相成;位于联系上海和内陆城市的主要铁路和公路运输走廊上;位于联系杭州和北京的大运河边;坐拥优美的太湖风景区,具有发展旅游和康乐活动的潜能。

(2) 由于该市目前正在向西(河东与河西)伸延发展,因此逻辑上应该向东发展,以平衡城市的扩张,这样古城才可继续保留,作为苏州的中心地。

(3) 这个地区的公路、铁路和河道运输系统都很发达。

(4) 苏州工业园区占据策略性位置,往来上海苏州的游客都能清楚地看见这个地区,园区的设计可被充分的利用,以产生最大的视觉冲击(图 3-3)。

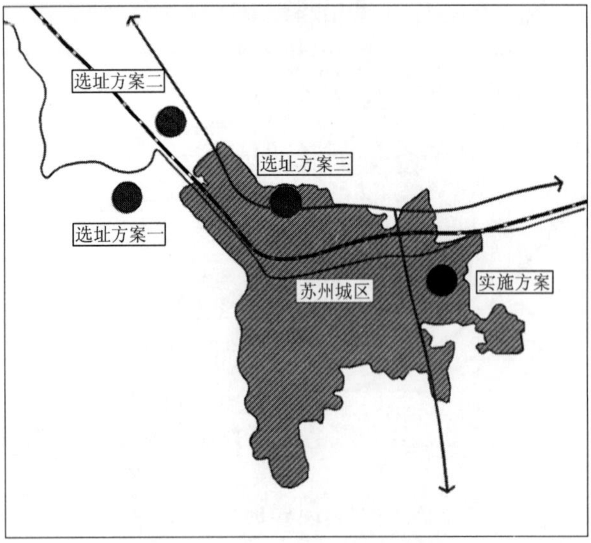

图 3-3 苏州工业园区选址方案

① http://www.dpchina.com/zbd/phase1Mp/2—1.html.

2）具体的建设场址的选择和用地范围的划定

这一步骤可遵循城市用地评价与选择的有关方法、技术路线展开。首先对该区位内的建设用地进行自然条件评定、社会经济条件评价和适建性评价，综合考虑基本农田保护、土地权属关系以及其他各类约束性管制条件最终划定产业空间的规划范围。依据"保障生态安全、保护开发兼顾、协调相关规划"的原则，从工程地质、自然生态和社会经济等角度，可构建四大方面12项分级指标的产业空间适建性评价指标体系（表3-6），对拟选址场地进行综合评价，然后依据适建性程度划定产业空间的可建设用地范围。

表3-6　土地适建性评价指标体系

序号	一级指标	二级指标	指标描述
1	工程地质条件(A1)	地面高程 A11	地形高度
		地面坡度 A12	地形坡度
		地基承载力 A13	地基荷载能力
2	自然灾害风险(A2)	洪水淹没程度 A21	洪涝易发程度
		地震基本烈度 A22	地震易发程度
3	生态敏感程度(A3)	河湖水体 A31	湖泊水体、河流河道保护缓冲区
		植被覆盖率 A32	地表植被覆盖程度(NDVI)
		生物多样性 A33	生物多样性保护区
4	综合发展优势(A4)	交通区位 A41	地块综合交通可达性
		土地利用 A42	现状用地类型转化为建设用地的成本
		空间区位 A43	与现状建成区及重大公共设施的距离
		社会经济 A44	主要社会经济指标，集聚人口、产业的潜力

注：NDVI指归一化植被指数(Normalized Difference Vegetation Index，简称NDVI)。

3.2.2　产业空间拓展方向的确定

既有的产业空间在规划中都会面临新发展空间的选择问题，其方向的择定与城市发展方向的选择具有相似性，需要在综合考虑多种因素的前提下，进行多方案综合比较来确定。一般而言，新拓展空间通常会面临两种选择。

(1) 如果周边缺乏连续拓展条件的情况下有两种可选模式：首先是面向存量空间资源的模式，即不进行新的空间开发，走既有产业空间再开发来提升空间容量和承载力的路子。许多开发时间比较长、已经被城市拓展包围成为"城中园"、无法进行大规模空间拓展的产业空间正在逐步走这一条道路，这是我国开发区未来空间发展的重要路径和新模式，对于产业空间的再开发后文会专门进行研究。其次是跳开现有空间，在新的区位建设拓展多区位产业空间拓展模式，在具体拓展路径上，有些产业空间选择异地自主开发的路子，有些则通过兼并、联盟等模式实现异地拓展，这就涉及前文提及的选址问题。

(2) 产业空间周边具有进行拓展的余地和可能，其连续的空间拓展方向的选择，需要对其周边用地条件进行综合分析，考虑其自然条件、交通条件、建设现状情况、有关约束性管制条件、与城市其他空间的关联关系等，再综合择定。

南京高新区空间发展方向的选择中包含了上述各种类型，是产业空间发展方向选择的典型案例。高新区在启动区开发完成后，由于其南北被南京大学、东南大学用地包围，东面被快速交通走廊切割封堵，所以选择连续两次向西拓展，到第四次空间拓展时，其周边已经没有连片可用的建设用地，所以经过比选，采取了跳跃式不连续拓展模式，在其南部建设高新区泰山园区。形成了“一区多园”的布局模式(图 3－4)。目前，高新区一期启动区块的再开发也已经在展开，高新区建成空间的承载力和容量、功能由此将得到进一步提升。

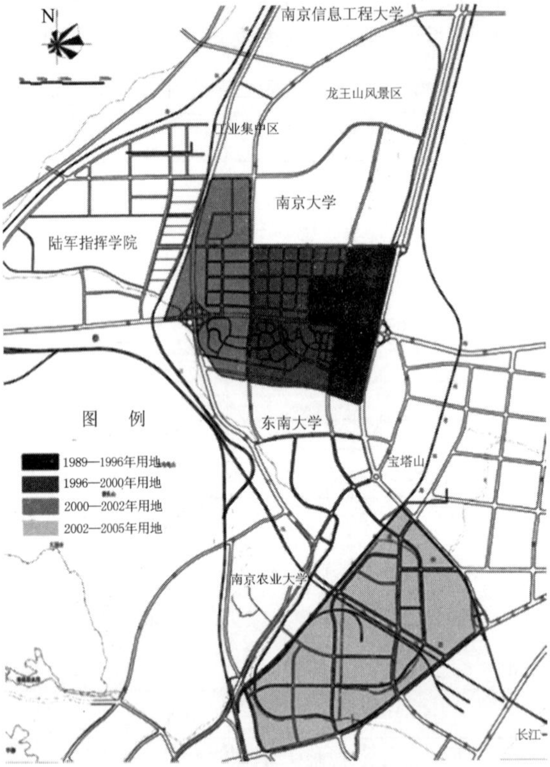

图 3－4　南京高新区空间拓展时序图

3.3　产业空间总体布局规划

产业空间的总体布局需要从产城互动和整合角度这两个层次去分析和确定。首先是产业空间与所依托的城市空间之间的互动与整合，依据产业空间与城市空间的区位关系，确定产业空间的基本空间结构模式，基本理论依据就是城市新产业空间的微观区位—结构—功能相关联的理论，据此将产业空间分为纯产业区的层状结构模式、产业社区的扇形结构模式和相对独立的类城市结构模式(王兴平，2005)；其次，按照产业空间内部适度产城融合的需求，确定产业空间内部的生产、生活、生态和服务功能的配比关系和对应的空间区位结构关系，形成产业空间的“理想结构模式”；再次，在以上两个层次产城互动分析确定的相对抽象的“理想结构模式”基础上，结合产业空间具体的内外部现实环境和确定性规划条件，形成产业空间可能的空间布局结构多方案；最后确定对多方案进行比较评价的因子，进行定性定量的综合比较，择定规划布局结构，进而按照《城市用地分类与规划建设用地标准》(GB 50137—2011)的划分，确定居住、工业、公共管理与服务等各项用地的具体布局。

为了改变空间布局方案比选主观性强、科学性不够的问题，在产业空间总体布局方面，可以应用GIS空间分析技术，确定各项用地功能适宜性的评价指标，对规划用地逐项进行空间适宜性评价，然后进行叠合优选，形成基于功能适宜性分析的用地布局框架，在此基础上细化调整，形成产业空间具体布局方案。这一技术路线经过在多个城市规划、产业空间规划中的尝试和完善，已经基本成熟。

产业空间用地功能适宜性评价需要回答两大问题：第一，“哪能建”，也即前文所说的产业空间范围划定和可建设用地的选定；第二，“建什么”，对前面划定的可开发建设区，判断其不同地块分别适于规划发展为哪类功能用地。一般而言，产业空间用地的功能适宜性评价的技术流程主要包括以下几大步骤(图3-5)。

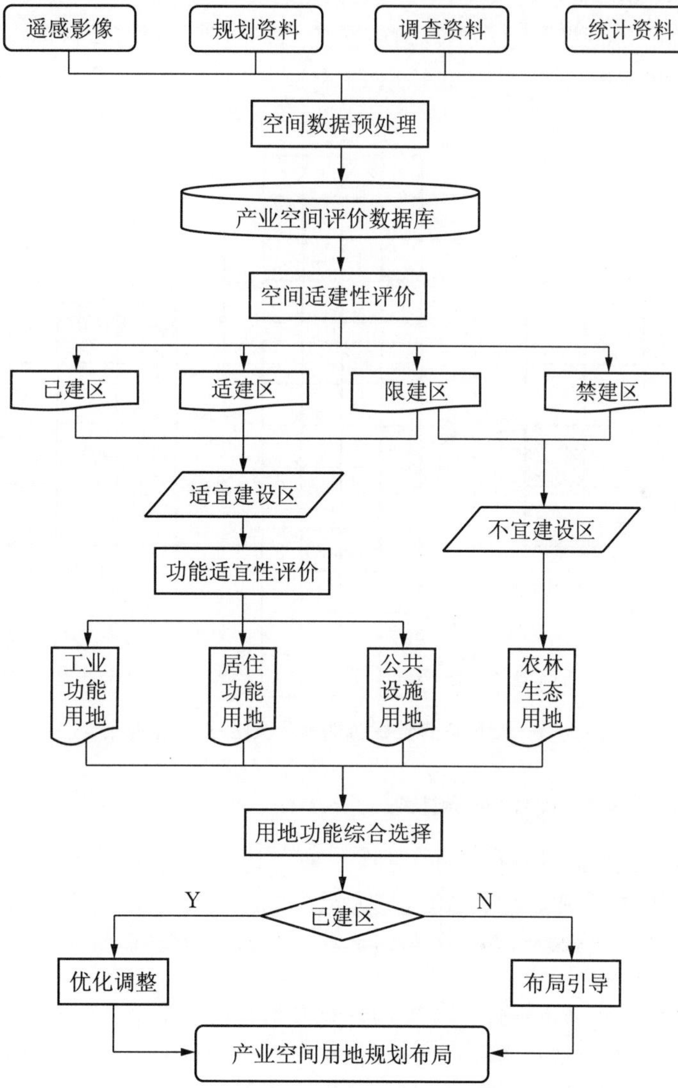

图3-5 产业空间规划用地功能适宜性评价技术流程

1）空间数据预处理

以ArcGIS空间决策分析工具为技术平台支撑，参照表1-1和表1-2制定相应的分析指标体系，针对产业空间实际，采集评价指标体系涉及的各类相关数据，主要包括数字高程模型(Digital Elevation Model，简称DEM)、土地利用现状及其他相关的空间数据，同时完成所评价空间数据的栅格化，确定各指标对应的属性值，最终建立多指标产业空间评价数据库(Geodatabase)。

2）土地适建性评价

综合评价规划范围内全部用地的适建性级别，同时根据各评价单元的适建性程度大小，划定此次产业空间规划的适宜建设区和不宜建设区，将不宜建设用地作为农林生态功能用途，对适宜建设区用地进一步分析其各项功能的适宜性程度。

3）功能适宜性评价

对适宜建设区内各项用地的工业、居住、公共设施等单项功能适宜性进行评价，定义各评价单元单项功能适宜性的大小，如由大至小依次分为7、5、3、1四级，最后通过取大值原则对各地块的用地功能进行综合选择，对产业空间建设用地进行优化调整与布局引导，如图3-6所示。

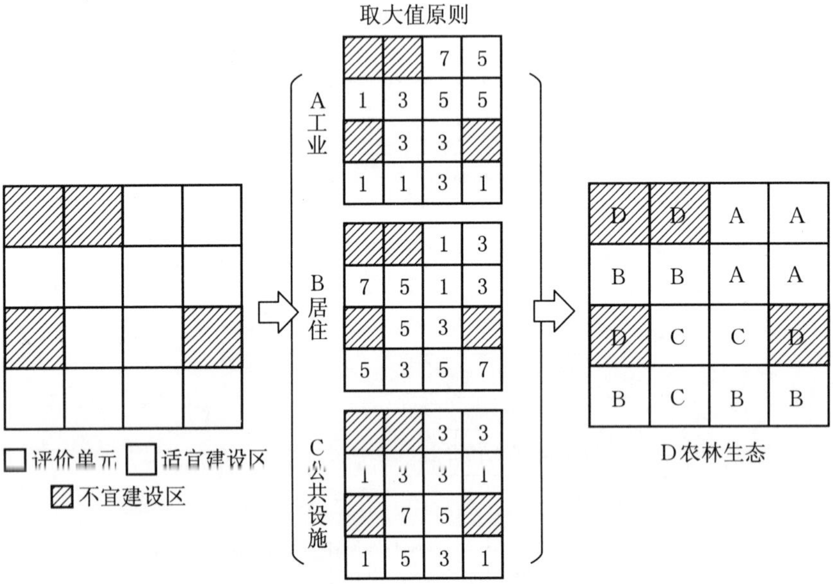

图3-6　功能适宜性综合选择示意图(取大值原则)

3.3.1　用地功能适宜性的评价指标体系

产业空间的用地功能适宜性评价，是在土地适建性评价划定的适宜建设区基础上，为建设空间确定居住、工业、公共设施等三大类型主要功能用地的理想空间布局，主要受空间可达因子、现状基础因子、邻近影响因子等三大因子的影响。

1）空间可达因子

产业空间的道路交通可达性直接影响公共设施的覆盖水平、工业生产的运输成本和生活居住的便利程度，包括与主要交通干道、交通枢纽站点的距离等。值得指出的是，不同功能的用地受道路交通影响不一，例如，居住功能主要考虑公交站点的影响，而工业功能主要考虑主干路和交通枢纽的影响。

2）现状基础因子

一般而言，现状基础越好，某项功能越容易发展形成。因此认为，距现状某项功能用地的距离越近，则该项功能适宜性级别越高。同时，对现状已建区，需对三大类型功能适宜性评价结果综合叠加，对现状发展不合理或未充分利用的地块做出优化调整。

3）邻近影响因子

包括邻近干扰和邻近促进效应，某些情况下，产业空间中某类功能用地可能对其他功能用地产生负的外部效应，影响其他功能用地在其邻近地区发展，例如工业用地与风景名胜区，工业用地与居住用地等。反之，产业空间中的某些功能会促进其他功能的发展，比如邻近城市广场、公园绿地和公共服务中心等通常会促进居住功能的发展。

基于上述影响机制，确立产业空间的用地功能适宜性评价指标体系，如表 3－7 所示。

表 3－7　功能适宜性评价指标体系

功能类型	评价指标	指标描述
居住用地（A1）	现状基础 A11	与现状居住地块的距离
	生态环境 A12	广场绿地、空气质量及受噪声、废水等污染源的影响
	道路交通 A13	与公共交通站点、主要道路的距离
	公共服务设施 A14	与文教医卫、商业设施的距离
	人口密度 A15	现状人口集聚程度
工业用地（A2）	现状基础 A21	距现状工业地块的距离（产业集聚）
	道路交通 A22	距交通枢纽、高速出入口、主次干道的距离
	教育科研 A23	距高等院校、科研机构等教育科研用地的距离
	主导风向 A24	主导风向下风向区域
公共设施用地（A3）	现状基础 A31	与现状公共服务设施、商业中心的距离（布局均等化）
	广场绿地 A32	距城市广场、公园绿地的距离
	风景名胜 A33	距主要风景名胜区及重要景观节点的距离
	道路交通 A34	距公交、轨道交通线路站点及其他重要枢纽站点的距离

3.3.2　用地功能适宜性的量化评价方法

根据评价需要，对产业空间各评价单元的适建性，以及相应建设空间内各评价单元的单项用地功能（工业、居住、公共设施）适宜性分别进行评价，这些评价的数据处理方法相同。参照土地适建性和功能适宜性的评价指标体系，将各项参评指标按敏感性、风险性、影响程度等进行标准化分级，根据评价值高低依次划分为 7、5、3、1 四级，并对各项指标进行加权叠加，从而获得产业空间各评价单元的综合评分值。

一般来说，评价单元的划分方法包括动态网格法、地块法、叠置法、详查图斑法等几种，评价单元权重确定的方法则包括德菲尔法、层次分析法、排队法等，可根据规划评价工作的实际情况进行选择，计算方法如下：

$$P_j = \sum \omega_i A_{ij} (i = 1,2,\cdots,m; j = 1,2,\cdots,n)$$

其中，j 为评价单元；i 为评价指标；P_j 为评价第 j 个单元的综合评分值；ω_j 为第 i 项评价指标的权重；A_{ij} 为第 j 个评价单元中第 i 项评价指标的评分值。

最后，基于对产业空间中工业、居住、公共设施三个单项功能的适宜性评价成果，按照适宜级别取大的原则进行叠加分析和综合选择，同时兼顾三项用地的布局比例结构以及地类斑块大小等因素，确定产业空间内各评价单元的理想功能布局，从而实现对产业空间内的现状建设区以及未建设利用区的土地利用进行优化调整和规划布局引导：

$$S = MAX(\text{工业用地适宜度，居住用地适宜度，公共设施用地适宜度})$$

3.4　产业布局规划

依据《中华人民共和国城乡规划法》第 30 条“在城市总体规划、镇总体规划确定的建设用地范围以外，不得设立各类开发区和城市新区”的规定，一般而言，产业空间的总体空间布局规划应该在其所在城市的总体规划中基本确定。所以在总体布局规划基础上的产业布局规划就必然成为开发区空间规划最为核心和不可替代的部分。

专业化集聚、多元化发展、市场化开发与空间布局的有序性之间的结合，是产业布局规划的目的。产业布局规划要对照产业发展规划所选定的产业空间未来发展的各类产业门类，在空间上分门别类进行具体布局，确保各门类既能够形成相对专业化集聚的分区，不同门类之间也能够形成便捷、有效的基于产业链的关联关系（图 3－7）。同时还需要从企业层面考虑其空间利用之间的相互关系，由于大型企业、中小企业对空间利用的要求不同，产业布局规划既要考虑宏观层面的基于行业、门类的产业专门化布局，也要考虑从企业角度的空间分区，在部署专业化产业区时还需要考虑到产业项目入驻的随机性和市场化特点，确保多元产业项目既能够随时入驻，也不会导致不同门类产业相互混乱穿插、无序布局的散乱局面。

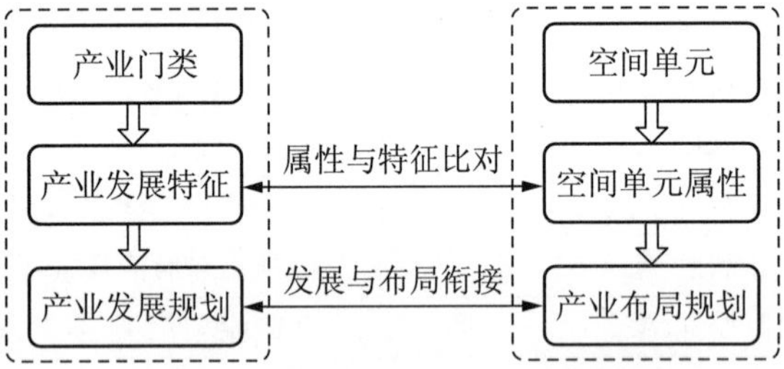

图 3－7　产业—空间规划关联示意图

在长期探索的基础上，笔者和团队提出了基于以产业—空间互适性评价为核心的产业布局规划技术路线框架（图 3－8），其基本内容、步骤和方法将分小节阐述。

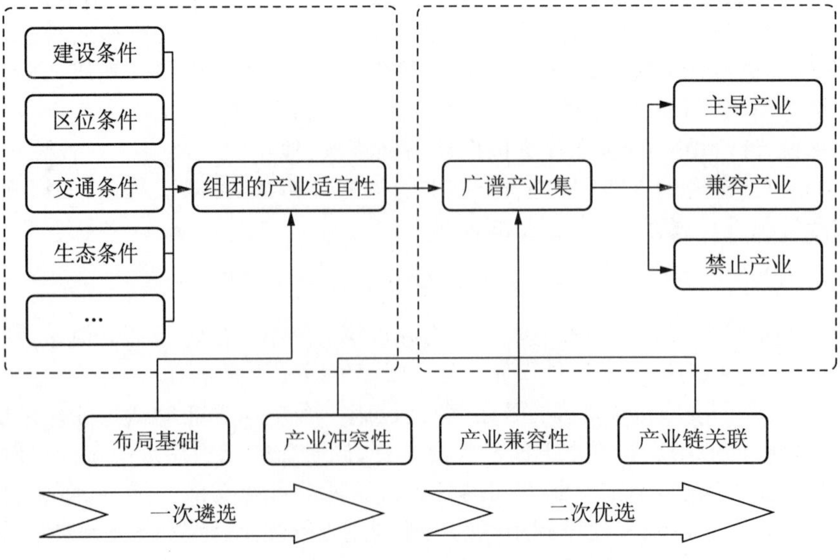

图 3－8　规划区空间的产业适宜性引导路径

3.4.1 产业空间体系和单元的划分

产业—空间的互适性评价的前提是要划分出合适的基本评价单元。首先需要构建科学合理的产业空间层次体系，然后以该体系中最小空间单元为评价单元，进行产业—空间互适性评价和适配选择。产业空间的层次体系有不同的构建尺度，梁仁彩(1989)提出将工业区分为三个主要的等级类型，包括一级工业区也即大工业地带、二级工业区也即基本工业区、三级工业区也即基层工业区，这种分类分级体系实际是针对一个大的区域而言的，个体的工业区最多属于该体系中的基层工业区。《上海市工业区规划编制技术要求》(1994)将工业区分为工业区、工业小区、工业街坊三级，这种分级与居住区的分级体系有类似性，适用于对一个完整产业空间的空间细分。笔者也借鉴居住区的空间体系和单元划分模式，考虑到产业门类随着空间层级变化呈现的多样化程度差异以及城市规划的路网与街区划分的尺度要求，并结合连云港经济技术开发区等的管理实践要求，提出将一个完整的产业空间划分为综合产业区、专业化产业小区、专门化产业组团的产业空间分类体系，专门化组团可以包含若干支路划分的街区或者具体企业厂区的地块。然后以产业组团为基本评价单元，进行产业门类的具体布局。该体系层级示意如图 3－9 所示。

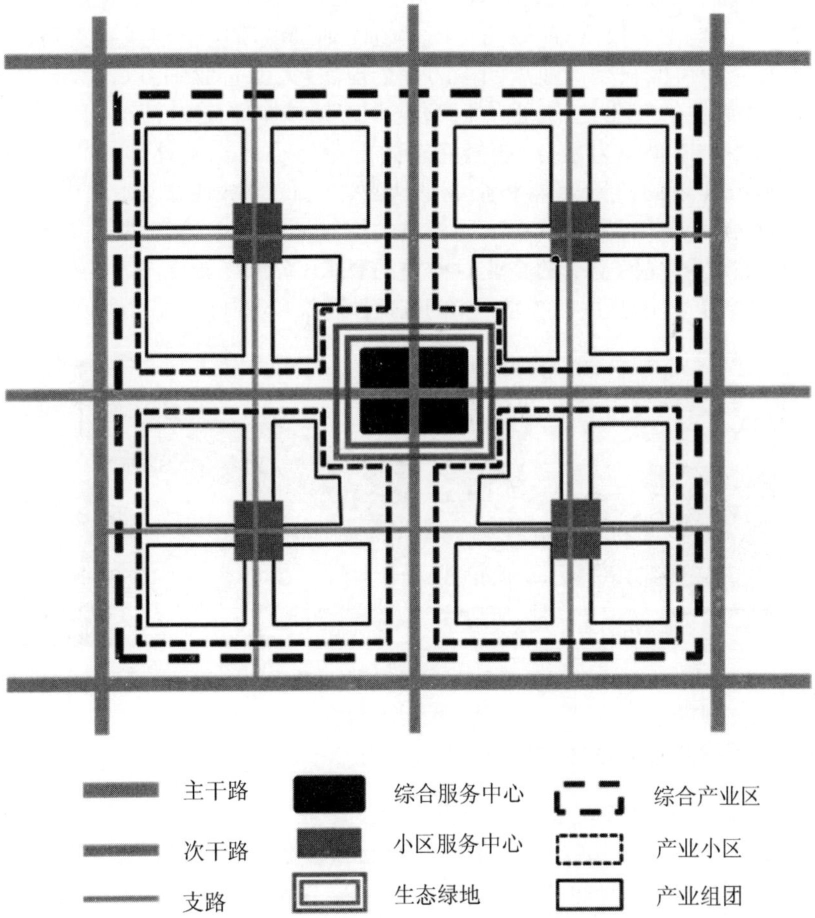

图 3－9　综合产业区内部空间层次和单元划分示意图

三个层次的产业空间单元各自具有不同的特征，如下。

（1）综合性产业区：是一个空间尺度类似于城市分区、能够承担城市层面重要产业功能的产业空间，一般具有明确的地理和行政管辖边界，有专门的管理与开发机构、相对完整的基础设施体系和生活配套服务体系，其内部的产业门类较综合，产业集群和产业链比较成熟。其综合性一方面体现在生产、生活与服务功能的相对综合，一方面体现在产业门类、企业类型的相对多样性上。我国目前的各类具有独立管委会的国家、省级开发区，一般可以被看作一个综合性产业区。

（2）专业化产业小区：是在综合性产业区内部形成的次级片区，在该片区内部具有一业为主、兼容其他产业的特点，围绕一个主导产业、特色产业配套发展关联产业，兼容发展其他不相冲突的产业。我国许多开发区内部发展的医药产业园、电子信息产业园等，就属于专业化产业小区类型。

（3）专门化产业组团：是在专业化产业小区内部形成的或者空间尺度小于产业小区的基本产业单元，在组团内部一般以一个拳头产品、龙头企业为主，关联发展其他延伸配套产品。我国部分开发区内部专门生产一类产品的企业集群、工业街坊就属于这一类型。

上述产业空间的层次划分，主要考虑产业和产品的专业化、综合化的程度，实际上，这种功能的差异与空间尺度的大小也具有一定的关联。比如综合性产业区一般都是被纵横交错的多个城市干道所穿插或被城市快速干道包绕的区域；专业化产业小区一般最小尺度是城市干道包围的尺度；而专门化产业组团则是城市次干道或者支路切割形成的基本单元，小型企业可能只是产业组团中的一个地块，大型企业则有可能跨越若干街区，形成一个以企业为主的产业组团，也有巨型企业跨越城市干道的情况，其上下游车间跨组团布局，形成一个以企业为主、产业链完整的专业化小区。在具体的产业空间街区划分上，需要在城市规划的路网间隔和企业地块要求之间寻找平衡点、提供多样化选择。苏州工业园区的经验值得借鉴，其在不同板块的控制性规划中均提供了多元化的路网和街区模式，以适应不同规模要求的企业对地块的要求①（图 3-10）。

上述划定的产业组团，是进行产业—空间互适性评价和编制控制性导则的基本单元。

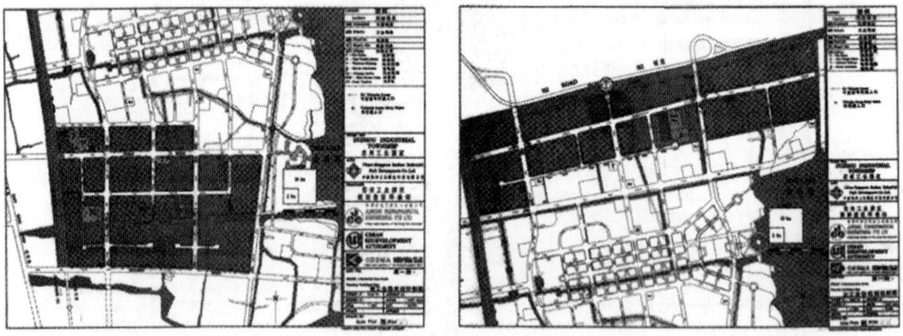

图 3-10　苏州工业园区控制性规划的路网和街区划分图

3.4.2　基于空间—产业互适性的初选

第一步遴选为产业的空间适宜性分析。通过产业空间单元的空间特性与产业的区位条件对比确定空间单元广谱产业集不同的产业和行业具有不同的空间适宜性，反之不同的产业空间适宜不同的产业和行业，立足这一基本原理，构建包括建设条件、区位条件、交通条件、生态条件和环境条件等对产业布局具有关键诱导作用的因子，建立产业的

① http://www.dpchina.com/zbd/sqxg/02-2.html.

空间适宜性评价的基本指标，分析这些因子对产业布局的要求和具体影响，进而明确不同空间单元可以承接的产业的基本属性。对比产业发展规划确定发展的产业门类，将产业发展的需求条件与产业区(产业空间)自身的区位条件相对应进行初选，确定各个产业空间单元的广谱产业集。

空间的产业适宜性分析和选择如表 3－8 所示。

表 3－8　组团的产业适宜性分析表

分析因子	因子的基本特征	该项特征的产业适宜性
工程地质条件		
地形条件		
土地面积和形态		
区位条件		
交通条件		
生态条件		
环境要求		

上述表中的产业适宜性不是针对具体的产业门类，而是产业的一般属性，比如适宜劳动力密集型、大运输量型、无污染型等类型。

综合上述要求，确定适宜在被评价的空间单元发展的产业的特性和类型，然后在产业空间规划发展的各类产业中，选择符合这一属性要求的具体产业门类(表 3－9)。

表 3－9　行业的空间适宜性选择

开发区可选择的产业	对本组团的适宜性(适宜√，不适宜×)
(1) 产业 A	
行业门类 A—a	
行业门类 A—b	
行业门类 A—c	
…	
(2) 产业 B	
行业门类 B—a	
行业门类 B—b	
行业门类 B—c	
…	
(3) 产业 C	
行业门类 C—a	
行业门类 C—b	
行业门类 C—c	
…	
(4) …	

3.4.3 基于组团间产业关联性的优选

第二步优选为产业之间的关联性分析。在初步确定各产业单元的产业类型之后，进一步考虑产业门类的关联性、排斥性以及产业单元之间空间邻近性的结合，进一步优化各产业单元的产业门类选择和具体布局区位，形成最终的产业布局方案。按照产业空间单元之间不重复，单元内部不冲突、互补性的原则，在确定产业区内各产业单元的广谱产业集之后，从产业外部性这一视角出发，考虑到不同产业之间在特定的产业空间中必然会形成一定的主辅关系、排斥关系和互补关系等作用系统，且与之相对应表现出产业之间的兼容性、冲突性和关联性，将广谱产业集内部的行业进行进一步优选和关联，结合各个单元现有产业基础，按照各个单元主导产业不重复、每个单元集聚发展一个主导产业的基本原则，结合产业之间外部性分析，确定各产业空间单元的主导产业、兼容产业、禁止产业，把产业选择确定的产业区适宜发展的各个产业和行业科学、协调地落实到产业区内不同的产业单元，解决产业在具体空间如何进行科学合理布局的技术问题。

优选的基本判断标准是：将适宜发展又具有现状优势的产业和与现有优势产业环境兼容而且具有产业链协作配套优势的产业作为组团主导产业，进一步做大做强，形成特色集群；将与本组团主导产业没有环境要求冲突，也不具有关联配套但可以共享设施的产业作为兼容产业；将与本组团主导产业环境冲突的产业作为禁止发展产业，避免组团内企业的相互干扰和组团之间的产业重复与恶性竞争。在具有适宜性和现状优势的多个产业中，组团主导产业要优先选择仅在本组团具有优势的产业，而将在多个组团同时具有优势的产业作为本组团的兼容产业，每个组团原则上只确定一个主导产业。按照上述原则对各组团产业优化选择，组团产业优选因子如表 3-10 所示。

表 3-10 组团产业的优化选择

开发区规划发展的产业	组团的适宜性初选结果	是否本组团现状优势产业	是否其他组团优势产业	与现有优势产业环境兼容性	与现有优势产业产业链协作配套性	优选结论
(1) 产业 A						
行业门类 A—a						
行业门类 A—b						
行业门类 A—c						
…						
(2) 产业 B						
行业门类 B—a						
行业门类 B—b						
行业门类 B—c						
…						
(3) 产业 C						
行业门类 C—a						
行业门类 C—b						
行业门类 C—c						
…						
(4) …						

在确定了每个单元的产业类型后，可以按照主导产业的类别绘制出产业布局引导图，而地块的主导产业、兼容产业、禁止产业的具体要求则可以作为编制地块产业准入控制图则的依据。

3.5　产业空间拓展时序规划

产业空间拓展时序的确定，需要综合考虑其城市或者大型基础设施依托条件、城市规划要求、自然条件的约束、空间管制性要素，比如基本农田的限制、征地拆迁成本、产业项目入住的要求和时序等要素。苏州工业园区的规划和建设开发较好地协调了开发时序的先后关系。在园区整体层面，按照轴线拓展与苏州主城区先近后远的时序关系，形成了三期开发时序规划(图 3－11)。在每一期用地内部的具体建设上，除了每个功能区内部严格按照由东向西平行推进外，总体上还严格遵循先外后内的生产—生活—服务的时空综合关系引入项目，确保了园区规划的完整有序实施和园区功能的有序升级，也确保了土地价值的最大化利用和最优化配置。对于层次高、资金实力雄厚的大型产业空间，可以充分吸收苏州工业园区的经验，合理设定其开发时序。

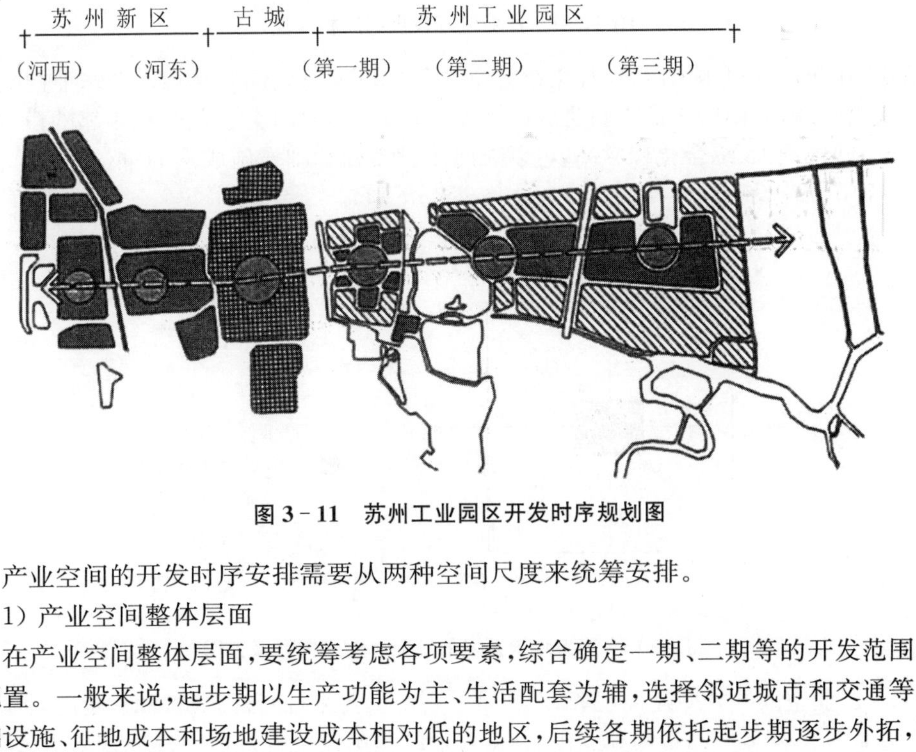

图 3－11　苏州工业园区开发时序规划图

产业空间的开发时序安排需要从两种空间尺度来统筹安排。

1) 产业空间整体层面

在产业空间整体层面，要统筹考虑各项要素，综合确定一期、二期等的开发范围和功能配置。一般来说，起步期以生产功能为主、生活配套为辅，选择邻近城市和交通等区域基础设施、征地成本和场地建设成本相对低的地区，后续各期依托起步期逐步外拓，同时其功能综合化程度进一步提高。在外拓的模式上，可以结合具体用地条件，采取轴向延展式、层状外推式、圈层扩展式等不同模式(图 3－12)。

2) 地段层面

在地段层面，需要充分考虑市场化条件下项目的随机性与产业空间理想的分区专业化要求之间的平衡，可行的模式有两种。

(1) 采取“四面开花式”的拓展模式，围绕 1—2 个基础设施成熟的干道交叉节点，在四个象限同时展开，每个象限集中一类产业，有协作关系的产业布局在相邻象限，无相关

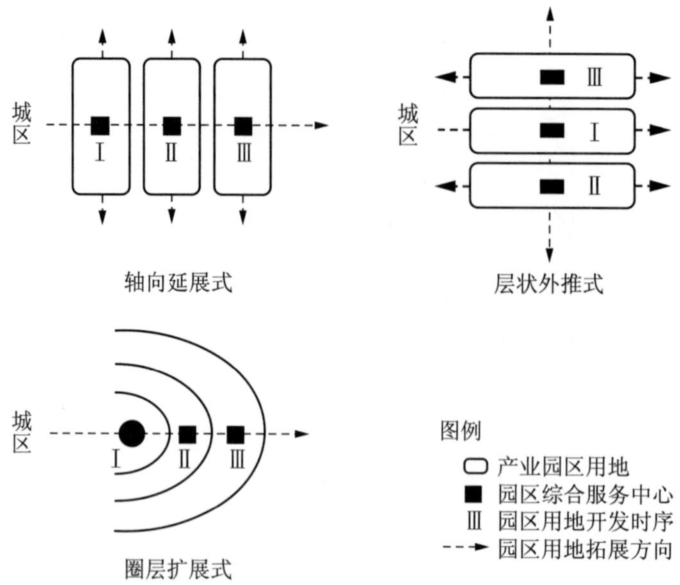

图 3-12　产业空间发展时序模式图

关系的产业布局在对角象限，这样围绕一个“枢纽节点”可以同时承接多个产业门类的入驻，避免沿路线性摆开、按照项目进驻时序安排用地、不同门类企业杂乱相邻的模式。如果产业空间规模大、综合化程度高，可以先期建设多处基础设施成熟的“枢纽节点”，然后围绕多个节点建设不同的专业化产业小区（图 3-13）。

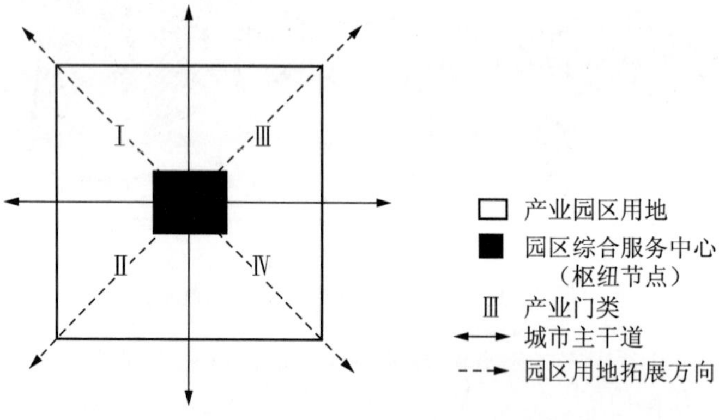

图 3-13　产业地块开发的产业—时序关联模式图

（2）产业空间的分期建设，基础设施是重要牵引要素，而且需要按照一定的时序先行推进，从而发挥其最大的带动和支撑效应，可行的基础设施开发区时序原则如下（东南大学城市规划设计研究院等，2006）。

① 轴向推进：选择与交通干道相结合的基础设施走廊，严格控制预留，超前建设，带动周边地块开发。

② 两侧辐射：走廊系统应该处于地块中部地带，两侧辐射范围相对较大，提高设施的利用率。

③ 整体覆盖：走廊系统的辐射面应该达到全覆盖，不留辐射盲区，以便于满足各种用地需求。

④ 分片整合：按照空间区位、产业类型和大的用地组合，形成若干基础设施子系统，各子系统服务不同的工业区，并具有特色化的服务功能。典型的有医药产业园区必须配套集中供热系统，对高耗能产业园区则需增加变电站的数量，预留更多的高压廊道。

⑤ 分类控制：在各组团开发启动之初，必须由多部门协调，明确第一个导入的基础设施的规模与布点（枢纽节点），满足组团初期持续开发的需要，提高基础设施的投资效率。中期根据实际需求灵活布局加强型的基础设施，远期从完善系统的角度考虑布置补充型基础设施。

4 产业空间更新与再开发规划及其方法

产业空间和其他城市空间一样，具有一定的生命周期，无论是其物质空间环境还是承载的各项功能，都存在阶段性新旧更替和再开发的必然性和必要性。产业空间作为城市空间中功能相对单一、企业和技术活动主体生命周期相对更短暂和演替相对更活跃的空间，其空间更新与再开发的周期也更为短暂，更新面临的保护等矛盾相对更小，是城市空间更新和再开发相对易于实施和再开发潜力相对更大的空间类型。

4.1 产业空间再开发的必然性和必要性

4.1.1 产业空间再开发的必然性

从产业空间的开发过程看，其产业发展一般存在由低层次到高层次的逐渐升级提升过程，初期发展的产业技术含量低、入驻的企业规模小，随着产业空间开发的不断完善，后期发展的产业层次一般会高于早期；与此同时，在空间开发方面，早期选择开发的空间一般是区位条件相对最好、开发成本最低的地段，随着产业空间逐步壮大，早期开发的空间逐步会成为其中心地区，区位价值相对最高，这就意味着经过一段时间的发展之后，大多数产业空间会面临着早期入驻的低端产业占据相对中心的高值区位的错配格局，只有通过阶段性的空间更新和再开发才能不断校正空间发展过程中存在的无法回避的“悖论”，其机理如图 4－1 所示。作为例外的苏州工业园区，其起步就按照“蓝图”规划的结构一步到位，工业区的最外围、内侧是居住区，而最中心的地段在开发初期以绿地形式长期预留，到园区成熟后实现由绿变红，进行高值的商贸开发。这种有控制的开发模式虽然被作为经典和经验，但是只是有效地规避了后来的整体结构性调整，而各类空间内部基于自然衰退和新旧演替的更新与再开发依然无法避免，此外，长期将中心区预留的做法，虽然降低了后续开发拆改的直接成本，但是多年控制未利用造成的隐形产出损失也是一般园区难以承受的。从这个角度讲，因时制宜、适时开发与适时更新改造，保障空间的持续有效利用而不是一味地追求和固守一步到位的空间开发、规划控制，是符合城市空间演化自然规律的。

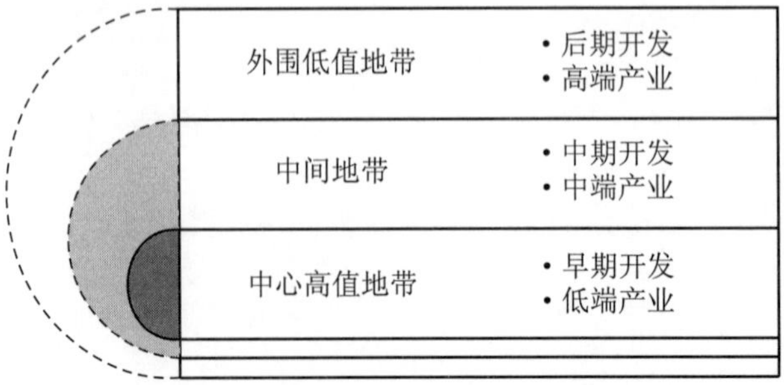

图 4－1 产业空间开发时序—价值—地段错配机理示意图

产业空间再开发包括两种类型，即传统工业区的更新和开发区的再开发，前者是我国关注的重点。对于开发区等新产业空间的合理再开发，目前无论是学术界还是实践领域均关注度不高。

4.1.2 产业空间再开发的必要性

就目前我国开发区等各类产业空间建设的时段看，再开发的现实必要性已经非常迫切。特别是在开发区发展起步早、速度快、规模大的长三角地区，作为我国对外开放的窗口和桥头堡，其区域职能定位要从过去的制造业和传统服务业中心走向世界的先进制造业和现代服务业基地，区域转型势在必行。作为近 30 多年来中国经济发展和城市拓展的主要空间载体，开发区等产业空间无疑是长三角区域功能转型的主战场，开发区的再开发是长三角城市功能提升和空间节约利用的重要途径，有可能由此走出一条中国特色的城市精明增长之新路(王兴平等，2009)。

从政策背景上看，国家对长三角区域、开发区政策的转变呼唤开发区的“二次开发”。2008 年 9 月，国务院通过《进一步推进长江三角洲地区改革开放和经济社会发展的指导意见》，包括加快调整产业结构，努力形成以现代服务业为主的产业结构，全面推进工业结构优化升级，努力建设国际先进制造业和服务业基地等。2010 年 1 月，国务院批准实施《皖江城市带承接产业转移示范区规划》，批准了安徽沿江九市为承接长三角的产业转移示范区。国家在宏观政策层面对长三角从区域功能转变政策、产业转移政策角度力促长三角开发区的“二次开发”。

从开发区的发展阶段看，从工业区转向综合新城是大多数开发区的必由之路。从开发区自身发展阶段看，长三角开发区正面临从工业区阶段—功能多样化阶段—新城区阶段的后一阶段的转型。经历 30 多年的发展，长三角开发区日益接近一般意义上的城区，开发区需要承接、分担城市功能，对主城的人口疏解、功能疏散也给予一定的支持，相应地，从工业区转向新城区是弥补开发区城市功能缺口的必由之路。

从长三角开发区的自身发展实践看，开发区的再开发已经逐步展开。长三角开发区在 20 世纪 80 年代中后期—20 世纪 90 年代初起步建设，成立之初，开发区作为城市生产功能的空间载体，是招商引资的窗口，主要产业为制造业，产业用地占开发区总用地的比例超过 50%，居住用地、公共设施用地和公共绿地则相对缺乏，在功能上类似一个通勤工作的卫星城，开发区功能出现缺口。笔者通过对长三角开发区的调研中发现开发较早、较成熟的开发区都已经陆续出现再开发的现象，如南京江宁经济技术开发区沿宁溧路两侧、杭州萧山经济技术开发区沿市心路两侧大部分正在进行或已经完成局部地段的再开发。

当前，我国“两型社会”建设目标、全球“低碳城市”发展理念对开发区的发展提出了新的要求，抛弃传统的粗放发展模式，通过既有空间再开发实现其功能提升和空间集约，从而有效拓展城市空间的容量和层次，不仅对于优化开发区自身发展意义重大，同时对于促进城市的整体优化发展也具有重要导向和支撑作用。长三角开发区再开发的必要性综合体现在以下三个方面。

(1) 区域、城市功能提升与空间重构的必然选择。长三角正在成为世界级城市群，初步形成了以上海为龙头的垂直城市职能结构，但是城市职能的同构化现象还较为明显，这与长三角开发区群的“同质同构”发展模式密不可分，通过开发区的再开发，优化该区域开发区群的发展结构，形成各自特色，这是引导和促进所在区域城市功能提升和空间重构的必然选择。

(2) 开发区功能完善与空间集约利用的必然选择。开发区成立之初，实行以工业为主的“三为主”策略，开发区的建设是制造业郊区化的结果。随着开发区逐步发展成熟，其开始需要分担城市职能，逐步完善社会保障、生活居住、文化娱乐、政治管理等社会功能和生态产业、生态环境、生态调控等生态功能。空间是功能的载体，功能的完善必将带来空间的重组，开发区内涵集约发展必须要求空间的集约利用，重点是整体空间格局的优化和局部空间开发强度的提升，这一任务需要通过积极合理的再开发加以完成。

（3）城市产业升级改造与保持核心竞争力的必然选择。新技术革命使得高新产业不断涌现，制造业外延粗放的发展方式显现出种种弊端，产业的升级改造刻不容缓。合理的再开发是适应产业升级改造潮流和保持核心竞争力的关键所在。

4.2 产业—空间关联的产业空间再开发评估核心技术路线

产业空间的更新与再开发，需要建立在对其产业、企业和整体空间结构、具体企业地块的系统评价基础之上，按照科学评估的结论，进行更新和再开发策略与方案的谋划。更新与再开发一般会涉及产业空间功能的再定位、产业的优化提升、空间的再开发和建筑的再利用这四个核心环节，其内容框架如图 4-2 所示，其中发展定位与功能的再确立，与产业空间定位研究的一般流程没有本质区别，在此不再赘述。后文对其他三方面的技术要点进行了阐述。

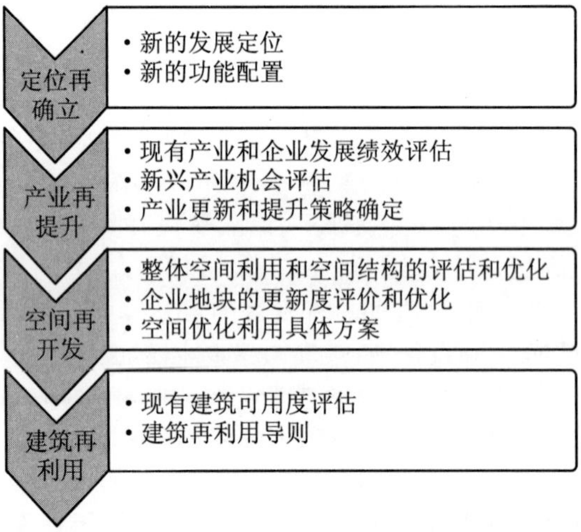

图 4-2　产业空间更新与再开发规划基本内容框架图

产业空间再开发的目的是优化产业结构、提高土地的经济效益，按照优化型、效益型、节约型的目标进行产业空间规划。要实现集约和节约，必须从产业优化、空间引导这两方面入手。因此，在技术路线上围绕产业优化评价和空间引导评价这两方面进行，并结合两方面评估，形成最终的产业和空间更新的具体评价结论（谢晖等，2007），如图 4-3 所示。

在产业优化评价方面，依据选定的评估因子进行其“优势度”的量化评估，然后依据优势度的差异确定必须淘汰的产业和企业，优势度的评价可以分为三个方面：规模优势度、效率优势度和综合优势度；空间引导评价则是依据选定因子的量化评估结论，将各评估地块按照得分划分为需改造用地、可保留用地和待开发用地（图 4-4）。

产业优化评价是指导已建成产业空间产业提升的技术支撑，土地利用引导评价是指导已建成产业空间的结构和土地利用再开发的技术支撑。根据产业区（产业空间）发展阶段的不同，在选取的评价指标、产业优化评价与土地利用引导评价的关联程度、评价的

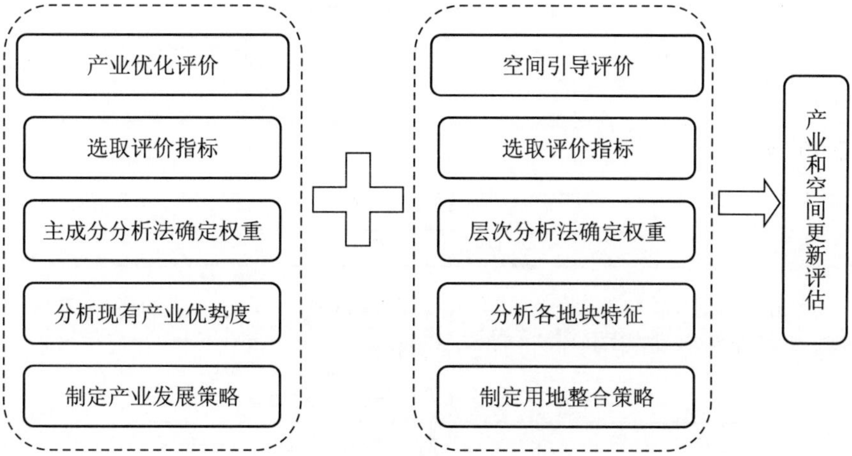

图 4-3 产业空间整合与优化实现的技术路径

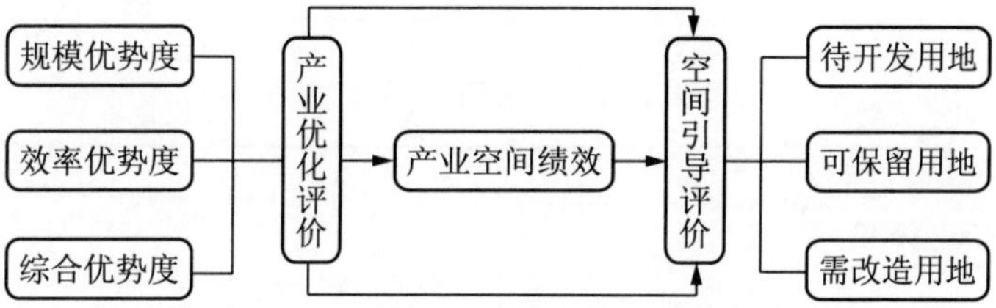

图 4-4 产业—空间综合评价模式图

侧重点等方面均会出现差异。

4.3 产业优化评估与再提升方向选择

产业优化评估是以现有产业为对象，参考地理空间条件，对不同空间单元的产业进行系统的量化绩效评估，制定产业发展策略，实现产业结构的优化升级，其核心是对开发区现有产业进行优势度的量化评价。

建议可以 SPSS 软件为分析工具，采用主成分分析(Principal Component Analysis，简称 PCA)统计分析方法，对影响产业增长的主要因素进行分析；在此基础上，比较分析产业空间内现有产业的优势及劣势，进而确定产业整合转型的方向，制定相应的产业政策(图 4-5)。

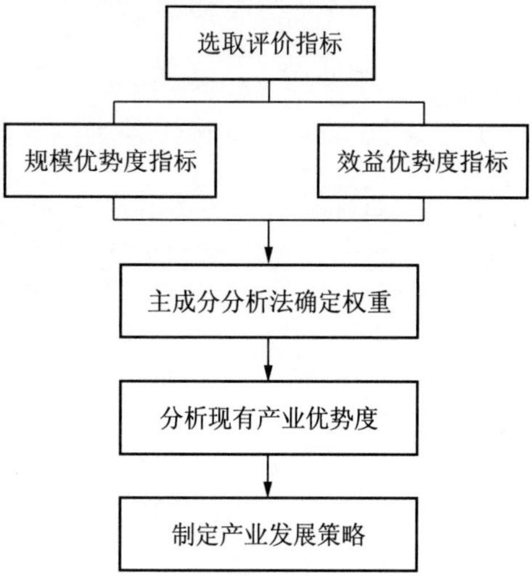

图 4-5 产业发展策略制定技术路线图

4.3.1 指标的选取

综合考虑现有的统计指标以及指标内涵的全面性，同时兼顾多年指标的连续性，可以选取有关指标对产业空间现有产业优势度进行分析评价(表 4-1)。

表 4-1 评价指标的选取

	指标 1	指标 2	指标 3	…	指标 i
产业 1					
产业 2					
产业 3					
…					
产业 j					

本书建议的指标体系如下(表 4-2),也可以依据各个评估对象的资料差异和评估目的差异进行针对性选择,确定更为合适的指标体系。

表 4-2 产业优化评价指标体系(建议)

编号	指标	单位	编号	指标	单位
X_1	固定资产原值	万元	X_5	用地面积	km^2
X_2	工业销售收入	万元	X_6	地均投入	亿元/km^2
X_3	利税收入	万元	X_7	地均产出	亿元/km^2
X_4	职工人数	人	X_8	地均收益	亿元/km^2

4.3.2 产业优势度评价

应用 SPSS 软件的主成分分析功能,对开发区不同产业的发展水平进行评价(表 4-3)(分析过程详见第 6—9 章案例分析)。

(1) 确定主成分。经过计算标准化数据的相关矩阵以及相关矩阵的特征值等步骤,得到总方差分解表。观察相关矩阵的特征值及贡献率,找出特征值和累积贡献率高的主成分。

(2) 计算各产业的主成分得分。根据因子得分系数矩阵和原始变量的标准化值可以计算开发区各产业不同因子的得分数。该主成分得分越高,表示该产业在这一方面具有较高的优势度。

(3) 计算各产业综合优势度得分。综合优势度得分越高,表示该产业具有越强的发展优势。

$$F = \alpha_1 \cdot Fact\_1 + \alpha_2 \cdot Fact\_2 + \cdots \alpha_i \cdot Fact\_i$$

其中,F 表示综合优势度得分;$Fact\_i$ 表示第 i 个主成分得分;$\alpha_1, \alpha_2, \cdots, \alpha_i$ 表示每个主分量的方差贡献率。

表 4-3 产业优势度评价

	主成分得分				综合优势度得分
	$Fact\_1$	$Fact\_2$	…	$Fact\_i$	F
产业 1					
产业 2					
产业 3					
…					
产业 j					

4.3.3 产业优势度分析和再提升方向确定

由因子得分分析得出同行业的效率优势度、规模优势度和叠加的综合优势度，在此基础上，根据各产业的市场增长性、产业竞争力、可持续发展能力，综合考虑相关因素，在围绕产业空间现有优势企业和重点项目、延伸产业链和实施产业集中布局的前提下，确定规划期内打造提升的产业类型、需要淘汰的产业类型。

同时，依据产业空间区位价值和发展环境、机会的变化，选择适合培育发展的新产业。新兴产业选择的技术路线与第 2 章产业选择的流程和方法相同。现有保留提升的产业、延伸发展的产业和新兴培育的产业相结合，形成产业空间内产业在提升的基本蓝图(图 4-6)。

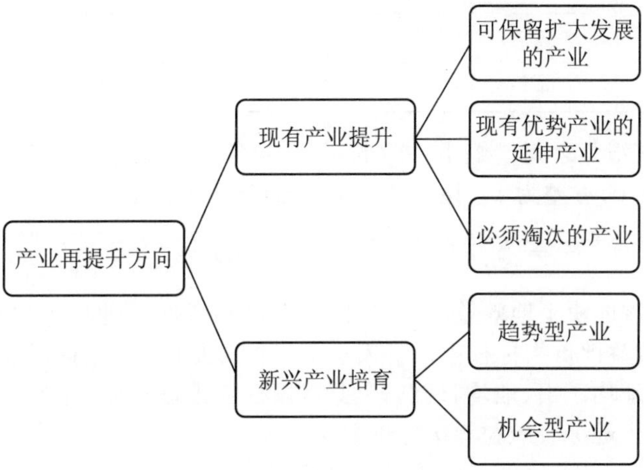

图 4-6 产业提升的内容框架图

4.4 空间引导评估与再开发方案确定

空间引导评价是通过现场调研搜集产业空间相关资料，以地块为基本单元，建立 GIS 平台，形成评价各因子的原始数据库，并对各评价因子进行分析、制作专题图，得出每个地块的各项指标分值，在 GIS 平台上应用层次分析法中的成对明智比较法对产业空间进行综合评价，并进行等级划分，以之作为未来产业空间开发利用引导的可行性依据(图 4-7)。

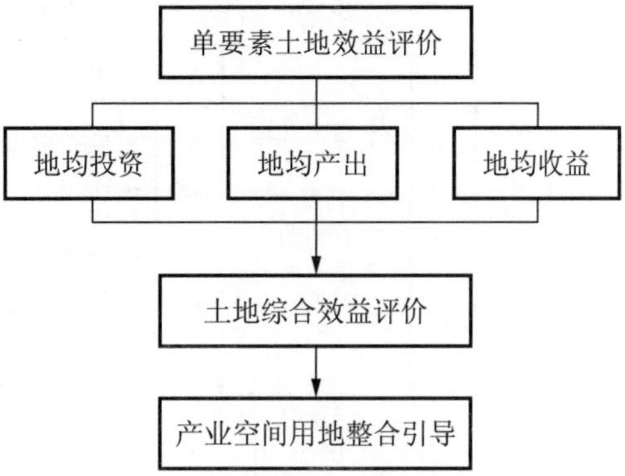

图 4-7 基于用地效益评价的开发区用地整合引导技术路线图

4.4.1 单因素土地效益评价

将产业空间的地图数字化，将各地块固定资产原值、销售收入和利税收入等指标输入 ArcGIS 软件，用 ReturnArea 计算机语言求得各地块占地面积，进行计算，并按渐变色输出，生成开发区地均投资强度、地均产出强度和地均收益强度等单要素土地效益分析图。

其中，地均投资(U_1)=固定资产原值/地块面积；地均产出(U_2)=销售收入/地块面积；地均收益(U_3)=利税收入/地块面积。

4.4.2 土地综合效益评价

运用层次分析法(Analytic Hierarchy Process，简称 AHP)对土地效益评价指标进行权重计算，建议权重如表 4-4 所示：

表 4-4 土地效益评价指标权重计算

权重计算	U_1	U_2	U_3	初始权重	标准化权重(η)
地均投资(U_1)	1	1/3	1/4	0.37	0.12
地均产出(U_2)	3	1	1/2	0.96	0.32
地均收益(U_3)	4	2	1	1.67	0.56

为了消除各项指标之间量纲不一致的影响，对原始数据进行标准化处理，使得标准化后的数据均值为 0，方差为 1。该地块土地效益综合得分为：

$$F = \sum \eta_j U'_{ij} (i = 1, 2, \cdots, n; j = 1, 2, 3)$$

其中，F 表示该地块土地效益综合得分，得分越高说明该地块土地利用效益较高；η_j 表示第 j 项土地效益评价指标权重；U_{ij}'表示第 i 个地块第 j 项指标标准化后数值。

将地均投资、地均产出、地均收益三个要素按权重进行叠加，计算各地块的土地综合效益得分，并生成土地综合效益等级评价图。

4.4.3 产业空间用地整合引导

基于土地综合效益评价结果，利用 ArcGIS 的结构化查询语言(Structured Query Language，简称 SQL)，综合考虑地块完整性和土地的综合效益，进一步选取企业建设年代因子、企业建筑质量因子、行业分布因子、资本性质因子等进行综合叠加分析，可以将产业空间现状土地划分为待开发用地、可保留用地和待改造用地三种类型(图 4-8)。

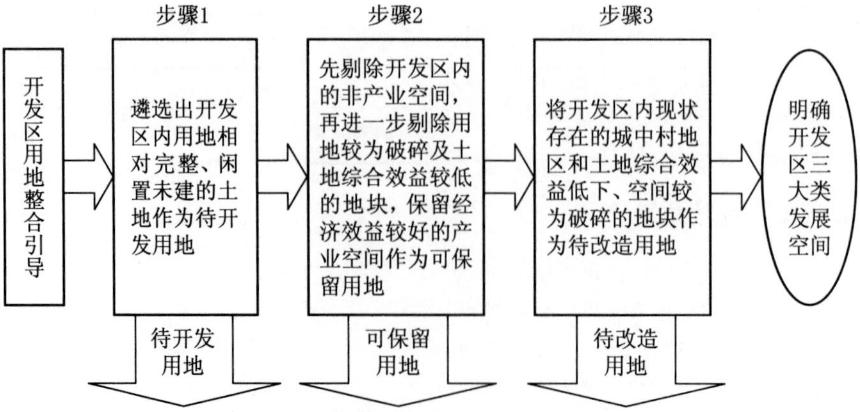

图 4-8 开发区用地整合引导技术路线图

(1) 待开发用地：根据产业发展导向，引进本地区重点发展产业，作为开发区后续重点开发地区。

(2) 可保留用地：保留现状优势产业，提升现有产业用地的用地效益。

(3) 待改造用地：对现状土地效益低下、用地破碎的产业空间进行清退整合，完成现有产业空间的更新改造。

此外，按照我国当前城乡建设的整体要求，集约、低碳是新型城镇化阶段各类城乡建设的主导方向，为此，也可以建立起另外一套基于“集约、低碳”目标约束的产业空间再开发评估体系，其技术原理和方法如下：

基于开发区的现状发展特点，分析开发区建成区再开发的影响因素、动力机制及其相应的作用过程和特点，提取影响开发区建成区集约、低碳再开发的主要因素，据此提出量化的集约低碳导向型开发区建成区再开发系统评估模型。

系统评估模型由集约度（DI）和低碳度（DC）两大评估模块构成，以地块为研究单元，对现状开发区建成区的集约开发和低碳发展程度进行量化测算，为集约低碳导向的开发区建成区再开发框架提供科学合理的依据，其中，集约度（DI）重点从开发区建成区中地块级单元的投入产出效益进行考察，该计算模块由土地投入强度（A_1）、土地开发强度（A_2）、土地产出效益（A_3）等指数构成，基本公式为：

$$DI = \sum DI_t = \sum A_{ti} \cdot W_i, i = 1,2,3; t = 1,2,\cdots,n$$

其中，DI_t 表示地块 t 的集约度；W_i 为评价指数 A_i 对集约度的贡献程度，即权重；DI_t 值越大，则表示该地块集约度越高。

碳强度（DC）重点评价开发区建成区中地块级单元的碳强度，计算公式由国际惯用的碳强度计算模型卡亚（Kaya）恒等式变形得到：

$$DC = \sum DC_t = P_t \sum S_{tj} \cdot I_{tj} \cdot C_{tj} \cdot G_{tj}, t = 1,2,\cdots,m; j = t = 1,2,\cdots,n$$

其中，DC_t 为地块 t 的碳强度；t 表示地块编号；j 表示产业门类；P 为产值规模；S 为产值份额；I 为生产清洁系数；C 为污染关联系数；G 为综合环境系数。DC_t 随产值规模、产业结构、技术效应、污染关联和环境效应而变化，值越高表明碳强度越大，低碳度越小。

综上，根据各地块的集约度（DI）、碳强度（DC）计算值由大至小划分为高、较高、一般、较低、低等五级，建立评价矩阵，依次对应“低效低碳型、低效中碳型、低效高碳型、中效中碳型、中效低碳型、中效高碳型、高效低碳型、高效中碳型、高效高碳型”等九大类型，最终通过分类归并将集约低碳度确立为1—5级，如表4-5所示。

表4-5　地块单元集约低碳度评价矩阵

低碳度＼集约度	低	较低	中	较高	高
低	3(低效低碳型)	3(低效低碳型)	4(中效低碳型)	5(高效低碳型)	5(高效低碳型)
较低	3(低效低碳型)	3(低效低碳型)	4(中效低碳型)	5(高效低碳型)	5(高效低碳型)
中	2(低效中碳型)	2(低效中碳型)	3(中效中碳型)	4(高效中碳型)	4(高效中碳型)
较高	1(低效高碳型)	1(低效高碳型)	2(中效高碳型)	3(高效高碳型)	3(高效高碳型)
高	1(低效高碳型)	1(低效高碳型)	2(中效高碳型)	3(高效高碳型)	3(高效高碳型)

针对不同集约低碳程度，制定各地块空间优化策略。

4.4.4 产业空间再开发布局规划方案的确定

基于产业空间效益的地块改造类型分析只明确了各地块是否需要改造，为产业空间再开发的布局规划提供了前提，有关如何进行再开发的合理利用，则需要在此基础上进一步通过综合、系统的分析来确定。具体内容和可采用的步骤、方法如下。

1）整体空间布局结构的调整

参考第3章的空间用地功能适宜性评价方法，结合改造类型分析结论，对产业空间进行生产、生活、生态和服务功能适宜性再评价，依据评价结论，形成再开发的总体空间布局结构和具体用地规划方案。

2）地块性质调整和路网重划

对照新的用地规划方案，对各地块提出具体的用地性质调整建议，按照性质调整的一般模式，大致可以分为保留原有用地性质、工改居、工改商、工改绿、居改商、居改绿、商改绿、绿改各类建设用地等不同路径和类型。再开发前后用地性质的变化要求对街区尺度和道路网络进行优化调整，对退工改居和改商、退居改商、退绿改建等地段进行路网加密、街区划小等处理，对退建改绿地段采取适当去路网和软化处理等。

3）物质环境与景观的重塑

按照空间调整的方向，明确产业空间内的物质环境和空间景观进行分类改造和优化的具体方案，主要包括物质环境衰败地段的提升方案、空间功能调整地区的适宜性景观重塑等（王兴平等，2013）。

4.5 产业类建筑的合理再利用①

目前，开发区再开发在长三角等东部沿海发达地区的先发开发区中已经普遍展开，作为再开发的重要对象，开发区内大量尚处“青春期”的产业建筑何去何从是当下业界颇感困惑的难题，是直接就地拆除对其占用的土地按照新的功能要求进行再开发，还是依据具体情况区别对待尽力保留并合理再利用？需要有关业界充分考虑当前低碳发展、集约利用的总体要求，并结合产业生命周期、企业发展周期、产业建筑生命周期和土地出让年限等相互的时序关系，加以认真思考、深入辨析并提出科学决策。

4.5.1 开发区产业类建筑的类型及再利用必要性

开发区内的产业类建筑，随着开发区发展阶段和功能的提升，根据阶段不同主要有三种类型（表4-6）。

1）制造业时代的产业建筑

开发区成立之初，主要发展劳动密集型产业，建筑主要是生产设备、生产工人和生产活动的“外壳”，很少考虑人的感受以及建筑的美观，开发区建筑以1—2层的标准厂房为主，内部的高大空间也能够适应多种生产设备的要求，这使得开发区的产业建筑形式较为单一，与老工业区厂房的外观和内部空间并没有根本的差异。

2）研发业时代的产业建筑

20世纪90年代后，高新技术产业在开发区悄然掀起一股热潮。与制造业不同，高新

① 本节主要内容来源于袁新国，王兴平. 2011. 再开发背景下开发区产业建筑改造再利用研究——以漕河泾新兴技术开发区为例[J]. 城市规划，35(10)：67—73.

产业建筑对环境要求高，包括建筑外部高品质的景观环境和建筑内部优雅的研发环境，研发建筑往往比较现代，建筑形式较多样，建设体量没有标准厂房大，高度一般以 4—6 层为主，研发建筑的兴起大大丰富了开发区产业建筑的类型。

3）办公业时代的产业建筑

20 世纪末—21 世纪初以来，为了提高工业生产的生产效率，开发区已经开始出现以生产性服务业为主的现代服务业，现代服务业在开发区的聚集成为开发区产业发展的新趋势，甚至超过了制造业的发展速度，以 2008 年上海市的 38 个工业类开发区为例，生产性服务业增长速度为 21.73%，比工业生产增速高约 13%，现代服务业已经在开发区发展中扮演越来越重要的角色。现代服务业建筑设计新颖、体态“颀长”，向空中要空间，形式丰富多彩。

表 4-6　各个时代开发区产业建筑的形式特征

	产业	平面	立面及高度	场地环境	示意图
制造业建筑	传统制造业	平面式延伸，排列机械	色调以灰白墙、蓝屋顶为主，立面较呆板，以 1—2 层为主	环境较差	 
研发业建筑	高新技术产业	建筑密度较低，建筑之间常相互呼应	立面形式丰富，建筑高度为 4—6 层	环境优美	 
办公业建筑	现代服务业	平面主要由裙房和塔楼组成	立体式延伸，常用玻璃幕墙立面，以小高层、高层为主	环境优美	 

产业类建筑的功能、类型、年代等不同，其在利用的可能性和具体途径均会有所不同。一般而言，办公类建筑和辅助建筑再利用的可能性要大一些，而生产建筑相对较小。在生产类建筑中，类似于办公建筑的多层现代制造业厂房再利用可能性较大，而传统重型制造业建筑再利用难度较大。目前，随着对产业空间开发速度的追求以及对企业生命周期短暂化的逐步认识，生产类建筑物向构筑物演化的趋势比较明显，这也导致许多生产性建筑再利用的价值受到影响。不过，作为产业空间自我调整的有效手段，产业建筑再利用的可行性与必要性依然很高，具体体现在以下两部分。

（1）产业建筑良好的基础条件使其改造再利用具有可行性：① 产业建筑供水、供电、通讯等基础设施完备；② 建筑的主体结构坚固，改造幅度小；③ 作为制造业厂房，需要容纳各种大型的生产设备，开发区产业建筑内部空间大，再开发的可塑性强，能够适应再利用的新的功能要求。

（2）产业建筑改造再利用带来的低碳效益使改造再利用具有必要性：西方发达国家 1987 年的统计数据表明，对旧工业建筑的再利用比新建同样规模、同样标准的建筑可节的 1/4—1/2 的费用(叶雁冰,2005)。改造再利用在保存了原有建筑资源的同时,还节约了拆除耗费的能源,减少了建筑垃圾的排放,缩短了改造的周期。可见,产业建筑的改造再利用具有一定的必要性。

4.5.2 产业建筑再利用相关实践

1) 国外产业建筑的改造

国外产业类建筑改造主要是基于文化保护同时适用于现代使用功能的,其由政府主导、社会参与,并有相关法规和政策作保障,进行渐进式改造,如 20 世纪 80 年代—21 世纪初的温特图尔工业区改造。20 世纪 80 年代,温特图尔规划对主要厂区进行改造,为建造第三产业设施提供了空间。最初规划拆除原有的建筑物,但是在实施中却遇到了极大的困难,得不到投资者的青睐;相反,在此期间的一些局部的改造再利用项目却得到了较大的成功,因此后来相关部门签订了一份建筑保护协议(王建国等,2007)(图 4 - 9)。

图 4 - 9 温特图尔的主要厂区改造效果

2) 中国产业建筑的再利用

在国内,深圳蛇口产业建筑合理再利用是一个典范。蛇口工业区曾经是我国改革开放以来最早成立的工业开发区,随着深圳经济水平的提高和土地使用的紧张,早期落户的劳动密集型企业开始外迁,留下大批空置的制造业厂房。如何使用仅仅建成 20 多年的空置厂房成为产业升级面临的新课题,拆除重建还是改造再利用?前者无疑可以获得更大的经济效益,而后者则能节约更多资源,让使用寿命仅仅为设计寿命一半的厂房重获活力。如三洋公司将六栋近 10 万 m^2 的旧厂房改造成南海意库,从“制造”到“智造”的产业升级过程也是产业建筑改造的过程,通过内部空间和外部环境的改造以满足新功能的使用要求,通过结构加固以满足新结构的规范要求,通过增加外墙隔热、遮阳等功能以适应南方炎热潮湿的气候(图 4 - 10)。

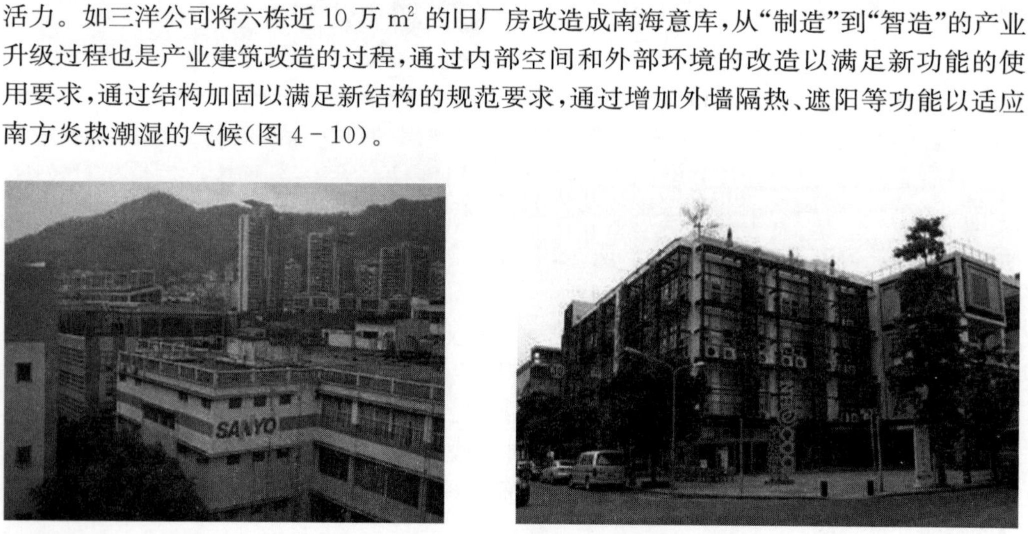

图 4 - 10 三洋厂房改造前后情况

4.5.3 现有建筑可用度评估

产业类建筑合理再利用的前提是要进行可用度的综合评估，对此，国内关于产业类建筑遗产相关评估的方法可以作为参照，如王建国等(2007)、叶雁冰(2005)等的相关研究中有所提及。总体而言，产业建筑可用度评估可以考虑以下要素。

1) 经济要素

产业建筑所具有的经济价值应当包括产业建筑本身及其所处的土地的价值。建筑本身则又包括纯建筑本体(建筑结构及其围合的空间)和建筑配套(外立面、内部装修、给排水设施等)两个方面。而土地价值是承载产业建筑的土地在城市区位衡量下的相对价值，由于产业建筑早期处于城市的外围，作为工业用地其使用价格较低，随着城市的扩张，产业建筑所处地块往往已经位于城市内部，区位的提升，以及其未来功能的转变，决定了产业建筑所在的土地价格会有较大幅度的提升，有研究表明土地成本是对产业建筑进行改造和再利用的首要因素，一般来说，在城市建设中，新开发地段的土地成本占总开发成本的1/3或者更少，而再利用成本较高，而且愈是发达的城市就愈高，一般会占到总开发成本的一半以上(吴星，2008)，高地价则往往要求高标准建设，从而增加建筑再利用的难度。另外，由于新建需要拆除原有建筑并重新建设，建设周期会大大延长，而产业建筑再利用能让建筑尽早投入使用，提前实现盈利。

2) 技术要素

类似于一般建筑改造再利用，产业建筑改造再利用也需要对现有建筑进行重新评估，看是否能适用于新的使用要求，或进行相应的技术弥补从而达到标准。毫无疑问建筑结构的可行性仍然是评估最核心、最关键的要素。其一，从建筑年限、结构类型、结构配筋、地基承载力等要素出发来评判原有结构是否能够承受新用途的荷载；其二，结构所围合的空间是否能够满足新功能对空间的需求(有些功能对建筑空间具有比较苛刻的要求)；另外，建筑装饰、建筑设备和建筑环境也对产业建筑再利用有一定的影响，但非决定因素。

3) 规划要素

对产业建筑的再利用，不仅要评估其建筑形态与规划道路及周边景观是否协调，也要评估其改造后的性质与其周边地块规划的用地性质是否匹配，对比现有产业建筑对周边路网和整体建筑景观的协调度，对比现有产业建筑与未来的自身地块性质和周边地块性质的吻合度，从而达到相互协调、优化城市景观环境的目的。

4) 文化要素

任何一个企业都有其文化，同理，产业建筑也是原企业文化中的一部分，那么对产业建筑进行再利用时，应当评估其精神属性。但是精神属性是相对的，除文保单位必须进行保护外，一般的产业建筑其精神属性是针对后续利用而定的，举例说明，如产业建筑是某企业成立时的第一栋厂房，随着企业的壮大，决定在其原址上建总部大楼，那么原产业建筑很可能改造再利用为总部大楼的重要组成部分，而若产业建筑土地被其他主体所用时，该建筑被拆除的可能性则会增大。因此，在产业建筑再利用评估中也要因时、因地、因人来挖掘其隐性价值，若利用得好，能直接带来品牌形象的提升和经济效益的增加。

综合这些因子，可以构建如下的产业建筑再利用量化评价体系(表4-7)。

表 4-7　产业建筑再开发可用度量化评价指标

一级因子	二级因子	权重	总计
经济因子	土地价格	25	45
	建筑本体	10	
	建筑配套	5	
	建设周期	5	
技术因子	建筑结构	20	35
	建筑装饰	5	
	建筑设备	5	
	建筑环境	5	
规划因子	改造后建筑性质	10	15
	周边规划建筑性质	5	
文化因子	原建筑文化属性	5	5

参照得分并结合对建筑本身各方面的具体评估，确定可用度以及利用方式。

4.5.4　既有建筑的再利用模式

开发区再开发的原因多样，主要为以下三种：第一种是基于物质环境衰败的再开发；第二种是基于产业升级的再开发，包括企业自身的升级和“腾笼换鸟”；第三种是基于功能需求变化的再开发。

1）基于地段差异的改造方式

当前，开发区建成区的再开发可以分为两种类型，即功能型再开发和效益型再开发。上述两种类型再开发的特点分别是功能的“演替”和开发强度的“提升”。开发区功能“演替”地区通常为开发区启动区，由于城市发展速度过快，启动区已经融入了城市，从功能上看，不适合再作为工业用地，现有的土地功能已不适应未来的发展需求，需要进一步调整；从经济上看，区位的提升、交通的改善导致地价迅速提升，原有产业建筑的低强度开发与高地价不协调，这就决定了启动区再开发过程中对现有产业建筑的再利用较少，改造力度较大。“虚开发”地区通常为开发区盲目开发形成“光圈”、“蜂窝”现象的地区，土地利用强度较低，再开发的重点在于提高用地效率，增加容积率和建筑密度，改造方式主要为空置地的加建、现有厂房的加层，并使新老建筑融合，对原有产业建筑的影响较低，改造力度较小。

2）基于功能变化的改造方式

基于功能变化的再开发类型主要有“退二优二”、“退二进居”、“退二进三”和“退二进绿”四种形式。“退二优二”为传统制造业升级为先进制造业、高新技术产业，由于先进制造业与传统制造业在生产上并没有太大的差异，原有标准厂房可以适应新的生产设备，改造力度较小，而高新技术产业的生产办公形式与传统制造业具有一定的差异，往往需要对建筑内部大空间进行细分，优化场地环境。“退二进居”为工业用地再开发为居住用地，由于产业建筑与居住在空间利用方面相差较远，此类改造较彻底，对产业建筑进行拆除然后重新建设居住区。“退二进三”为工业用地再开发为商业、服务业等第三产业，此类改造若对原有建筑进行再利用，需要在内部空间上进行再划分，以适应新的功能要求，同时为了达到外部景观环境的要求，对立面也会进行不同程度的改造、加建新的建筑以串联原有产业建筑。“退二进绿”为工业用地再开发为公共开放空间用地，目前此类再开发较少，但是随着人们对居住环境、休闲娱乐活动的追求，此类改造会逐渐出现，其中产业建筑可利用的价值较小，往往会进行拆除，只会保留少量特色建筑作为开放空间中的服务设施或小品而存在。

3）基于改造力度的改造方式

从改造力度看，主要有三种类型：第一为彻底改造类。即原有产业建筑不符合新的功能和形态要求，重建效果更好，新建筑与原有建筑基本上没有任何联系，如正在建设的漕河泾开发区总公司总部大楼即在原有用地上重新建造（图 4－11）；第二为部分改造类。对建筑进行部分改造，包括加建或改建，加建需要关注新老建筑的匹配，改建有立面改建、内部空间改建以及景观环境的改建，如位于上海市苍梧路的上海质检院斜对面的产业建筑就是部分改造的案例（图 4－12）；第三为基本不改造类。建筑的现状条件较好，当新的产业或功能进驻时，无论是场地、建筑形式和内部空间都符合新的要求，因此，基本不需要对建筑进行改建、加建或新建等，如开发区的标准招租厂房就属于这一类建筑，当老的企业迁出之后，新的企业迁进就可以直接投入生产。

图 4－11　彻底改造类情况

图 4－12　部分改造类前后对比情况

4.6 产业空间再开发的现实困境和政策创新

4.6.1 产业空间再开发的现实困境

中国当代产业空间的再开发，虽然有其可行性和迫切性，但是也面临许多制约因素和内在矛盾。比如，当代产业发展演替的周期明显缩短，同时企业、产品、技术的生命周期也大大压缩，在产业空间内投资的企业、生产的产品其周期很少超过 20 年，工业企业及其产品也就不再可能走“百年老店”的模式了。实际上，有关研究统计显示，中国中小企业平均寿命仅为 2.5 年，集团企业平均寿命仅 7—8 年；美国中小企业平均寿命也不到 7 年，大企业平均寿命不足 40 年①。然而根据《中华人民共和国城镇国有土地使用权出让和转让暂行条例》第 12 条规定，土地使用权出让最高年限工业用地为 50 年，同时一般建筑的正常生命周期也要达到 70 年，这种产品、产业周期与土地、建筑使用年限之间的不匹配，导致再开发在功能变化、价值提升和权属转移、利益分享方面存在不可避免的矛盾。首先，许多工业企业虽然已经不再生产，所处地段也不再适合进行工业发展，但是由于土地权属在原来投资者手中，功能转换型的再开发推进就面临许多困难；其次，新的再开发对原有地块的街区划分、道路网络、基础设施配套、环境的综合治理甚至土壤的治理等都提出新的要求，需要支付额外开发成本，这也影响到再开发的收益和积极性；再次，新的产业空间的再开发过程中，不同功能空间存在的问题不同，有些是功能转换型，有些是利益分配不均，有些则是原有开发不充分导致必须进行补充性再开发；此外，再开发过程中投机性开发的过度介入，影响再开发的合理推进。

4.6.2 产业空间再开发的政策创新

南京江宁经济技术开发区启动区的再开发实践过程中，就遇到上述难题，其应对策略如下所述②③。

（1）常规模式——“收回—招拍挂”模式。江宁工业用地再开发过程中，采用的常规方式是“收回—招拍挂”模式：政府负责和原工业企业进行谈判，对原业主进行补偿（由第三方根据市场评估定价），收储土地—新市场主体按价格竞争机制参与土地“招拍挂”—按照新规划拆旧建新。江宁新商住项目普遍采取这一模式。

（2）突破创新——政府引导、监督下的原业主自行升级。除常规的“收回—招拍挂”模式外，江宁区依据南京市政府印发的《关于进一步规范工业及科技研发用地管理的意见(2013)》及区政府印发的《关于推进全区“优二进三”工作的实施意见（试行）》，在定向引导和严格监督的前提下，不通过公开“招拍挂”程序，允许符合条件的原工业企业自主转型，这一政策与国家国有建设用地使用权出让的有关规定有一定的冲突，但在政府财力有限的情况下，既能够保障原业主的利益，又能激发原业主自动升级的积极性。

江宁区的实践对实现该区存量土地集约利用具有积极作用，但仍未解决工业产业周期与土地出让周期的核心矛盾，未来仍需面对工业用地回收再开发的问题。一些研究者

① 参见创智中国.2012.中国中小企业人力资源管理白皮书[EB/OL].http://www.prnasia.com/pr/2012/09/05/12078382.shtml.

② 参见南京市人民政府.2013.关于进一步规范工业及科技研发用地管理的意见[Z].

③ 参见南京市江宁区人民政府.2013.关于推进全区“优二进三”工作的实施意见（试行）[Z].

提出用年租制代替出让制，即政府出资建设标准厂房，然后以长期年租（15 年、20 年、30 年等）的方式向企业出租（张利平等，2011；陈立定，2007）。江宁区的实践中，政府也鼓励各街道、园区自行建设一些标准厂房用以招商，但限于财政压力，目前以这种方式租赁出让的比例极小。

综合再开发问题和实践探索，针对新产业空间再开发的特点，笔者建议，在再开发策略上应该做到以下方面（王兴平，2013）。

1）统筹兼顾，分类再开发

为了确保新建成空间的科学再开发与有机更新，首先应该区分新建成空间的类型和发展机制，建立分类再开发模式。对于新建成的居住空间，其空间开发强度与密度一般都比较高，大量房产被投机性、投资性资本控制和闲置使其空间利用低效，这种居住空间利用模式已经背离了中国特色社会主义土地公有制的基本内涵和城市规划中人均居住用地配置指标的基本约束，因此要考虑对既有商品化住宅空间资源配置机制的改革，以空间公平促进空间效率和效益的提升，通过居住空间的合理再分配促进其“更新”与再开发，改变供需扭曲和不必要的闲置，引导居住空间逐步回归其承载城市人口居住的基本功能，提高空间使用效益，同时，从提高宜居度、便利度、安全度等角度，考虑这类空间的基本公共服务、便利服务的配套和补缺以及对快速“生产”可能存在的住宅质量的全寿命周期进行有效监控，提高空间品质；对于改革开放以来的开发区建成区，前期的低层次、低密度、低强度建设模式，导致许多开发区地广厂稀、空间利用效益不高，随着城市空间扩展，这些区域的区位价值普遍提升，应该按照技术、投资更替周期和区位价值变化推进其再开发，以功能性再开发优化其空间能级，以物质性再开发提高其空间利用强度，充分释放该类空间的承载能力，提高其物理容量和利用层次，并作为当前城市规模化更新的重点地区；对于许多城市目前处于“休眠”状态的空间，如之前举办大型赛事的公共文体设施，超大尺度的公共开敞空间等，要进行激活与修复，或者进行二次开发，避免设施、土地与公共财政投资的浪费。

2）保留当代记忆，珍视未来历史

在对新建成空间再开发与更新的过程中，要超前考虑到适度保留当代记忆，特别对于具有标志性特征的现当代建设空间与建筑、构筑物，要以合适的方式进行适度保留，使其成为未来的“历史空间”和反映快速城镇化时期城市建设的记忆载体，避免未来出现城市历史的断代，留存一点现在城镇发展的“证据”。比如，对于反映产业空间重要“创业”或者“创新”事件的典型建筑物、构筑物可以加以保留，作为历史见证和未来的体验空间，等等。

3）多元协作，互惠共赢

我国前一阶段的城市更新，采取了过度商业化、市场化的更新模式，政企合作、企业主导，造成许多问题，包括历史文化资源的消失，城市社会空间的瓦解，城市公共利益、社区居民利益受到蚕食和侵害等。因此，新的城市更新中应该注重政府、企业、居民和社会三类四方利益、力量的平衡，建立政府保本、企业微利、居民和社会得益为主的更新机制，确保城市可持续更新。同时，逐步改变企业就更新项目和地块算经济账的操作模式，建立城市更新的综合效益评估模式以及相应的操作模式。台湾、深圳等地区正在采用、宁波市正在积极探索引进的“城市更新单元”操作模式，已经被证明在一定程度上可以有效平衡多方利益，确保城市更新的整体效益，可以加以适当推广。

5 集约型产业空间准入控制规划与项目管理

产业空间规划既要满足当代人的发展要求，又要为后代保护好发展潜力，实现可持续发展，既要遵循理想主义的规划理念，描绘宏伟的理想蓝图，也要为发展设定底线，对发展主体进行理性约束，制定出达到理想蓝图的科学途径，避免不合理的发展冲动。这就要求必须恢复土地、空间要素作为生产函数重要因子的本性，在城市规划中重视发挥空间资源的综合利用效益，即空间资源的利用必须符合一定的约束门槛，不同的空间区位，具有不同的开发价值，也必须满足不同的开发标准。

计划经济时期的工业项目投资，依据具体的国民经济计划指标和系统的有关建设项目定额进行管理，工业项目的建设管理相对比较有序。改革开放以后，产业项目的投资、管理、运行机制发生了重大变化，计划经济时期的有关定额被废弃，由于缺乏新的技术标准和管制规则，加上各级、各类产业园区必须在市场竞争中获得投资项目，导致招商引资数量、GDP 总量及其增速成为重要，甚至唯一的考量目标，项目和招商引导发展和主导规划的局面逐渐形成，“捡到篮子里的都是菜”的比拼模式，导致企业项目集中但没有集聚经济效益和集群专业化效益，产业园区整体和长远的发展受到影响。在这样的背景下，探索适应市场经济模式的类“定额”式准入规则，并纳入规划编制，对应性地优化规划实施管理，引导产业、企业科学发展，成为重要选择。

5.1 空间准入的基本内涵和内容框架

5.1.1 面向产业项目管理的规划缺失及其影响

长期以来，以开发区为主要模式的我国各类城镇产业空间，在规划管理上存在着许多内在缺失，影响了其规划管理的有效性，主要表现在两个方面：一是简单搬用、全盘套用城市的各类规划体系，城市规划、国土规划、社会经济发展规划、产业发展规划、环保规划等又各自强调自身部门规划的规范性，这种僵化的规划体制导致在面对开发区大量、具体、快速的项目审批时无法适应管理要求，由此带来的现实问题就是招商部门在没有明确、统合的“项目准入条件”指导下千方百计拉来的产业项目面对分散、分割甚至相互冲突的各个部门规划的约束时无法科学决策，部门之间面对具体产业项目审批时也缺乏“共识性”的对话平台，造成产业项目规划管理决策低效和部门之间的矛盾；二是各类规划设定的有关条件缺乏相互之间的衔接和统筹，特别是均从各自部门的技术标准和规范出发，如城市规划和国土规划强调对“土地”的控制，产业规划强调对“行业”方向的引导，环保规划关注“区域环境”标准，而对于作为产业空间核心的“产业项目”却没有可以参照的具体规划条件约束，无法从“产业项目”的有关属性界定其规划要求，面向土地、行业、区域整体的部门规划指标与产业项目相关属性之间无法衔接和落实，导致在项目规划管理层次上的规划失效。对此问题，王泽淼(2013)也有类似看法，他认为，目前，在对开发区实行规划工作时，经常会出现规划工作不能准确地把握市场经济的发展规律，尤其是对一些生产要素的特点没有进行深入的了解，这样就很难做到正确引导开发者对产业进行布局，进而降低了招商引资过程中对资金的可操作性，甚至导致开发区规划工作权威性的削弱。

就产业空间的城市规划而言，传统城市规划虽然重视空间功能的划分和空间目标与蓝图的确定，但是并不重视对空间主体的相关行为进行约束，导致城市规划一方面空间利用的刚性不足，不能够有效约束空间主体，另一方面空间供给的弹性不够，不能够适应发展的具体状况确保空间的有效供给。在城市规划体系中，控制性详细规划是法定城市规划中最为重要的规划类型之一，也是建设项目和用地管理的直接规划依据，原国家建设部颁布的《开发区规划管理办法》第 10 条指出“开发区内土地使用权的出让、转让，必须以建设项目为前提，以经批准的控制性详细规划为依据”。但是传统的产业空间法定控制性详细规划无视产业空间与居住区、商业区等城市其他空间的差异，采取系统的规划控制指标，不能满足产业项目和用地的规划需要。而且，传统的控制性详细规划的有关指标主要服务于地块出让的要求，关注的核心是影响土地价格的开发强度等指标，而不是产业项目审批所关注的有关指标，导致控制性详细规划无法应对产业空间项目审批的管理需求。目前常见的开发区控制性详细规划基本内容为土地使用性质及其兼容性等用地功能性质要求，容积率、建筑密度、建筑高度、绿地率等用地指标，城市道路红线、城市黄线、城市绿线、城市蓝线、城市紫线、城市橙线等城市“六线”，公益性公共设施、市政公用设施及公共安全设施等“三大”设施的控制要求等。其中规定强制性控制的内容必须严格遵守，其他引导性内容可根据城市规划的实际情况确定。这些指标和控制要求以地块建设强度指标为主，完全没有对地块上的产业项目属性的相关管理要求(图 5 - 1)。

5.1.2 空间准入的概念与基本内容框架①

“空间准入”是基于科学发展要求对空间利用进行理性约束的工具。空间准入就是空间利用的基本门槛和基本导向，是对空间使用主体的相关空间行为设定的基本要求和约束，一般是明确该空间使用的引导性方向和约束性底线。经过相关规划编制的实践和规划管理部门及其他相关部门的共同探索，一般而言，空间准入设定的内容应该包括空间发展的基本定位和目标、空间使用的基本性质与用途、空间使用的效益要求、空间使用的环境要求、空间开发的强度要求、空间景观要求等，包括引导性指标和控制性指标两类，依据规划的类型和目的不同而有所差异。

按照尺度和层次，可以把产业空间的准入分为两类：一是总体空间准入，面向整个产业空间，主要对其宏观的发展方向和门槛进行控制，特别是与各级政府产业导向的要求和自身条件相匹配的产业发展准入要求，以及生态环境准入门槛等进行明确；二是分区项目准入，是在符合总体空间准入条件的基础上，依据各片区条件和目标细化对产业项目的行业属性、环境控制等的准入要求，并进一步对项目的土地开发强度确定具体要求(图 5 - 2)，为了便于进行规划管理，分区项目准入一般要具体到产业组团层面，部分规划中甚至可以具体到单个项目地块层次。

依托空间准入指标体系的支撑，采取类似控规的图则体系进行表达，可以形成针对产业项目的产业空间控制性规划。该规划作为一个综合平台，可以衔接产业项目管理的各个部门，将原来项目审批流程中过度强调部门分割条线管理、强调产业空间与所在城市对应规划条线贯通整合的流程，优化为既能确保基于部门的城市整体条线管理的完整性，又兼顾产业空间特点，在产业空间规划管理上适当联合型的规划控制模式，这一变化如图 5 - 3 所示：

---

① 本节内容主要来源于王兴平，钱德福，齐文. 2008. 基于“空间准入”的开发区产业布局规划研究——以连云港经济技术开发区为例[J]. 规划师，24(3)：37 - 41.

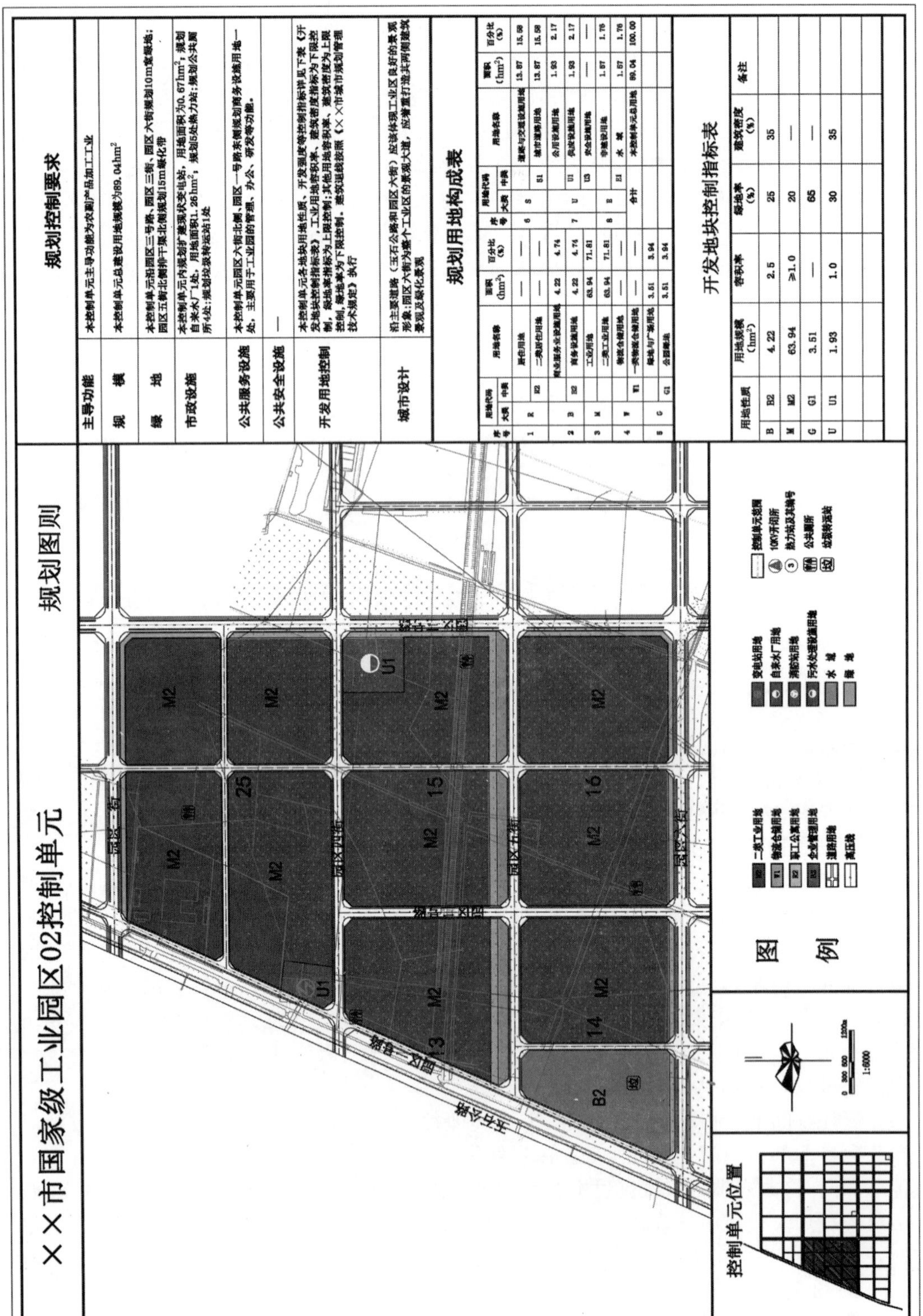

图 5－1　某产业园区控制性详细规划—地块控制图则

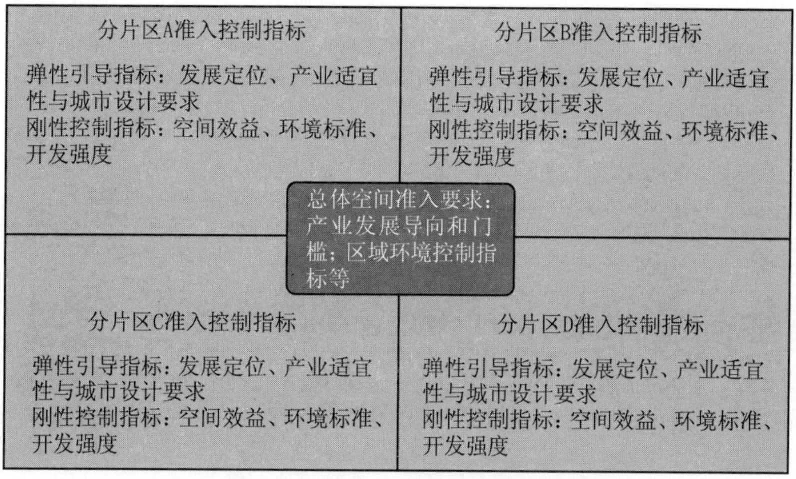

图 5－2　产业空间准入指标体系的内容框架图

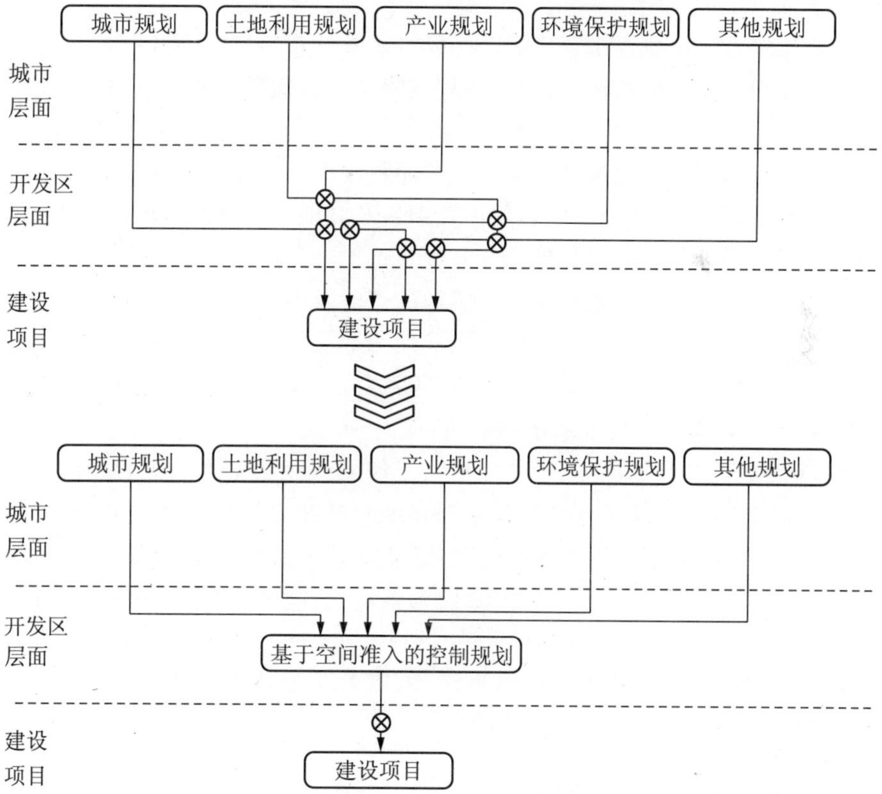

图 5－3　引入基于准入的控制性规划后产业空间规划流程的变化

5.2　总体空间准入控制指标

面向产业空间整体的准入主要包括产业导向目录的引导和区域环境质量指标控制这两类，其具体内容和确定依据、方法如下。

5.2.1 产业导向目录的确定

产业发展导向目录需要明确规划期内鼓励发展、限制发展和禁止发展的产业类型。其一般原则如下。

1）鼓励类

（1）符合产业发展方向，能够迅速形成新的经济增长点的产业和项目；

（2）近中期内发展前景广阔，有利于开拓国内外市场的产业和项目；

（3）充分发挥现有优势，能够加快产业结构优化升级的产业和项目；

（4）有较高技术含量、有利于提高综合经济实力的产业和项目；

（5）符合可持续发展战略要求，有利于保护生态环境的产业和项目。

2）限制类

（1）国家产业政策要求限制发展、国内产能明显过剩的产业和项目；

（2）污染高且难以治理、与开发区定位和发展方向冲突的产业和项目，特别是废气污染物排放量大的项目；

（3）鼓励类产业中缺少经济规模、技术层次低、缺乏竞争力的项目；

（4）属于省市政府产业政策、行政法规规定限制的其他产业和项目。

3）禁止类

（1）严重污染环境或严重破坏生态环境的原料及加工产业和项目；

（2）居民居住区、主要城市功能内的工业项目及其他有污染的项目；

（3）具有高危险性、易燃、易爆的产业或项目；

（4）不利于保护和合理开发利用土地资源的产业及项目；

（5）危害重要能源、交通、军事设施安全和使用效能的产业及项目；

（6）国家明令禁止生产和淘汰的产品，国家法律、行政法规禁止的其他项目，不符合省市政府确定的建设项目环境准入条件的项目。

在具体的产业空间规划编制中，可对照以上各类产业的基本要求，结合产业发展规划确定的具体产业门类，确定鼓励发展、限制发展和禁止发展的具体产业目录。这一目录随着技术进步、国家和区域产业政策的变化，要阶段性加以更新和调整。目前常见的各类产业目录主要有发改委系统的产业结构调整目录、战略性新兴产业目录、国家优先发展的高新技术产业化重点领域指南（目录），科技系统的高新技术产业、产品目录，工信部出台的部分工业行业淘汰装备和产品目录等，以及其他各地方政府、各有关部门出台并动态调整的各类产业、技术、产品目录等。

5.2.2 区域环境控制准入指标的确定

面向产业空间整体准入的第二类别指标是区域环境指标，为实现产业空间的生态经济与自然系统的良性循环，维持区域生态平衡，形成区域安全生态格局，促进产业空间与自然的共生，加强自然与人文景观资源保护，维护生物多样性，在区域内促进人与环境间的和谐，全面提高居民的生活质量。根据产业空间所处区域的生态环境建设目标和环境状况，可以建立以下区域环境准入标准（表 5－1）。

表 5-1　开发区区域环境规划指标体系

类别	分项指标	单位	规划目标	远景目标
环境质量指标	全年空气污染指数(Air Pollution Index，简称 API)≤100 的天数不少于	天		
	水环境功能达标率	%		
	集中式饮用水水源地水质达标率	%		
	区域环境噪声平均值	<dB(A)		
	交通干线噪声平均值	<dB(A)		
清洁生产指标	单位 GDP 能耗	吨标煤/万元		
	单位 GDP 耗水量	m^3/万元		
	工业用水循环使用率	%		
	污水尾水回用率	%		
环境建设与管理指标	区域林木覆盖率	%		
	开发区人均公共绿地面积	m^2		
	开发区生活污水集中处理率	%		
	工业废水达标率	%		
	万元工业产值化学需氧量(Chemical Oxygen Demand，简称 COD)排放强度	kg/万元		
	开发区气化率	%		
	集中供热率	%		
	生活垃圾无害化处理率	%		
	工业固废综合处置利用率	%		
	烟尘控制区覆盖率	%		
	噪声达标区覆盖率	%		
	危险固废安全处置率	%		
	重点企业环境管理国际标准(ISO14000)认证率	%		
	环评和“三同时”执行率	%		
	公众对环境满意率	%		
	环境保护投资指数	%		

以上各类指标的目标值需要参照产业空间所在的城市规划、环保规划、生态规划以及相关领域国家有关法规、技术标准、行业规划目标加以具体确定。

5.3　产业空间分片区项目准入导则的确定

改革开放初期的低门槛甚至负门槛招商引资，带来了土地资源浪费、产业空间方向和功能不清、空间布局混乱等制约产业空间发展的核心问题。随后，在规划和管理实践界开始探讨适合产业园区项目管理的新体系和新方法，从对工业项目实行基于产业政策、投资密度、地均产出等空间效益的控制到对建筑密度、容积率、环境指标约束等的探索和明确，进而发展到形成系统的整合多部门要求的整体准入指标体系和配套的工业项目预评估方法，基于空间准入的项目规划管理体制正逐步成熟。

5.3.1 准入指标体系的构建

2004—2007年，笔者带领相关科技人员结合对南京市六合区、唐山市高新区、连云港市经济技术开发区等的规划实践，在与规划管理部门及其他相关部门的共同探索下，在对项目规划管理流程及需要分解组合的基础上，从产业项目管理和招商引资的基本要求出发，同时整合了土地部门、环境保护部门等对产业用地、产业环境等的要求，提出了产业空间准入的系统指标体系和确定方法，以提高产业空间项目审批效能、控制产业用地的发展绩效，从而更加有效地确保产业空间的集约建设。该基本指标体系建构和内容如下(图5-4)。

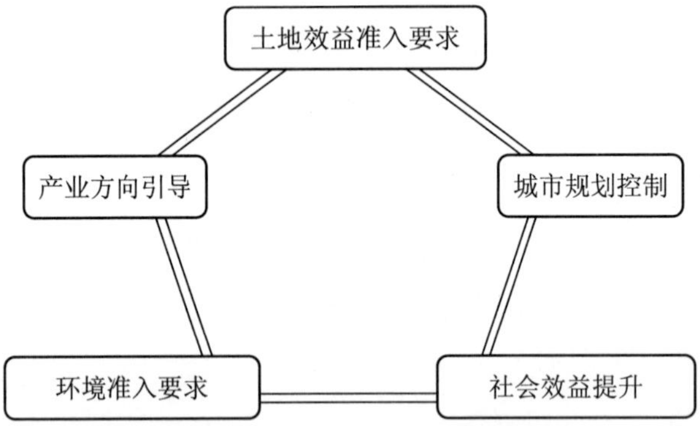

图5-4 产业空间准入指标体系

1) 分片区的发展定位引导

提出不同片区未来发展的功能定位，明确主要功能、辅助功能等。

2) 分片区产业适宜性引导

对接国家产业政策、地区产业发展基础与条件等，选定可以发展的产业目录，然后在开发区可以发展的产业中提出分片区鼓励入驻、限制入驻和禁止入驻的产业类别，这一准入条件可以为项目主管部门比如计划部门提供审批依据。

3) 分片区空间效益准入控制

依据国家相关准入政策，结合开发区的发展特点及产业特色等，提出分片区项目投资强度和产出密度的基本要求，作为国土部门对项目供地和用地的审批依据。

4) 分片区环境准入控制

依据国家环境政策与环境法规要求，将各片区按照基本条件和发展要求分为不同的环境控制区，提出不同的环境指标，作为环境保护部门审查项目环境要求的依据。

5) 分片区开发强度准入控制

依据产业特征和城市景观要求等，提出各片区容积率控制的基本要求，作为规划建设部门审批项目的依据。

6) 分片区城市设计引导

将开发区划分为不同的景观风貌区，提出不同的景观导引和意向，作为规划建设部门审批项目设计方案的依据。

其中发展定位、产业适宜性与城市设计作为弹性引导指标，鼓励开发区向指标确定的方向发展和建设；而空间效益、环境标准、开发强度等门槛型指标作为刚性控制指标，是分区项目准入必须达到的基本要求。

5.3.2 准入指标体系确定

目前该空间准入控制体系主要涉及空间发展的规模、空间使用的效益要求、空间使用的环境要求、空间开发的强度要求等。

各项指标基本遵循如下原则确定。

1）产业方向引导方面

主要是应用国家产业分类标准、产业目录及相关统计分类确定的产业行业划分类型，依据国家和地方有关产业政策和目录导向，通过具体的片区产业适宜性分析进行确定，一般需要明确该片区鼓励发展、兼容发展、禁止发展的具体产业行业或者项目类型。

2）土地效益准入要求方面

以国家和地方工业项目建设用地控制指标、产业用地指南等的要求为底线，结合规划预测中的空间效益目标以及具体片区主导行业的效益水平加以确定，一般选取地均产值或者地均利税作为具体控制指标。

3）城市规划控制要求方面

主要是依据国家和地方有关建设用地控制标准和城市规划有关要求，充分考虑不同工业行业和项目基于其工艺和生产特征而对空间开发提出的约束条件，确定各片区的开发强度、开发密度、绿地率、建筑系数等指标。传统产业区控制性详细规划确定有关空间开发指标时，往往忽视了不同工业生产工艺对空间利用提出的不同要求，导致无法实现确定的容积率、建筑密度等指标。

4）环境准入要求方面

根据规划产业片区的基本特征和区域环境目标要求，从大气环境、水环境、固废和声环境等方面依据国家有关技术标准，结合片区产业的具体行业特性确定，可参照的标准主要有以下方面。

（1）大气环境标准主要有《环境空气质量标准》(GB 3095—2012)、《大气污染物综合排放标准》(GB 16297—1996)、《锅炉大气污染物排放标准》(GB 13271—2001)、《工业炉窑大气污染物排放标准》(GB 9078—1996)、《保护农作物的大气污染物最高允许浓度》(GB 9137—88)、《恶臭污染物排放标准》(GB 14554—93)和《城镇污水处理厂污染物排放标准》(GB 18918—2002)等。

（2）水环境标准主要有《地表水环境质量标准》(GB 3838—2002)、《污水综合排放标准》(GB 8978—1996)和《城镇污水处理厂污染物排放标准》(GB 18918—2002)等。

（3）固废标准主要有《生活垃圾填埋场污染控制标准》(GB 16889—2008)、《一般工业固体废物贮存、处置场污染控制标准》(GB 18599—2001)、《危险废物鉴别标准通则》(GB 5085.7—2007)、《危险废物贮存污染控制标准》(GB 18597—2001)和《城镇污水处理厂污染物排放标准》(GB 18918—2002)等。

（4）声环境标准主要有《声环境质量标准》(GB 3096—2008)、《建筑施工场界环境噪声排放标准》(GB 12523—2011)和《工业企业厂界噪声排放标准》(GB 12348—2008)等。

上述片区的空间准入指标与片区其他规划指标集成，采取类似法定控制性详细规划的表达模式，形成产业片区的空间准入导则图表，示例如表 5-2 所示。

表 5-2　基于环境准入的空间准入导则

指标名称		指标要求
产业区(产业空间)面积		
产业用地面积		
产业布局		
投资密度控制		
产出密度控制		
环境指标		
开发强度		
产业准入要求	建议鼓励发展产业	
	建议兼容发展产业	
	建议禁止发展产业	

5）社会效益提升方面

从促进就业角度，明确片区就业容量和就业密度指标。同时确保公益性空间的合理利用和有序调配土地的供给条件和供给时序，主要涉及国土、规划和建设等部门。把城市总体规划中的位于城市主干道两侧的绿化隔离带以及公园等城市绿地空间、市政公用设施空间、行政办公空间所对应的土地确定为禁止出让用地，禁止出让用地周围的用地一般环境较好，在土地开发过程中容易升值，为了使政府获得较高的收益，应该加以控制后出让；城市交通用地以及商业服务用地在土地开发过程中均可在有关部门严格控制的前提下出让，其用地性质不可改变，且开发商必须满足城市总体规划中的各项要求；对于其他的用地，只要符合产业准入条件、环境准入条件和国家产业政策导向即可出让。随着城市发展对基本公共服务配置的关注以及诸多开发区向新城转型日益明显的发展态势，社会效益视角下的空间准入也需要进一步补充对于基本公共服务的控制内容，把教育、社会保障、卫生等部门的有关标准纳入进来。以社会效益为目的的空间准入主要是划定公益性空间，禁止其转变为经营性开发，保证产业空间内部的重点生态空间、大型社会设施与基础设施的建设空间需要。对经营性空间则提出准入时序限制：按照先生产后生活、先外围后中心的原则，重要基础设施和社会设施、景观用地周围严格预留用地，在土地增值达到一定程度后再出让，保证政府土地收益最大化，对应不同时序开发的用地特征，确定从社会效益视角出发的产业空间的空间准入控制要求如表 5-3 所示。

表 5-3　基于社会效益的空间准入控制要求

类别		用地
禁止出让用地		绿化隔离带、公共绿地、基础设施与社会服务设施用地、行政办公用地
控制出让用地	严格控制用地	非产业功能区内：禁止出让用地周围的用地、城市交通用地及主干道两侧和重要交叉口的用地，从功能、开发强度、景观、环境和土地价值多方面严格控制，并达到一定的土地价值，保证其开发价值的充分实现
	一般控制用地	工业区内：主干道两侧用地和禁止出让用地周围用地作为一般控制用地，只要满足一定环境与景观要求并符合产业准入与环境准入条件要求就可以出让
鼓励出让用地		其他符合产业准入条件、环境准入条件和国家产业政策即可开发的用地

5.3.3　准入导则的相关实践

与上述准入指标体系比较，传统的城市规划主要依靠功能分区的工具进行空间管理，虽然其中也已经蕴含了空间准入的部分含义，但其主要是一种资格准入，而且这种准入过于粗线条，与具体的规划管理无法精准对接，也没有对空间主体的相关行为提出具体的约束性要求。新城市规划编制办法中的空间适建性划分在一定程度上已经注意到了这一问题，就空间的使用条件提出了限制要求，但是依然缺乏针对性。将空间准入手段引入城市规划中，设定空间利用的基本门槛和基本导向以后，只要空间使用者能够达到要求就可以使用，因而确保了对有效需求的有效供给，同时，其确保空间高质量、高效益的使用，达到了科学发展观要求的节约使用资源、集约利用空间的目的。

从各地逐步出台的工业项目的预审中考虑的指标看，上述准入控制指标体系符合有关管理和实践的要求。

1）上海产业项目的准入标准

上海市在2005年左右就已经实施工业项目的产业用地管理的有关准入标准，出台了《上海工业产业导向及布局指南》、《上海市外商投资重点产业目录》、《上海产业用地指南》、《上海产业能效指南》、《上海先进制造业技术指南》等地方性准入政策，建立了项目预评估制度，并由市到区建立了系统规范的工业项目预评估准入体系，从产业导向、产业用地、产业能效、投资强度、技术程度和发展前景、环境影响、经济和社会效益等方面进行量化准入评估①。

2）江苏海门产业项目的准入标准

江苏省海门市于2011年出台的《海门市工业项目准入预评估实施办法（试行）》提出如下基本标准②。

（1）引进项目必须属于国家发改委最新颁布的《产业结构调整指导目录》中鼓励类和允许类产业。

（2）引进项目必须符合全市产业发展和产业布局规划。

（3）引进项目的投资规模必须符合项目用地的要求，其中四大园区及海门镇引进的项目，其投资规模原则上不低于每亩300万元；其他乡镇引进的项目，其投资规模原则上不低于每亩200万元。

（4）引进项目的预期产出税收必须与项目用地相匹配。原则上四大园区和海门镇引进的项目亩均产出税收不低于15万元，其他乡镇引进的项目亩均产出税收不低于10万元。

（5）引进项目的注册资本金必须符合项目投资的要求。原则上总投资在5 000万元以下的内资项目的首期注册资本金不低于总投资的30%；总投资在5 000万元至1亿元的内资项目的首期注册资本金不低于总投资的25%；总投资在1亿元以上的内资项目的首期注册资本金不低于总投资的20%；外资项目注册资本金按相关规定执行。

（6）引进项目必须真实可行，符合环保、安全、节能和社会风险评估的要求。

3）青岛产业项目的准入标准

2009年青岛高新技术产业开发区管委会出台的《青岛高新区高新技术产业项目入园条件及评估管理暂行办法》中明确其预评估总体原则是“以集约、节约、安全、清洁生产为目标，充分考虑项目类型、产业发展、投入产出、税收贡献、资源消耗和环境影响等因素，科学设置评估栏目和权重，综合评估入园项目，体现调控性、导向性，合理设定入园项目门槛，为项目选择落户地点及确定优惠政策提供科学依据”，并据此设计了产业类型、项目类型、投入情况、产出情况、税收情况、能源资源消耗、环境影响等七个方面的指标体系③。

---

① 参见上海市经委，市房地局，市规划局. 2005. 关于加强本市土地集约利用，试行产业用地评估工作的指导意见[Z].

② 参见海门市政府办公室. 2011. 市政府办公室关于印发海门市工业项目准入预评估实施办法（试行）的通知[Z].

③ 参见青岛高新技术产业开发区管委会. 2009. 关于印发《青岛高新区高新技术产业项目入园条件及评估管理暂行办法》的通知[Z].

产业空间的准入指标体系是对产业区规划的纲领性内容，也是对产业区发展最为直接的控制内容，以此指标体系为依托，形成产业区规划的导则系统，既是将产业区规划规范化和模式化的重要尝试，也是提高产业区规划可落实性和科学性的必然要求。借助上述准入控制图则体系，在产业空间规划编制体系上可以有针对性的创新，建立起以“项目控制”为核心的产业空间控制性规划体系。随着今后各管理部门协调与交流程度的进一步提高和规划管理内容的进一步增加，该空间准入指标体系还将会进一步被补充和完善。比如，随着人们对产业空间功能需求的多元化，产业空间中的生活服务体系的分层级配置要求可能会被逐步纳入该导则体系中，作为刚性要求，体现生产空间以人为本的新观念。此外，随着两型社会建设、新型城镇化发展，对于节能、减排、降耗和低碳发展的有关约束指标也会逐步被纳入准入控制指标中。

5.4 基于准入控制的产业项目规划管理

按照前文的设想形成的产业空间准入控制规划，把分散在不同部门的有关项目的约束条件、引导方向集成贯通起来，既避免了指标之间的自相矛盾，也避免部门之间“规划打架”，可以为产业空间的规划管理提供更为科学有效的综合平台。在此基础上，按照完善、全面的产业空间准入控制性规划图则的要求，通过完善、严格的项目规划管理来加以贯彻和落实。目前，在开发区项目规划管理实践中，已经探索出了一套行之有效的项目“预评、预审、预留”的管理制度，可以从源头上有效提高规划实施度，并预控投资项目的品质，减少后患。而严格的土地出让和使用管理机制，可以确保公益性用地的红线和产业用地的有效使用，对于促进土地集约利用也具有重要作用。

上海、青岛等国内部分开发区工业项目的管理实践和结合笔者起草的连云港经济技术开发区工业项目管理文件而梳理提出的工业项目用地管理的有关管理措施，具有一定的实用性和适用性。其要点在于建立涵盖项目预评估、土地出让和项目建设的严格管理、项目建成后的后评估与奖惩机制的全流程准入管理体系，具体内容如下。

5.4.1 建立工业项目投资价值的预评估制度①

按照工业项目的准入规定，建立规范的工业项目预评估制度，对工业项目进行定量化的预评估，评估等级较高的投资项目优先供地。实施严格的项目准入制度，严格按照本规定提出的相关用地门槛审批项目，对于确实需要突破门槛的项目，须咨询相关专家，并必须通过相关部门的联合审议并由开发区管委会领导批准。其他不符合准入条件的项目一票否决。参照国内上海、青岛等城市的有关做法，工业项目预评估方法的要点如下。

1）需供地的新、改、扩建工业项目预评估须符合的准入条件

（1）产业导向。符合国家产业政策导向及开发区产业布局规划的产业目录。

（2）规划选址。项目必须符合本市城市规划和土地利用总体规划、产业布局规划。

（3）环境评价。项目必须符合环境评价要求。

（4）投资强度。固定资产投资规模小于一定额度的项目不供地，鼓励进入标准厂房生产。项目投资强度原则上不低于本技术规定的要求。

（5）开发强度。项目建筑容积率原则上不低于国土和规划部门规定的要求。除特殊行业、特殊工艺的项目外，新建厂房容积率为 0.8 以上，建筑密度不低于 30%，并通过编

---

① 参考引用了上海及其有关区县、青岛市等的相关规定。

制控制性详细规划来合理确定。

2）预评估的基本程序

（1）预审程序。凡涉及新增建设用地的项目，首先由招商部门根据投资方提供的工业项目基本信息进行项目筛选与推荐；项目通过筛选与推荐后，将项目建议书或可行性报告及其他附件材料提交工业项目评估领导小组办公室。

（2）普通程序。对于一般项目，由工业项目评估领导小组办公室视情况委托专业评估机构进行评估；专业评估机构提交的评估报告，作为开发区工业项目评估领导小组办公室审定项目的重要依据。

（3）简易程序。对特殊、重大工业项目，可以直接由工业项目评估领导小组办公室组织有关职能部门主要就项目选址、用地规模、环境影响等方面进行审定，不再委托专业机构进行评估。

（4）审定。工业项目评估领导小组办公室对建议准入的项目报送工业项目评估领导小组审定，审定通过后投资方持项目准入通知书到产业区有关部门办理相关手续。

预评估由产业园区管委会分管领导牵头，由投资服务和办证、办照部门，产业发展管理部门，房地局、规划局、环保局等部门领导组成的产业区工业项目评估领导小组统一负责产业评估的推进、协调和实施工作。

这一部门之间整合、联合的预审和预评体系目前已经在开发区产业项目的管理中逐步得到广泛采用，下图就是河北唐山芦台经济技术开发区引进项目的流程图（图 5－5）。

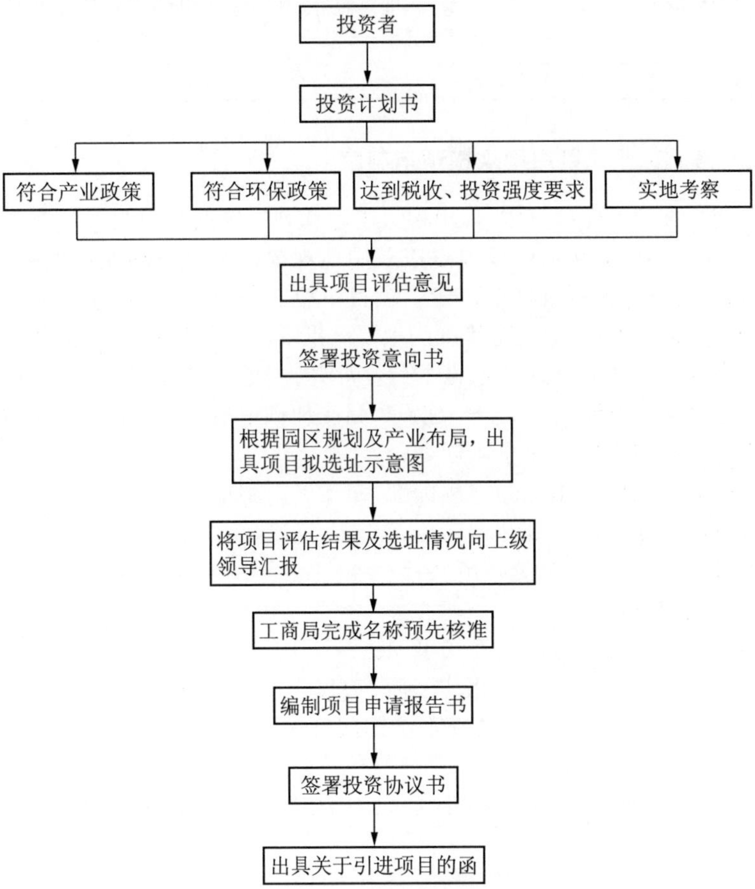

图 5－5　河北唐山芦台经济技术开发区引进项目流程图

3）评估指标

分为集约度指标和优先指标两类，采用分项评估计分的办法，共设置八项指标，总分为 100 分，评估结果作为项目优先供地的依据（表 5－4）。

表 5－4　评估指标一览表

序号	指标	权重	评分说明
一	集约度指标		
1	建筑容积率	0.2	公式：(建筑容积率值/准入值)·60，最高值为 100 分
2	投资强度	0.1	公式：(投资强度值/准入值)·60，最高值为 100 分
3	固定资产投资规模	0.1	按照投资额度大小分为多个分值区间，分别给予 100 分、90 分、80 分、60 分、40 分、20 分等
4	单位土地预期销售收入	0.15	公式：(单位土地预期销售收入/准入值)·60，最高值为 100 分
二	优先指标		
1	重大项目	0.15	市级以上重大项目为 100 分，开发区重点项目 60 分
2	环境影响	0.1	无环境污染 100 分，符合环境指标准入要求 50 分，不符合环境准入要求 0 分
3	生产工艺及装备	0.1	国际先进水平 100 分，国内先进水平 80 分，一般水平 60 分，落后工艺项目不供地
4	产品品牌	0.1	国际知名品牌 100 分，国内知名品牌 80 分，省市品牌 60 分，一般品牌 20 分。经认定的高新技术产品视同国内知名品牌
合计		1	—

5.4.2　建立严格的工业项目用地规模预审制度

项目单位应当在项目建议书中，提出项目用地规划的依据及说明。投资主管部门在项目建议书批复中，应当提出项目建设地点以及用地规模控制的原则性意见；具体的项目用地规模，在可行性研究报告审批环节确定。项目单位在项目建议书批准后，应当向规划主管部门申请项目选址意见，由规划主管部门根据已批准的详细规划出具建设项目选址意见书。项目单位在取得建设项目选址意见书后，应当向土地主管部门申请土地预审，由土地主管部门出具建设项目土地预审报告。建设项目土地预审报告应当包括以下内容：

（1）是否符合本市土地利用总体规划；

（2）按照国家有关项目用地的定额标准，初步确定用地面积；

（3）是否取得土地利用年度计划；

（4）占用耕地的，补充措施是否落实；

（5）取得土地的方式；

（6）其他依照政策规定需要明确的事项。

项目单位应当将建设项目选址报告、建设项目土地预审报告作为可行性研究报告的组成部分，报投资主管部门审批。投资主管部门在审批时，应当对建设项目用地的规模进行复核。

企业注册资本、投资额、用地规模小于一定门槛的工业项目原则上不单独供地，一律进入标准厂房组织生产。

5.4.3 建立规范的项目用地预出让和预留制度

通过预评估和土地预审的项目用地单位，申请用地时必须提供完善的资料，包括：项目可行性研究报告以及由专业设计部门出具的项目总平面布置图，并对报告和设计的真实性负责。规划部门依据上述文件划定用地范围。项目用地应该采取分期划定的方法，明确项目首期开发用地和其他分期开发用地的界限，确保首期用地，弹性预控后续建设用地。

5.4.4 严格控制公益性用地

为鼓励企业集约利用临街特别是干道沿线土地资源，促进企业用地向纵深发展，提高道路等基础设施的综合利用率，同时确保公共用地合理预留而不被侵占，对土地开发提出以下控制原则。

城市总体规划中规划的位于城市主干道两侧的绿化隔离带以及公园等城市绿地空间，在土地开发时禁止出让；市政公用设施用地属于公益性用地，在土地开发时禁止出让；行政办公用地在土地开发时禁止出让。

位于禁止出让用地周围的用地一般环境较好，在土地开发过程中容易升值，为了使政府获得较高的收益，应该加以控制，后出让；城市交通干道两侧的用地在土地开发时应加以控制，后出让；在居住用地中，商住开发用地有较好的土地升值空间，且其开发状况对于开发区的道路景观有很大的影响，因此应该在土地开发时加以控制出让。

公共设施用地，在土地开发过程中均需按照规划的用地性质严格控制，其用地性质不可改变，且开发商必须满足城市总体规划中的各项要求。

5.4.5 建立工业项目后评估制度，严格项目批后管理

实行出让阶段的投资密度要求与建成投产后的产出密度要求相结合的制度和土地限期收回制度，对于已经批租的土地，严格按照相关法律法规规范用地；对于超过相关时限仍然没有开工的闲置土地，按照国土资源部《闲置土地处置办法》规定坚决收回；对于已经利用但是达不到产出密度要求的土地，要求企业必须提高产出效益或者技术含量，如果采取措施后依然达不到要求，企业必须退回部分土地，以达到产出密度要求。闲置土地处理办法如下。

1）协议收回

土地闲置六个月以上不到一年的，经使用者申请，可由政府协议收回。待闲置土地依法重新转让后，依照协议规定对原土地使用者给予补偿。

2）延长动工建设时间

土地闲置不到一年，受让方已落实投资项目，且计划在近期内开工建设的，可向国土管理部门申请延长动工建设时间，经同意后可适当延长，但延长时间最长不得超过一年。在延长期内应当按照本意见规定收取土地闲置费。

3）收取土地闲置费

土地闲置一年以上不到两年的，依法征收相当于土地出让金20%以下的土地闲置费。

4）无偿收回

超过出让合同约定或建设用地批准书（或者原建设用地许可证）规定的动工期限满两年未动工的；出让合同未约定或建设用地批准书（或者原建设用地许可证）未规定动工开发日期的，自出让合同生效之日或核发建设用地批准书（或者原建设用地许可证）之日起满两年未动工开发的；虽经同意延长动工建设时间，但延长期满后仍未动工建设的，由国土管理部门报经政府批准后，依法无偿收回。

6 区域产业空间规划

区域协调发展是跨入21世纪以来国家战略中的重要导向之一，尽管在以往不同的发展阶段区域发展所面临的问题会有所不同，但其整合与统筹的思想却一直延续至今。在此过程中，一方面，位于区域中的中心城市作为促动和引领区域发展与进步的关键空间单元，必然会得到不同层面、不同领域的广泛关注；另一方面，除了中心城市的关键带动作用之外，县级单元作为响应区域统筹发展并协调城乡关系最为基本的行政单元，支持和保障中心城市发展要素充足供给的基础后备力量，加之其承上启下的行政角色，其重要意义责无旁贷。现阶段，扎实的经济基础是支撑区域全面发展的保障，其内部的中心城市则通常作为区域经济集聚的核心而存在，故而对于中心城市承载其经济活动的产业空间而言，在推动中心城市本身乃至整个区域层面，均体现着较强的引领意义。与此同时，区域中的县级单元作为我国现时期快速城镇化进程的中坚力量，它的经济发展及其承载空间的科学组织在规划实践以及城乡发展理论研究等领域亦应受到关注和重视。因此，在国家转型与可持续发展导向的指引下，从区域层面到区域内部的中心城市及县级基础行政单元，关注产业空间的集约利用，并倡导与之对应的集约型产业空间规划，既是体现区域协调和城乡统筹理念的必然选择，又是从行动上落实国家土地集约利用要求的必要且极为重要的一环，颇具必要性和迫切性。

在中心城市的案例选取方面，本章从城市所处区域的战略角色以及其在区域内部发展的特殊性与典型性出发，选取最靠近东盟且位于北部湾新兴战略区域的新秀钦州市和兼具港口优势且位于长三角地区的宁波市作为两个研究案例，对其产业发展和空间布局规划的成果进行系统整理和归纳总结，突出集约型产业空间规划方法中关于空间效益视角下产业空间规模的多思路测算、产业适宜性评价结论下的产业遴选以及系统化要求下的产业空间组织等内容。同时在县级单元的案例选取方面，本章选取了全国百强县中的翘楚、苏南模式的发源地常熟市以及具有内陆资源型特点的濉溪县作为在县级单元开展集约型产业空间规划的典型案例进行剖析和提炼，侧重集约型产业空间规划方法中产业选择和产业体系构建的精细化以及空间评价引导下的产业空间布局明确等内容。通过以上案例研究，以期集约型产业空间规划方法在今后中心城市和县级单元的产业空间规划中能够得到更加充分地实践应用。

6.1 钦州市产业发展与空间布局规划①

钦州市位于我国广西壮族自治区，从北部湾“南北钦防”层面看，其正好位于“人”字形城市主发展轴带的中心交叉点及其沿岸港口群的中心位置；从中国—东盟自由贸易区层面看，钦州是广西的南大门和大西南的出海大通道，是中国沿海最靠近东盟的港口城市，也是中国—东盟自由贸易区的海上连接点。进入21世纪，随着对外贸易的日益兴盛和国家沿海开发战略的全面展开，作为我国少有的集沿海沿江优势于一体的沿边区域城

① 项目名称及时间：“钦州市产业发展战略及其空间布局规划研究”，2008年5月。委托单位：钦州市住房和城乡建设委员会、江苏省城市规划设计研究院。编制单位：东南大学区域与城市发展研究所。

市、大西南交通的联系咽喉，同时汇集便捷的海陆交通运输优势，钦州市的大发展与大规划时代应运而生，它亟须通过科学的规划引导实现城市经济的加速腾飞和城市发展的阶段性跨越。

该规划项目开展于2008年5月，由钦州市住房和城乡建设委员会、江苏省城市规划设计研究院委托东南大学区域与城市发展研究所承担编制，作为《钦州市城市总体规划(2008—2025)》的产业发展战略及其空间布局规划研究专题。在研究的技术路线方面，规划成果突出基于效益导向的用地规模预测、基于产业适宜性评价的空间布局引导和基于空间准入的项目控制导则等三个方面的方法应用，最终旨在指导钦州市构建系统的城市产业发展体系和空间布局体系，并提出未来引导产业发展和产业用地高效利用的准入系统控制导则，进而以快速崛起为目标，以健康发展为要求，尽快巩固其区域发展的战略地位。

6.1.1 基于效益导向的用地规模预测

以工业经济增长目标为先导，通过工业用地效益预测，确定工业用地规模，构建经济产出与土地利用之间的关联关系。

基于效益计算钦州未来工业发展的用地测算技术路线如图6-1所示。

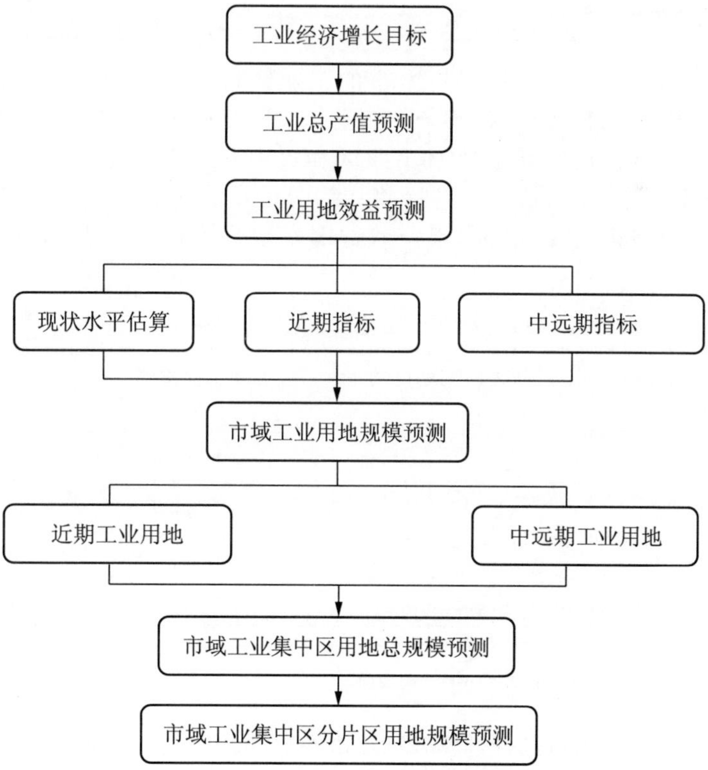

图6-1 钦州市工业用地规模预测技术路线

以2005年钦州市工业总产值为基础年份，预测2012年钦州市工业总产值为1 500亿元；根据产业发展的推荐预测方案，预测钦州市中期(2013—2020年)工业总产值的年均增长率为15%，远期(2021—2025年)工业总产值的年均增长率为8%，预测2025年钦州市工业总产值为6 000亿元，如表6-1所示。

规划近期用地下限标准参考国家当前对西部工业用地的效益指标要求 15 亿元/km^2，上限参考国家对东部工业用地的效益指标要求 25 亿元/km^2 和对西部工业用地效益要求的折中值 20 亿元/km^2，则到 2012 年，市域工业用地需求为 75—100 km^2。

中远期用地上限参考国家级经济技术开发区"十五"末地均工业产值均值 39.56 亿元/km^2，下限参考国家级经济技术开发区"十一五"发展目标 63 亿元/km^2，则到 2025 年，市域工业用地需求为 95—150 km^2。

按进工业区和片中心工业区的企业用地占 90%计算，近期工业用地需求为 68—90 km^2，远期为 86—135 km^2（表 6－1）。

表 6－1　市域工业用地预测

	近期(2008—2012 年)	中远期(2013—2025 年)
工业总产值(亿元)	1 500	6 000
工业总产值年增长率(%)	35	中期为 15，远期为 8
工业用地效益(亿元/km^2)	15—20	40—63
市域工业用地需求(km^2)	75—100	95—150
市域工业区工业用地需求(km^2)	68—90	86—135

根据钦州市工业区的发展趋势，全市的工业区规划合并成三个系统：即钦州港工业区；主城区周边工业区（包括黎合江工业园、小江工业园、皇马工业园、尖山工业园等）；县域工业区（包括浦北县所有工业区和灵山县所有工业区）。因此在对各工业区进行工业用地分配时，这三大片区将作为分配单元进行实施。在市域各工业区用地的分配中，规划将现状规模因素与效益因素结合进行综合考虑，得到如表 6－2 所示的分配结果。

表 6－2　各工业区工业用地分配建议

	现状建设用地比例(%)	近期工业用地(km^2)	远期工业工地(km^2)
钦州港工业区	45	52.0—68.8	62.7—98.4
主城区周边工业园	18	9.3—12.3	12.5—19.6
县域工业区	37	8.8—9.0	10.9—17.0
合计	100	68.0—90.0	86.0—135.0

6.1.2　基于产业适宜性评价的空间布局引导

产业适宜性评价是通过选择并比较钦州市各片区的产业发展影响因子及其特点，最终确定各个片区的适宜性产业。

1）片区产业适宜性评价

钦州市产业空间适宜性评价的基本思路是选择对产业布局具有关键诱导作用的空间因子，按照产业空间布局的一般规律，选择建设条件、区位条件、交通条件、生态条件和环境约束要求作为适宜性评价的基本因子，进而逐一分析钦州市现有各片区（主城区、港区和新规划滨海新城）的因子特征和影响，确定产业适宜性的属性要求；对比钦州市域未来选择发展的产业，按照产业间环境的兼容性、产业链的关联性，结合既有的产业基础，对各发展单元的产业谱系优选分类，确定各单元的主导产业、兼容产业、禁止产业。本节以主城区中的钦州市区为例进行说明，具体如下。

（1）建设条件：该片区地基稳定，但没有临海岸线资源和水运条件，因此不适合发展港口型产业。

（2）区位条件：该片区是传统的政治经济文化中心和城市规划区内现有的人口集聚地，适宜提供较多就业岗位的都市型产业。

（3）交通条件：该片区外围主要有南北高速公路、钦北铁路、南防铁路，通过进港公路、扬帆大道、临海大道等交通干道联系其他组团，内外交通便捷，可允许进驻少量科技含量高或劳动密集程度高的一类工业。

（4）生态条件：该片区向北多为山区和半山区，靠近水源地保护区，同时作为现有的人口积聚地，要求生态质量高。主城区利用钦江穿城而过的特点，主要塑造"一江两岸"的城市水体风光带。

（5）环境要求：该片区位于城市规划区上风向，占据通风道，不能发展具有大气污染的产业。

综合上述要求，该片区适宜发展土地集约型、劳动和技术密集型、环境友好型等产业，而不宜布局大气污染产业及大用地企业。在钦州市可选择的产业中，符合这一要求的产业类型如表 6 - 3 所示。

表 6 - 3　钦州市区近期产业适宜性评价

片区可选择的产业		适宜性	是否本片区现状优势产业	是否其他片区优势产业	与现有优势产业环境兼容性	与现有优势产业协作配套性	结论
（1）现代服务业	商贸批发	√	√		√	√	主导产业
	金融保险	√	√		√	√	主导产业
	现代物流	√		√	√	√	主导产业
	休闲旅游	√		√	√	√	兼容产业
	教育培训	√	√		√	√	兼容产业
	电子信息	√			√	√	兼容产业
	房地产业	√	√		√	√	主导产业
（2）一般制造业	医药制造			√			禁止产业
	化工制造			√			禁止产业
	食品加工业	√		√	√		兼容产业
	冶金工业			√			禁止产业
	塑料加工业			√	√		禁止产业
	纺织服装业	√		√			兼容产业
	机械制造业			√			禁止产业

续表 6-3

片区可选择的产业		适宜性	是否本片区现状优势产业	是否其他片区优势产业	与现有优势产业环境兼容性	与现有优势产业协作配套性	结论
(3) 临港型产业	林浆纸工业			✓			禁止产业
	能源工业			✓			禁止产业
	石油化工业			✓			禁止产业
	船舶制造业			✓			禁止产业
	环保产业			✓	✓		兼容产业
(4) 其他	农业			✓			—
	矿产采选						禁止产业

2) 城市规划区分片区产业选择方案

基于对钦州市城市规划区内各片区不同产业的适宜性评价结果，综合考虑片区之间的比较优势以及产业集群化、规模化的基本要求，最终确定不同片区的产业选择方案(表 6-4)。

表 6-4 城市规划区分片区产业选择方案

	主城区		茅尾海滨海新城	港区
	钦州市区	周边各类工业园区		
产业定位	第三产业全面发展、辐射北部湾的现代服务综合城	临港配套工业、加工制造业基地	都市型工业、高科技工业研发中心	临港工业、现代物流协作区
建议主导产业	商贸金融、第三方物流、房地产业等	电子工业、食品加工、医药制造、新材料研发等	房地产业、工业研发、科教研发、商务办公等	石化工业、仓储物流、造纸工业、能源工业、冶金工业、环保产业、船舶制造业
建议兼容产业	食品加工、电子工业、休闲旅游业等	教育培训、塑料加工、纺织服装等	金融、医药制造、食品加工、船舶修造、休闲旅游等	食品加工、纺织服装、矿产采选、医药制造、塑料加工、休闲旅游等
建议禁止产业	临港型大工业、冶金、化工业等	矿产加工、金融业等	临港型大工业、冶金、化工、纺织等	金融、教育培训、房地产业等

6.1.3 基于空间准入的项目控制导则

研究以钦州市各工业板块(钦州港工业区、河东工业园区中部组团、河东工业园区皇马工业园、城西尖山工业园)的发展特征为基础，结合既有的国家规范要求和标准，确定各工业区的产业引导及准入要求，并形成钦州市城市规划区内的现代工业区综合空间准入导则，涉及空间效益、空间规模、产业目录等内容。本节以钦州港工业区为例进行说明。

钦州港工业区以发展三类重工业为主，兼顾发展二类大工业。产业类别以石油冶炼、化学工业、能源、矿产品加工、造纸、大型机械制造业、粮油加工为主；投资强度依据《工业项目建设用地控制指标》对各行业的要求标准，由于该片区主导产业之一的造纸行业为主导产业中投资强度要求最低的，因此取其为下限，同时在实际操作过程中，仍需要按行业类别对应标准进行分别控制；工业用地产出效益选取国家级经济技术开发区"十五"末均值；容积率依据《工业项目建设用地控制指标》对各行业的要求标准，由于该片区主导产业之一的石油加工行业为主导产业中容积率要求最低的，因此取其为下限。具体准入条件要求如表 6 - 5 所示。

表 6 - 5　钦州港工业区近期综合准入条件(2008—2012 年)

指标名称		指标数据	备注
投资强度控制(亿元/km^2)		≥7.8	产业类别按照《工业项目建设用地控制指标》控制；强制性指标
工业用地产出效益控制(亿元/km^2)		≥40	—
环境指标		三类环境控制区	特别控制大气、废水污染；强制性指标
容积率		≥0.5	产业类别按照《工业项目建设用地控制指标》控制；强制性指标
产业准入要求	建议鼓励发展产业	石化工业、仓储物流、造纸工业、能源工业、冶金工业、环保产业	满足基本门槛即可进入，且给予一定的土地、税收优惠
	建议兼容发展产业	食品加工、纺织服装、医药制造、塑料加工、休闲旅游、船舶制造等	在满足基本环保和效益门槛的基础上，附加土地、税收限制条款，鼓励往其主导产业片区集聚
	建议禁止发展产业	金融、教育、培训等	严格禁止入驻本片区，在开发区以外合适地点布局

6.2　宁波市产业(工业)园区整合优化策略研究①

宁波市作为我国沿海开放的先进城市、长三角地区的中心城市和核心港口城市之一，拥有"国家历史文化名城"、"国家首批创新型试点城市"、"中国综合改革试点城市"等一系列称号与荣誉，自 1984 年国家设立首批开发区之时，便一直走在探索开发区科学发展实践的道路上，经过了近 30 年的发展，全市的开发区(园区)取得了长足的进步。从 2007 年开始，宁波市针对开发区(园区)的发展进行了深入思考，立足自身条件，探讨开发区(园区)发展动力，并结合城市"东扩、北联、南统筹、中提升"的战略，加大产业调整和优化力度，通过发展城市化特色产业、选商选资、产业招商等方式积极谋划园区的功能升

① 项目名称及时间："宁波市产业(工业)园区整合优化策略研究"，2010 年 4 月。委托单位：宁波市城乡规划研究中心。编制单位：东南大学区域与城市发展研究所。

级。2009 年宁波市政府又出台了《关于促进我市开发区(园区)整合提升发展的若干意见》,明确指出把开发区(园区)建设成为全市先进制造业基地、高新技术产业基地、高端现代服务业基地、创业创新服务基地和现代化新城区的整合提升目标。

该规划项目开展于 2010 年 4 月,由宁波市城乡规划研究中心委托东南大学区域与城市发展研究所承担完成,作为"宁波 2030 城市发展战略研究"中的产业(工业)园区整合优化策略研究专题。在研究的技术路线方面,规划成果突出了基于产业适宜性的园区产业发展引导、基于竞争力和整合度评价的园区发展分类等分析方法,最终旨在引导选择市域广谱产业集,在市域空间上进行布局指引,并进一步深化、构建统筹市域产业发展的空间系统,为宁波开发区(园区)整合及提升提供建议性措施,同时专题作为城市发展战略研究的有机组成部分,亦为未来的宁波城市总体规划修编提供了发展思路。

6.2.1 基于产业适宜性的宁波市产业(工业)园区发展引导

针对园区这一特定产业空间的发展引导,专题以明确宁波市整体及内部各个园区的产业适宜性为导向,结合园区各自发展特点进行系统剖析。

1) 园区产业发展状况的判断

区域性中心城市内部的空间单元对于自身的产业基础有着绝对性的依赖要求,故而此类对空间单元属性的特定研究需要在产业发展条件方面做足功夫。

宁波市各类制造业在更广区域范围内的地位可以通过不同产业的区位熵情况来反映。区位熵是测度一个地区在一定区域范围内产业集中度的重要指标,同时也是划分产业集群层级,指引未来产业发展的反映性指标。以 2008 年宁波市的各类制造业在浙江省和长三角地区"两省一市"两个区域范围内的区位熵数值为参照进行比较(表 6-6)。文教体育用品制造业,石油加工、炼焦及核燃料加工业,废弃资源和废旧材料回收加工业这三类行业的区位熵数值明显突出;电气机械及器材制造业,专用设备制造业,通用设备制造业和有色金属冶炼及压延加工业等机械类行业区位熵也均大于 1;另外烟草制品业,纺织服装、鞋、帽制造业等与其他产业关联性稍弱的行业区位熵也大于 1。

以上行业的区位熵情况反映出目前宁波市各类制造业中区域性优势较强的主要是石化和机械两类行业,该两类行业目前产业链条也相对较长。就区位熵体现的产业优势而言,石化和机械类行业是宁波市产业集聚程度较高,具有区域性优势的行业;而文教体育用品制造业,烟草制品业,纺织服装、鞋、帽制造业虽然在宁波市的产业集聚方面具有一定的优势,但由于其产业链条自身的延展性相对较弱,所以可以作为宁波城市发展的特色产业。

表 6-6 2008 年浙江省和长三角"两省一市"两个区域范围内宁波市各类制造业的区位熵

产业门类	区位熵		产业门类	区位熵	
	浙江	两省一市		浙江	两省一市
农副食品加工业	1.09	0.92	塑料制品业	0.79	1.21
食品制造业	0.55	0.56	非金属矿物制品业	0.48	0.52
饮料制造业	0.25	0.31	黑色金属冶炼及压延加工业	1.16	0.64
烟草制品业	1.44	1.19	有色金属冶炼及压延加工业	1.36	1.58

续表 6 - 6

产业门类	区位熵		产业门类	区位熵	
	浙江	两省一市		浙江	两省一市
纺织业	0.56	0.83	金属制品业	0.88	0.93
纺织服装、鞋、帽制造业	1.01	1.22	通用设备制造业	1.03	1.05
皮革、毛皮、羽毛(绒)及其制品业	0.06	0.12	专用设备制造业	1.28	1.07
木材加工及木、竹、藤、棕、草制品业	0.18	0.19	交通运输设备制造业	0.84	0.82
家具制造业	0.55	1.00	电气机械及器材制造业	1.27	1.40
造纸及纸制品业	0.77	1.08	通信设备、计算机及其他电子设备制造业	1.81	0.59
印刷业和记录媒介的复制	0.92	1.19	仪器仪表及文化、办公用机械制造业	1.14	0.92
文教体育用品制造业	1.95	2.62	工艺品及其他制造业	0.55	1.06
石油加工、炼焦及核燃料加工业	4.23	4.42	废弃资源和废旧材料回收加工业	1.74	3.59
化学原料及化学制品制造业	0.91	0.70	电力、热力的生产和供应业	0.98	1.30
医药制造业	0.19	0.22	燃气生产和供应业	0.65	0.58
化学纤维制造业	0.52	0.91	水的生产和供应业	0.81	1.21
橡胶制品业	0.32	0.36	—	—	—

同时，比较宁波市产业园区的主要工业产业与宁波市工业产业中排名前十位的行业(表 6 - 7)情况，二者在产业类型上具有一致性(表 6 - 8)，这表明工业园区的产业导向与宁波城市的产业发展方向具有协调一致的特征，且是宁波城市工业经济发展的重要依托。

表 6 - 7　宁波市 2008 年工业产业中排名前十位的行业类型

工业总产值排名	产业类型	产值(万元)
1	石油加工、炼焦及核燃料加工业	10 028 385.0
2	电气机械及器材制造业	9 996 047.7
3	通信设备、计算机及其他电子设备制造业	6 613 169.6
4	通用设备制造业	6 583 634.2
5	电力、热力的生产和供应业	5 395 321.5
6	纺织业	5 369 621.5
7	化学原料及化学制品制造业	5 185 069.3
8	交通运输设备制造业	4 745 985.3
9	黑色金属冶炼及压延加工业	4 097 343.0
10	有色金属冶炼及压延加工业	4 085 935.5

表 6-8 开发区主要产业与宁波市工业产业中排名前十位的行业类型对应情况

园区产业类型	园区数量	宁波市工业产业排名前十位的对应行业类型
电子	12	通信设备、计算机及其他电子设备制造业(3)
机械	8	通用设备制造业(4)、交通运输设备制造业(8)
化工、化纤	7	石油加工、炼焦及核燃料加工业(1)、化学原料及化学制品制造业(7)
新材料	5	石油加工、炼焦及核燃料加工业(1)、化学原料及化学制品制造业(7)、电力、热力的生产和供应业(5)
电器	5	电气机械及器材制造业(2)
服装纺织	5	纺织业(6)
IT	5	通信设备、计算机及其他电子设备制造业(3)
模具	5	通用设备制造业(4)、交通运输设备制造业(8)、有色金属冶炼及压延加工业(10)、黑色金属冶炼及压延加工业(9)
汽配	4	
船舶	2	
金属制品	2	
能源	2	电力、热力的生产和供应业(5)

在产业格局方面，园区各类产业中电子产业处于主导地位的特征明显，在众园区中出现的频率最高，其次是机械行业。虽然石化类行业在宁波市的主导地位明显，但就开发区分布的广泛性而言，尚低于电子行业。

在关注产业类型的同时，亦要关注对应产业类型的分县、市区产出分布情况，这就要对同类产业在各个县、市区的经济实力情况进行排序(表 6-9)。

表 6-9 各类产业在市区和县市中的分配情况比较(%)

	市区	余姚	慈溪	奉化	象山	宁海
专用设备制造业	66.8	10.5	—	—	7.3	7.6
有色金属冶炼及压延加工业	66.6	13.0	14.2	3.5	—	—
仪器仪表及文化、办公用机械制造业	48.4	26.6	—	—	—	13.1
文教体育用品制造业	51.9	—	21.0	—	—	18.1
通用设备制造业	57.3	10.8	15.3	6.7	4.1	5.9
通信设备、计算机及其他电子设备制造业	87.7	—	—	4.4	—	—
塑料制品业	53.9	20.1	15.3	—	—	—
石油加工、炼焦及核燃料加工业	99.9	—	—	—	—	—
农副食品加工业	54.0	15.6	—	—	14.8	—
金属制品业	64.3	13.4	10.9	4.6	—	5.9
交通运输设备制造业	53.7	8.4	12.3	11.4	10.7	3.6
化学原料及化学制品制造业	91.7	—	—	—	—	—
化学纤维制造业	—	20.1	67.6	—	—	—
黑色金属冶炼及压延加工业	74.8	10.0	9.3	2.5	1.6	1.8
纺织业	63.3	6.3	8.8	3.1	15.5	—

续表 6-9

	市区	余姚	慈溪	奉化	象山	宁海
纺织服装、鞋、帽制造业	78.8	—	—	15.4	—	—
电气机械及器材制造业	36.2	20.9	30.8	2.2	3.7	6.2
电力、热力的生产和供应业	62.7	—	8.1	—	10.0	11.5

通过对不同县、市区间绝对数值的比较，并综合各县、市区内部各类产业的相对份额数值便可以判定园区基于各县、市区的产业发展条件情况，进而为产业选择和产业环节分配奠定分析基础。

2）广谱产业集的遴选与特点分析

（1）广谱产业集的选定

现有的关于制造业的统计分类标准需要按照宁波的特点进行一定程度的归并和调整，究其缘由，其一是统计上的产业分类标准复杂程度相对较高，在开发区真正制定引导产业目录时，往往并不适用；其二是原有产业类型的归并和调整可以根据产业的关联性高低进行调整（例如将通用装备制造业、专用设备制造业、交通运输设备制造业、电器装备及器材制造业等行业归并为装备制造业），便于宁波市产业发展的统筹；其三是产业的发展与布局本身具有一定的地域性，故而根据宁波城市发展的实际情况，将产业统计与实际类型引导进行对应亦是必然，同时也能体现城市产业发展的特色。

需要指出的是，在分类过程中，装备制造业涉及金属制品、通用装备制造、专用设备制造、交通运输设备制造、电器装备及器材制造、黑色金属冶炼及压延加工、有色金属冶炼及压延加工和仪器仪表及文化、办公用机械制造等行业，同时也将汽车制造业归为装备制造业这一产业类型，不包括船舶修造、电子信息等行业；轻工产业包括文具、家电、造纸及印刷等行业，是从装备制造和模具配件中剥离出来的体现宁波特色的产业，涵盖范围小于轻工业。

以上述对于宁波全市及工业园区的产业分类和统计情况为基础，确定宁波市与工业园的产业类型对应情况（图 6-2）。

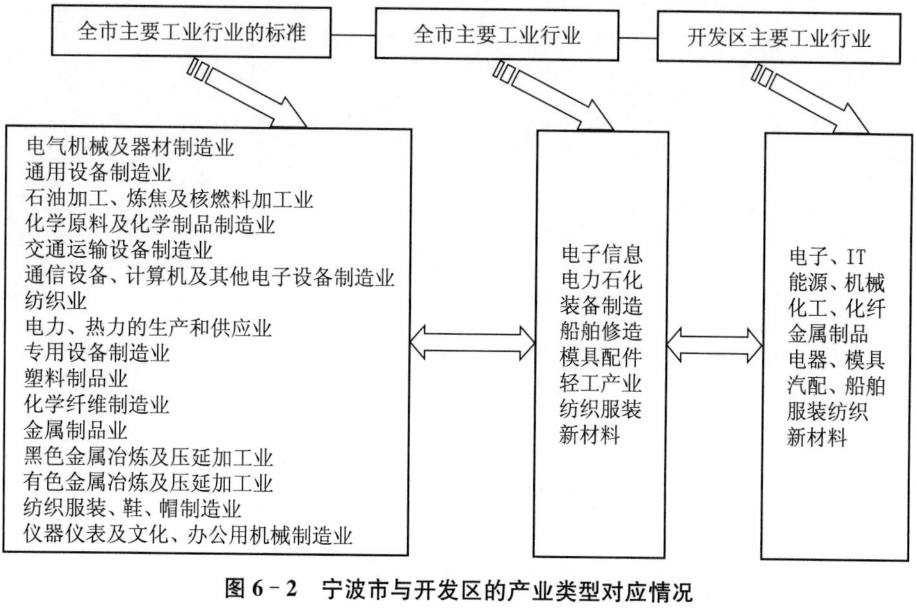

图 6-2　宁波市与开发区的产业类型对应情况

根据甬政发〔2009〕10 号文件的要求，宁波市开发区将加快建设先进制造业基地，集中力量发展电子信息、装备制造、化学工业、生物医药、新材料、新能源、环保等优势产业，努力形成高新技术产业群；积极跟踪世界制造业发展的新趋势，培育新兴产业发展，促进临港重化产业的升级换代；广泛运用高新技术和先进适用技术改造提升传统产业，进一步巩固提升机械、服装、电子、家电、塑料、模具等传统产业的比较优势，在原有主要产业基础上增加新能源、生物医药以及环保等产业。综合宁波市对开发区产业发展的战略性要求，并结合宁波市以及开发区的工业产业归类情况，将宁波市开发区未来发展的主要产业类型，即广谱产业集归纳为：

① 新型产业——电子信息、新能源、新材料、环保产业、生物医药；

② 传统产业——电力石化、装备制造、船舶修造、模具配件、轻工产业、纺织服装。

(2) 广谱产业集产业间关联构架的建立

在以上各类制造类行业中，电子信息、电力石化、装备制造是宁波开发区发展的主导产业，船舶修造、模具配件、轻工产业、纺织服装是以上三类主导产业的上下游衍生产业，新能源、新材料、环保产业、生物医药是开发区也是宁波市未来发展的战略性产业。就目前的发展现状而言，这几类产业要立足于宁波市自身的产业基础，作为主导产业的延伸产业进行培育和发展。

此外，服务业是制造业实现快速、健康发展的保障，同时自身亦可作为支撑开发区经济的重要引擎，尤其是生产性服务业，在开发区建立之初就是以承担生产功能为主的产业空间载体，是实现产业结构优化和产业转型的关键。生活性服务业以保障开发区内及附近居民的生活需要为任务，是开发区实现职住平衡，削弱社会矛盾的必要性行业。宁波市的产业关联构架亦可以通过工业对服务业的嵌入和依托实现自身的巩固式发展(图 6-3)。

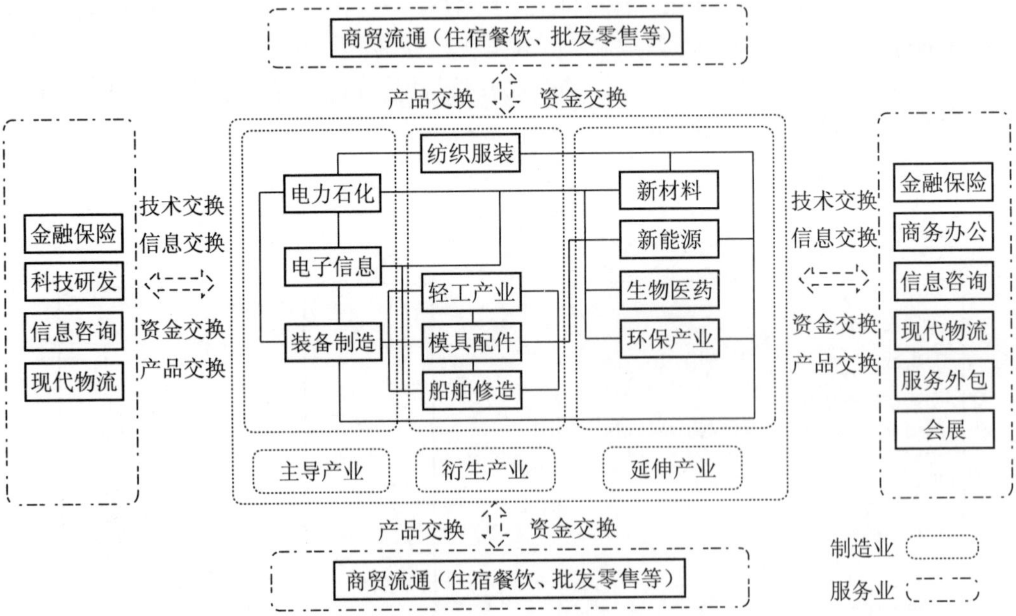

图 6-3　宁波市各开发区产业的关联构架

3) 园区产业空间的布局引导

基于产业关联构架的产业体系发展大框架，宁波市工业园区的产业布局优化以产业链条为基础，一方面需要将产业链上的上下游衍生产业及生产环节进行合理分配，主要体现在基于产业链的产业空间分配落实；另一方面还需要将各个园区进行系统整合，形成系统的市域工业园区发展结构。

处于产业链高端的开发区，无论是位于市区还是县市，在未来发展中必须具备研发设计、咨询配送等产业链上下游高端环节以及良好的与生产并行的企业运营配套服务，并需要以生产环节为纽带链接其他各类环节。同时，相比位于县市的开发区而言，位于市区的开发区布局相对紧凑，空间上的关联性为市区内各开发区之间关系的加强提供了契机，所以一些承担高端产品生产的开发区对区内从生产环节出发的产业链纵向延伸需求相比县市的开发区较弱；在一些位于县市的以加工制造功能为主导的开发区中，亦要增加与生产环节并行的横向配套服务环节。各类产业的产业链环节空间分配情况如表 6 - 10 所示。

表 6 - 10　各产业在各开发区的实际分布情况

产业名称	开发区名称
专用设备制造业	宁波经济技术开发区(1)、宁波鄞州工业园区(2)、宁波望春工业园区(2)、宁波江北投资创业中心(3)、浙江镇海经济开发区(3)、宁波江北城市工业功能区(3)、宁波鄞州滨海投资创业中心(2)、象山产业区(2)、浙江余姚经济开发区(3)、浙江余姚工业园区(3)、浙江象山经济开发区(2)、浙江宁海经济开发区(2)
有色金属冶炼及压延加工业	宁波鄞州工业园区(2)、宁波望春工业园区(2)、宁波江北投资创业中心(1)、浙江镇海经济开发区(2)、宁波江北城市工业功能区(1)、宁波鄞州滨海投资创业中心(2)、浙江余姚经济开发区(2)、浙江余姚工业园区(2)、浙江慈溪经济开发区(含慈溪出口加工区)(2)、慈溪市慈东工业区(2)
仪器仪表及文化、办公用机械制造业	宁波鄞州投资创业中心(1)、宁波江北投资创业中心(3)、宁波江北城市工业功能区(3)、宁波鄞州滨海投资创业中心(1)、浙江余姚经济开发区(3)、浙江余姚工业园区(3)、浙江宁海经济开发区(2)
文教体育用品制造业	宁波鄞州投资创业中心(1)、宁波鄞州滨海投资创业中心(1)、浙江宁海经济开发区(2)
通用设备制造业	宁波经济技术开发区(2)、宁波鄞州工业园区(1)、宁波鄞州投资创业中心(1)、宁波望春工业园区(1)、宁波江北投资创业中心(2)、浙江镇海经济开发区(2)、宁波江北城市工业功能区(3)、宁波鄞州滨海投资创业中心(1)象山产业区(3)、浙江余姚经济开发区(2)、浙江余姚工业园区(2)、浙江奉化经济开发区(3)、浙江象山经济开发区(3)、浙江宁海经济开发区(3)、浙江慈溪经济开发区(含慈溪出口加工区)(2)、慈溪市慈东工业区(2)
通信设备、计算机及其他电子设备制造业	宁波高新技术产业园区(1)、宁波保税区(含出口加工区、保税物流园区)(2)、宁波梅山保税港区(2)、宁波鄞州工业园区(1)、宁波鄞州投资创业中心(1)、宁波望春工业园区(1)、浙江奉化经济开发区(2)
塑料制品业	宁波经济技术开发区(2)、宁波大榭开发区(2)、宁波镇海化学工业园区(2)、浙江余姚经济开发区(2)、浙江余姚工业园区(2)、浙江慈溪经济开发区(含慈溪出口加工区)(2)、慈溪市慈东工业区(2)
石油加工、炼焦及核燃料加工业	宁波经济技术开发区(1)、宁波大榭开发区(2)、浙江镇海经济开发区(2)、宁波镇海化学工业园区(1)

续表 6-10

产业名称	开发区名称
农副食品加工业	象山产业区(2)、浙江象山经济开发区(2)
金属制品业	宁波经济技术开发区(2)、宁波鄞州工业园区(1)、宁波鄞州投资创业中心(1)、宁波江北投资创业中心(3)、浙江镇海经济开发区(3)、宁波江北城市工业功能区(3)、宁波鄞州滨海投资创业中心(1)、浙江余姚经济开发区(3)、浙江余姚工业园区(3)、慈溪市慈东工业区(2)
交通运输设备制造业	宁波经济技术开发区(1)、宁波高新技术产业园区(1)、宁波鄞州工业园区(1)、宁波望春工业园区(1)、宁波江北投资创业中心(2)、浙江镇海经济开发区(3)、宁波江北城市工业功能区(3)、宁波鄞州滨海投资创业中心(1)、象山产业区(3)、浙江余姚经济开发区(3)、浙江余姚工业园区(3)、浙江奉化经济开发区(2)、浙江象山经济开发区(3)、浙江宁海经济开发区(3)、浙江慈溪经济开发区(含慈溪出口加工区)(2)、慈溪市慈东工业区(2)
化学原料及化学制品制造业	宁波经济技术开发区(1)、宁波大榭开发区(2)、浙江镇海经济开发区(2)、宁波镇海化学工业园区(1)
化学纤维制造业	浙江镇海经济开发区(2)、宁波镇海化学工业园区(1)、浙江余姚工业园区(2)、浙江慈溪经济开发区(含慈溪出口加工区)(1)、慈溪市慈东工业区(1)
黑色金属冶炼及压延加工业	宁波经济技术开发区(1)、宁波鄞州工业园区(2)、浙江镇海经济开发区(3)、宁波鄞州滨海投资创业中心(2)、象山产业区(3)、浙江余姚经济开发区(2)、浙江余姚工业园区(2)、浙江象山经济开发区(3)、浙江宁海经济开发区(3)、浙江慈溪经济开发区(含慈溪出口加工区)(2)、慈溪市慈东工业区(2)
纺织业	宁波望春工业园区(1)、象山产业区(2)、浙江余姚工业园区(1)、浙江奉化经济开发区(2)、浙江象山经济开发区(2)、浙江慈溪经济开发区(含慈溪出口加工区)(1)、慈溪市慈东工业区(2)
纺织服装、鞋、帽制造业	宁波望春工业园区(1)、浙江奉化经济开发区(2)
电气机械及器材制造业	宁波经济技术开发区(3)、宁波高新技术产业园区(1)、宁波鄞州工业园区(1)、宁波鄞州投资创业中心(1)、宁波望春工业园区(1)、宁波鄞州滨海投资创业中心(1)、象山产业区(2)、浙江余姚经济开发区(1)、浙江余姚工业园区(1)、浙江奉化经济开发区(2)、浙江象山经济开发区(2)、浙江宁海经济开发区(2)、浙江慈溪经济开发区(含慈溪出口加工区)(1)、慈溪市慈东工业区(1)
电力、热力的生产和供应业	宁波经济技术开发区(1)、宁波大榭开发区(1)、浙江镇海经济开发区(2)、宁波镇海化学工业园区(2)、象山产业区(2)、浙江象山经济开发区(2)、浙江宁海经济开发区(2)

注:位于市区的开发区:1.产品生产环节+研发设计、咨询配送等产业链上下游高端环节+与生产并行的企业运营的配套服务;2.产品生产环节+与生产并行的企业运营的配套服务;3.产品生产环节+与本行业相衔接的上游原料、半成品或配件的生产。位于县市的开发区:1.产品生产环节+研发设计、咨询配送等产业链上下游高端环节+与生产并行的企业运营的配套服务;2.产品生产环节+生产环节向产业链上下游的部分延伸环节+与生产并行的企业运营的配套服务;3.产品生产环节+与生产并行的企业运营的配套服务+与本行业相衔接的上游原料、半成品或配件的生产。

6.2.2 基于竞争力和整合度评价的宁波市园区发展分类

结合已经明确的城市主导产业分类和园区产业适宜性布局结论,对宁波市产业园区的产业发展与空间利用进行评价，并构建其系统的分类体系。

1）园区自身的竞争力评价以及与依托城市的整合度评价分析

在评价过程中，从竞争力和整合度两个视角分别进行量化计算，然后对量化结果采用波士顿矩阵法进行分类。

(1) 园区自身的竞争力评价

竞争力评价为现状发展水平的综合评价，它主要侧重园区自身及其内部的能力和现状的发展成绩。评价要素选取经济、社会和环境三个方面，分别选择经济效益、社会效益和环境效益作为对应的一级衡量指标再逐次分解，形成三级指标体系，具体指标名称如表 6 - 11 所示。

表 6 - 11　宁波市各个开发区(园区)竞争力评价指标列表

一级指标	二级指标	三级指标	衡量指标核算
经济效益	用地效益	单位用地产出	单位开发用地的工业总产值
		单位用地的进出口情况	单位开发用地的进出口总额
		单位用地纳税贡献	单位开发用地的税收收入
	产出效率	投入产出效率	单位固定资产投入的工业总产值
		产业产出效率	工业增加值率
	发展潜力	高新技术产业地位	高新技术产业份额
		经济增长速度	工业增加值增速
社会效益	政府投入	政府单位土地投入	单位开发用地的基础设施投入
	功能配套	居住服务配套	单位用地基础设施投入与工业投资比重
		交通条件	单位面积公交线路条数
	就业保障	土地承载就业人口能力	单位开发用地的就业人口数量
		满足外来人口就业能力	就业人口与户籍人口的比值
环境效益	环境保障	污水处理能力	污水处理的整体规模
		非建设用地面积	非开发面积占规划面积的比重
	环境排放	环境污染情况	环境污染综合指数
	能源消耗	单位经济产出能耗	单位工业总产值用煤(电)量

采用 AHP 对各项一级指标赋以权重，再将对应权重分解至二级和三级指标，得到核算指标的权重情况。之后，由于不同的指标与总目标的作用趋向彼此不同而存在正向和逆向指标，这两个指标需要用不同的函数模型进行无量纲化处理。正向指标数据采用半升梯形模糊隶属度函数进行标准化处理，即：

$$\Phi_{(e_{ij})}=\frac{e_{ij}-m_{ij}}{M_{ij}-m_{ij}}=\begin{cases}1 & e_{ij}\geqslant M_{ij}\\ \dfrac{e_{ij}-m_{ij}}{M_{ij}-m_{ij}} & m_{ij}<e_{ij}<M_{ij}\\ 0 & e_{ij}\leqslant m_{ij}\end{cases}$$

逆向指标数据采用半降梯形模糊隶属度函数进行处理，即：

$$\Phi_{(e_{ij})} = \frac{M_{ij} - e_{ij}}{M_{ij} - m_{ij}} = \begin{cases} 1 & e_{ij} \leqslant M_{ij} \\ \dfrac{M_{ij} - e_{ij}}{M_{ij} - m_{ij}} & m_{ij} < e_{ij} < M_{ij} \\ 0 & e_{ij} \geqslant m_{ij} \end{cases}$$

其中，e_{ij} 为指标的具体属性值；$i=1,2,3,\cdots,n$ 代表不同的开发区（园区）；$j=1,2,3,\cdots,n$ 代表第 i 个园区的第 j 个指标；M_{ij} 和 m_{ij} 分别代表同一时期第 i 个开发区（园区）的第 j 个指标属性值的最大值和最小值；$\Phi_{(e_{ij})}$ 代表指标隶属度，其值介于 0—1。某指标的模糊量化值 $\Phi_{(e_{ij})}$ 越大，表明该项指标的实际数值接近最大值 M_{ij} 的程度越大。根据本次评价目的和现实背景，对逆向指标人均用地面积做了正向及归一化处理。

经过对相应指标的无量纲化处理，形成宁波市开发区（园区）的竞争力评价结果，得到综合效益及其分解的经济效益、社会效益和环境效益，具体如表 6－12 所示。

表 6－12　竞争力评价结果

开发区（园区）名称	经济效益	社会效益	环境效益	综合效益	综合排名
宁波经济技术开发区	0.212	0.238	0.116	0.566	1
宁波保税区（含出口加工区、保税物流园区）	0.312	0.091	0.116	0.519	2
宁波（江东）城市工业功能区	0.212	0.129	0.108	0.449	3
宁波高新技术产业园区	0.173	0.076	0.145	0.394	4
宁波鄞州工业园区	0.212	0.037	0.143	0.392	5
象山产业区	0.193	0.051	0.116	0.360	6
宁波鄞州投资创业中心	0.156	0.046	0.144	0.346	7
宁波大榭开发区	0.200	0.048	0.092	0.340	8
宁波望春工业园区	0.142	0.045	0.144	0.331	9
浙江余姚经济开发区	0.140	0.055	0.130	0.325	10
宁波江北投资创业中心	0.159	0.080	0.083	0.322	11
浙江余姚工业园区	0.129	0.040	0.151	0.320	12
浙江奉化经济开发区	0.122	0.045	0.141	0.308	13
浙江象山经济开发区	0.111	0.084	0.106	0.301	14
浙江宁海经济开发区	0.126	0.041	0.124	0.291	15
浙江慈溪经济开发区（含慈溪出口加工区）	0.126	0.053	0.102	0.281	16
慈溪市慈东工业区	0.100	0.026	0.113	0.239	17
浙江镇海经济开发区	0.111	0.032	0.068	0.211	18
宁波镇海化学工业园区	0.085	0.023	0.065	0.173	19

比较宁波市开发区（园区）的效益分析结果，得到宁波开发区（园区）竞争力排名。

① 综合竞争力排名前五位的分别是：宁波经济技术开发区、宁波保税区（含出口加工区、保税物流园区）、宁波（江东）城市工业功能区、宁波高新技术产业园区和宁波鄞州工

业园区，其中宁波经济技术开发区优势明显。

② 经济竞争力排名最高的前三位开发区（园区）为：宁波保税区（含出口加工区、保税物流园区）、宁波经济技术开发区、宁波（江东）城市工业功能区、宁波鄞州工业园区。

③ 社会竞争力排名最高的前三位开发区（园区）为：宁波经济技术开发区、宁波（江东）城市工业功能区、宁波保税区（含出口加工区、保税物流园区）。

④ 环境竞争力排名最高的前三位开发区（园区）为：浙江余姚工业园区，宁波高新技术产业园区，宁波鄞州投资创业中心、宁波望春工业园区（两者并列第三）。

(2) 园区与依托城市的整合度评价分析

与竞争力评价初衷不同，整合度的评价侧重于园区与外部的关联性，主要是测度开发区（园区）与所依托城市之间的关联程度。宁波市各园区的整合度评价体系涉及功能、空间和产业三个子系统，不同子系统又分为若干不同的评估指标，如表 6 - 13 所示。

表 6 - 13　整合度评价指标列表

子系统	评估指标	指标核算
功能整合度	教育水平	教师数/学生数
	医疗水平	市县卫生从业人员/总人口 · 1 000
	就业带动性	开发区（园区）就业人口/市县就业人口
	居住配套性	近三年市县城市住宅平均竣工面积/市县城市平均增加人口
	研发水平	开发区（园区）单位产值中高科技产值/宁波市单位产值中高科技产值
空间整合度	空间距离	开发区（园区）与中心城及市县城区的空间距离
	空间通达性	单位面积公交线路覆盖率/区县公交线路覆盖率
	土地开发度	开发面积/各区县城建设面积
	空间结构	现状与规划比较的变动率
产业整合度	产业规模	开发区（园区）工业增加值/市县 GDP 中的比重
	产业结构	开发区（园区）工业总产值/市县工业总产值
	产业效率	开发区（园区）单位就业人口财政/市县单位就业人口财政

注：市区六区的开发区（园区）以中心城为中心，值为市区统计的平均值，其他县市以县城为中心。

与竞争力的评价过程相似，通过 AHP 的权重赋予和半升梯形模糊隶属度函数的标准化处理，最终得到功能、空间和产业三个子系统的整合评价情况以及最终的园区整合结果和排名情况，如表 6 - 14 所示。

表 6 - 14　整合度评价结果

开发区（园区）名称	功能整合	空间整合	产业整合	园区整合	综合排名
宁波经济技术开发区	0.239	0.073	0.193	0.505	1
浙江慈溪经济开发区（含慈溪出口加工区）	0.161	0.170	0.152	0.483	2
宁波（江东）城市工业功能区	0.191	0.255	0.000	0.446	3
浙江宁海经济开发区	0.188	0.149	0.062	0.399	4
宁波保税区（含出口加工区、保税物流园区）	0.250	0.056	0.090	0.396	5

续表 6 - 14

开发区(园区)名称	功能整合	空间整合	产业整合	园区整合	综合排名
宁波江北投资创业中心	0.209	0.132	0.031	0.372	6
宁波高新技术产业园区	0.184	0.120	0.063	0.367	7
宁波鄞州投资创业中心	0.151	0.153	0.050	0.354	8
浙江余姚经济开发区	0.224	0.095	0.033	0.352	9
浙江镇海经济开发区	0.202	0.022	0.125	0.349	10
宁波大榭开发区	0.207	0.125	0.014	0.346	11
宁波鄞州工业园区	0.230	0.086	0.023	0.339	12
宁波镇海化学工业园区	0.141	0.131	0.057	0.329	13
浙江象山经济开发区	0.153	0.134	0.032	0.319	14
浙江奉化经济开发区	0.187	0.101	0.024	0.312	15
象山产业区	0.095	0.127	0.080	0.302	16
宁波望春工业园区	0.179	0.094	0.025	0.298	17
浙江余姚工业园区	0.079	0.117	0.051	0.247	18
慈溪市慈东工业区	0.129	0.056	0.025	0.210	19

2）园区发展分类体系

基于以上对于竞争力和整合度的评价，以竞争力评价的三个一级指标和整合度评价的三个子系统各自的评价均值为分界，得到宁波市各个开发区(园区)发展的现状特点分析结果，如表 6 - 15 所示。

表 6 - 15　宁波市各开发区(园区)发展的现状特点

开发区(园区)名称	整合度			竞争力		
	功能	空间	产业	经济	社会	环境
宁波经济技术开发区	√		√	√	√	√
浙江慈溪经济开发区(含慈溪出口加工区)		√	√			
宁波(江东)城市工业功能区	√	√		√	√	
浙江宁海经济开发区	√	√	√			√
宁波保税区(含出口加工区、保税物流园区)	√		√	√	√	
宁波江北投资创业中心	√	√		√	√	
宁波高新技术产业园区	√	√	√	√	√	√
宁波鄞州投资创业中心		√				√
浙江余姚经济开发区	√					
浙江镇海经济开发区	√		√	√		
宁波大榭开发区	√	√		√		√

续表 6－15

开发区(园区)名称	整合度			竞争力		
	功能	空间	产业	经济	社会	环境
宁波鄞州工业园区	√					
宁波镇海化学工业园区		√			√	
浙江象山经济开发区		√				√
浙江奉化经济开发区	√					√
象山产业区		√	√	√		
宁波望春工业园区	√					√
浙江余姚工业园区		√				√
慈溪市慈东工业区						

注：√表示高于评价均值。

根据各开发区(园区)优势特点，将宁波市的开发区(园区)按照竞争力和整合度情况进行分类，得到表 6－16、表 6－17 所示的结果。

表 6－16　开发区(园区)竞争力分类结果

园区类型	竞争力	开发区(园区)名称
综合竞争力强势型	综合	宁波经济技术开发区、宁波高新技术产业园区
双指标效益优质型	经济 社会	宁波保税区(含出口加工区、保税物流园区)、宁波(江东)城市工业功能区、宁波江北投资创业中心
	经济 环境	宁波鄞州工业园区
单指标效益优质型	经济	象山产业区、宁波大榭开发区
	社会	浙江象山经济开发区
	环境	宁波鄞州投资创业中心、宁波望春工业园区、浙江余姚经济开发区、浙江余姚工业园区、浙江奉化经济开发区、浙江宁海经济开发区
竞争力亟待提升型	—	浙江慈溪经济开发区(含慈溪出口加工区)、慈溪市慈东工业区、浙江镇海经济开发区、宁波镇海化学工业园区

表 6－17　开发区(园区)整合度分类结果

园区类型	整合度	开发区(园区)名称
综合整合度强势型	综合	宁波高新技术产业园区、浙江宁海经济开发区
双系统整合优质型	功能 空间	宁波(江东)城市工业功能区、宁波江北投资创业中心、宁波鄞州工业园区、宁波鄞州投资创业中心
	功能 产业	宁波经济技术开发区、宁波保税区(含出口加工区、保税物流园区)、宁波大榭开发区
	空间 产业	浙江慈溪经济开发区(含慈溪出口加工区)、象山产业区

续表 6-17

园区类型	整合度	开发区(园区)名称
单系统整合优质型	功能	浙江镇海经济开发区、宁波镇海化学工业园区、宁波望春工业园区
	空间	浙江余姚经济开发区、浙江象山经济开发区、浙江奉化经济开发区、浙江余姚工业园区
整合度亟待提升型	—	慈溪市慈东工业区

以宁波市各开发区(园区)的分类梳理结果为基础,进一步综合以上各园区整合度和竞争力的评价特点,建立起由示范探索型、协调提升型、梳理改造型和整理挖掘型四类开发区(园区)组成的分类体系(表 6-18)。

表 6-18 宁波市各开发区(园区)发展分类体系

开发区(园区)类型	开发区(园区)名称
示范探索型	宁波经济技术开发区、宁波(江东)城市工业功能区、宁波保税区(含出口加工区、保税物流园区)、宁波江北投资创业中心、宁波高新技术产业园区、宁波鄞州投资创业中心、宁波鄞州工业园区
协调提升型	浙江慈溪经济开发区(含慈溪出口加工区)、浙江宁海经济开发区、宁波大榭开发区、象山产业区
梳理改造型	浙江余姚经济开发区、浙江象山经济开发区、浙江奉化经济开发区、宁波望春工业园区、浙江余姚工业园区
整理挖掘型	宁波镇海化学工业园区、浙江镇海经济开发区、慈溪市慈东工业区、梅山岛保税区(在建)、鄞州滨海投创中心(在建)

其中,示范探索型开发区(园区)是宁波市目前的明星园区,走在全市开发区(园区)发展的前沿,具有示范意义的同时又肩负着探索宁波市开发区(园区)新的高效发展之路的重任。协调提升型开发区(园区)是宁波市发展较为突出的开发区(园区),但自身的竞争力与整合度之间存在着一定的待协调空间,需要通过尽快消除自身发展的短板提升成为具有示范作用的园区。梳理改造型开发区(园区)在某些特定方面具有一定的竞争力和整合度优势,需要通过梳理自身的优势和劣势,实现条件与目标的搭配,从而使其发展得到最大限度的改造。整理挖掘型开发区(园区)包括自身的特点和优势都尚不明显的园区以及承担某类特殊功能的园区,需要进一步挖掘来明确未来的发展方向,并在自身的劣势方面加大加快改造力度。

6.3 江苏省常熟市产业发展与空间布局规划①

常熟市沿着“碧溪之路”走出了“苏南模式”,乡镇集体经济为常熟的产业发展积累了原始资本。经过 1996 年和 2001 年的两轮产权制度改革,常熟由“苏南模式”成功转型为个私民营经济占主导的“常熟模式”,与依靠台资发展外向型经济的昆山,依托港口发展临港经济

① 项目名称及时间:“常熟市产业发展战略研究”,2009 年 12 月。委托单位:常熟市规划局、江苏省城市规划设计研究院。编制单位:东南大学区域与城市发展研究所。

的张家港以及依靠资本市场催生“江阴板块”的江阴并称“苏南四小龙”。按常住人口计算，其人均GDP在2008年便已超过10 000美元，远高于长三角地区的平均值，已经达到后工业阶段的水平。然而，就常熟的产业构成而言，其仍处在工业独大的工业化中期发展阶段。当前，面临着产业结构与实际发展阶段的不匹配，土地资源、环境资源的瓶颈制约，在常熟发展转型的十字路口，对其产业发展与空间布局的梳理和引导，颇具实时性和必要性。

该规划项目开展于2009年12月，由常熟市规划局和江苏省城市规划设计研究院联合委托东南大学区域与城市发展研究所承担完成，作为《常熟市总体规划(2010—2030)》中的产业发展战略研究专题。在研究的技术路线方面，规划成果突出了基于产出效益的空间规模与从业人口规模预测、基于空间适宜性的产业空间布局引导等分析方法，最终旨在引导常熟市推进城市产业结构的升级，尤其是针对传统产业中的纺织服装、机械制造等行业类型，整合现有零散分布的各类市级、镇级产业载体，有序组织市域产业空间，明确并践行先进制造业和现代服务业双轮驱动、协调布局的城市产业科学转型道路。

6.3.1 基于产出效益的空间规模与从业人口规模预测

规划前期结合常熟市自身的经济发展基础和发展要求，确定经济发展目标，以此作为既定前提，在测算用地规模和就业人口规模之时，通过借鉴国外发达地区的地均产出经验数值和国内先行地区的用地效益准入门槛和人口承载要求，以经济目标为依托，确定用地和就业人口规模，进而为建设用地总量和市域人口总量预测提供产业方面的依据支撑。

1）常熟市工业用地效益与规模预测

对工业用地效益与规模的预测涉及县域整体和分板块两个层面的内容，其中，因前者更加强调整体层面的控制要求，故可采取多种预测方式校核的研究方法，提高总量确定的科学性。

(1) 县域工业用地效益与规模预测

工业用地效益采用增长率法进行预测，并通过与其他经济发达城市的用地效益进行比较来进行校核。2008年常熟市工业用地效益(单位工业用地面积工业增加值)为7.53亿元/km^2，1997—2007年工业用地效益年平均增长率为8%。由于常熟市2008年人均GDP水平与主要发达国家20世纪80年代的水平相当，因此选取国外参照城市时，选取相应时段的水平对常熟进行校核，如表6-19、表6-20所示。

另一方面，亦可通过预测工业各行业销售收入所占的份额及其单位用地的销售收入情况，预测常熟在规划期内的工业用地规模，进而与工业用地效益增长率法所预测的结果进行校核。预测的公式如表6-20下方所示。

表6-19 国外发达城市工业用地效益比较

城市名称	统计年份	工业增加值	工业用地面积(km^2)	工业用地效益(折合人民币:亿元/km^2)
纽约	1988	451.14(亿美元)	71.31	52.37
芝加哥	1982	201.90(亿美元)	40.76	41.01
东京都	1990	34 158.00(亿日元)	30.00	81.52
大阪	1987	20 584.00(亿日元)	31.40	46.94
横滨	1980	18 758.00(亿日元)	31.30	42.91

注:美元、日元兑换年份均为1997年。

表 6-20　常熟市工业用地规模预测

	现状值	高用地效益方案			低用地效益方案		
	2008 年	2015 年	2020 年	2030 年	2015 年	2020 年	2030 年
年均增长率(%)	—	10	9	7	9	8.5	5.5
工业用地效益(亿元/km^2)	7.53	16.10	24.83	48.82	14.98	22.55	38.82
第二产业增加值(亿元)	669	1 593	2 326	3 187	1 593	2 326	3 187
工业增加值(亿元)	648	1 513	2 210	3 027	1 513	2 210	3 027
工业用地规模(km^2)	86	94	89	62	101	98	79

$$T = G/\sum(U_i \cdot f_i)$$

其中，T 为规划期工业用地规模；G 为规划期工业销售收入；U_i 为 i 行业的产出率(单位工业用地销售收入)；f_i 为 i 行业的销售收入在工业销售总收入中所占的份额。

对于规划期工业销售收入(G)，根据工业总产值与工业销售收入之间的关系进行预测。常熟市工业企业产品销售收入占工业总产值的比重在 2004—2007 年分别为0.85，0.88，0.89，0.90，有逐步等同的趋势，因此确定近、中、远期的工业企业产品销售收入，分别为工业总产值的 0.97、0.98 和 0.99。

对于各行业的产出率(U_i)，根据《上海产业用地指南》中的相关指标进行预测。近期以土地产出的控制值为参照，中期以土地产出的推荐值为参照，远期在推荐值的基础上实现土地产出效益翻一番。

就数值的具体确定而言，由于纺织业和纺织服装、鞋、帽制造业在工业中所占比例相当，所以参考值取了二者的算术平均数，其比重为二者之和；主要行业的参考值选取的均是其内部细类行业(下一层级分类)的最高数值；份额大于 1%的其他产业包括皮革、毛皮、羽毛(绒)及其制品业，造纸及纸制品业，橡胶制品业，塑料制品业，非金属矿物制品业，有色金属冶炼及压延加工业，金属制品业，仪器仪表及文化、办公用机械制造业，电力、热力的生产和供应业，其所占比重将有下降趋势，参考值为主要行业参考值的算术平均值；剩余产业涉及的基础类产业或者与基础类产业直接相关的产业居多，参考值为主要行业参考值中的最小值。

对于各行业的销售收入在工业产品总销售收入中所占的份额(f_i)，根据各行业的发展趋势进行预测。装备制造业(除黑色金属冶炼及压延加工业外)在工业中所占比例逐步提高，有步骤地实现对应的基础类制造向高环节制造的转换；纺织服装业稳步发展；化工类产业的比例有所下降；通信设备、计算机等电子类制造业所占份额保持稳定，使制造环节能够支撑该类产业加快向研发设计方向发展，最终形成如表 6-21 所示的预测结果。

表 6-21　各行业的比重预测

行业类型	占工业整体的比重(%)			
	2008 年	近期	中期	远期
纺织服装、鞋、帽制造业	26.29	29	29	29
化学原料及化学制品制造业	8.75	7	6	6
黑色金属冶炼及压延加工业	16.59	16	12	10

续表 6-21

行业类型	占工业整体的比重(%)			
	2008年	近期	中期	远期
通用设备制造业	4.36	6	10	10
专用设备制造业	1.88	4	4	6
交通运输设备制造业	1.26	2	5	8
电气机械及器材制造业	6.44	7	8	9
通信设备、计算机及其他电子设备制造	9.12	8	8	8
份额大于1%的其他产业	20.60	19	16	12
剩余产业	4.71	2	2	2

最终确定常熟市的近、中、远期工业用地规模情况如表6-22所示。

表6-22　工业用地规模预测

	工业总产值增长率(%)	工业总产值(亿元)	工业企业产品销售收入(亿元)	土地产出率(亿元/km^2)	工业用地面积(km^2)
近期	11.0	6 000	5 820	61	95
中期	6.0	8 000	7 840	86	91
远期	3.2	11 000	10 890	173	62

由此证实两种预测方法的最终结果具有吻合特征的同时，亦明确了常熟市工业用地的整体规模。

(2) 分板块工业用地规模分配

在确定工业用地总量之后，需要将常熟市工业用地分配至中心城区和其他片区两个部分。研究对工业板块的用地规模进行分配，主要考虑工业发展现状和发展潜力两个方面的因素，工业发展现状以工业用地效益衡量，发展潜力以工业用地适宜性评价定量化结果(下文中有相关结果阐述)来表征，得到工业板块用地规模分配的比例公式如下：

分配比例＝(现状用地比例·综合分配系数)/$\sum$(现状用地比例·综合分配系数)

其中，综合分配系数＝某片区现状建设用地比例·0.6＋效益系数·0.1＋潜力系数·0.3；效益系数＝该工业区工业用地效益/平均工业用地效益；潜力系数为工业用地适宜性评价结果进行处理后的数值。

需要指出的是，由于各个片区的主导产业和发展条件不同，综合考虑到聚集经济效应、各片区对自身的发展规划、不同阶段经济发展的速度，在最终确定各工业集中片区的工业用地分配面积时本研究引入了修正系数的概念对工业用地分配比例进行修正：

修正后的分配比例＝(某一片区工业用地分配比例·修正系数)/Σ(某一片区工业用地分配比例·修正系数)

其中，远期工业用地分配比例是在修正后的近期工业用地分配比例基础上进行再修正从而加以确定的，得到的工业用地分配结果如表6-23所示。

表 6-23　常熟市各工业板块用地分配

工业用地类型		现状用地比例(%)	近期分配比例(%)	中期分配比例(%)	远期分配比例(%)
中心城区工业用地	常熟经济开发区	11	18	26	26
	东南经济开发区	11	15	18	20
	中心城区其他工业用地	23	21	16	20
	小计	45	54	60	66
其他片区工业用地		55	46	40	34
合计		100	100	100	100

2）工业就业人口规模预测与分配

与确定工业用地规模的预测思路具有相似性，工业就业人口通过预测工业劳动生产率和工业增加值进行计算。其中，工业增加值参照常熟市经济增长和产业结构的预测结论；工业劳动生产率的预测结合常熟市工业劳动生产率的增长率和主要发达国家的工业劳动生产率得出。

2008 年常熟市工业劳动生产率为 17 963.6 美元/人，1998—2008 年工业劳动生产率的年平均增长率为 14.0%，参照主要发达国家的工业劳动生产率，对常熟工业劳动生产率和就业人口的预测如表 6-24 所示。

表 6-24　常熟市工业就业人口预测表

	现状值	高劳动生产率方案			低劳动生产率方案		
	2008 年	2015 年	2020 年	2030 年	2015 年	2020 年	2030 年
年均增长率(%)	—	7.0	10.0	5.0	6.5	9.5	3.5
劳动生产率(元/人)	122 152.2	209 880.0	338 014.0	550 589.0	202 161.0	318 250.0	448 923.0
劳动生产率(美元/人)	17 963.6	30 865.0	49 708.0	80 969.0	29 730.0	46 801.0	66 018.0
工业增加值(亿元)	669.48	1 593.00	2 326.00	3 187.00	1 593.00	2 326.00	3 187.00
工业就业人口(万人)	54.8	75.9	68.8	57.9	78.8	73.1	71.0

注：美元兑换年份为 2008 年。

以工业用地分配成果为依据，对工业就业人口在中心城区和其他片区两类地区的数量进行预测，结果如表 6-25 所示。

表 6-25　常熟市工业就业人口分配表

年份	工业就业人口(万人)	其他片区工业用地所占比重	其他片区第二产业就业人口(万人)	中心城区第二产业就业人口(万人)	其中港区第二产业就业人口(万人)
2008	54.8	0.55	31.3	23.5	—
2015	75.9—78.8	0.46	34.9—36.2	41.0—42.6	13.7—14.2
2020	68.8—73.1	0.40	27.5—29.2	41.3—43.9	17.9—19.0
2030	57.9—71.0	0.34	19.7—24.1	38.2—46.9	15.0—18.5

6.3.2 基于空间适宜性的常熟市产业空间布局引导

工业用地适宜性评价是以村为单位，考虑影响工业发展的诸因子（如交通、区位等）的作用，将常熟市域各村划分为高适宜性、较高适宜性、中适宜性、较低适宜性和低适宜性五大类，作为工业布局与空间整合的依据。

1）常熟市工业适宜性分析

对工业用地适宜性的评价采用 GIS 分析工具，具体步骤为：确定适宜性评价因子并建立评分表—确定各因子的权重—基于 ArcGIS 环境的因子加权评分法，得到用地适宜性评价结果。

（1）选定适宜性评价因子并建立评分表

影响工业布局的因子包括区位因子、交通因子、港口因子、土地因子、工业基础因子、环境因子等，各因子选取的指标和评分方法如表 6－26 所示。

将各因子按照其属性取值分为三个级别，分别赋值为 1、3、5，建立评分表。

表 6－26 工业用地适宜性评价评分表

影响因子		属性分级	评分
区位因子	距常熟市区的距离(km)	＞5	1
		1—5	3
		0—1	5
交通因子	距高速交通枢纽的直线距离(km)	＞5	1
		3—5	3
		＜3	5
	通过区内的国道省道条数(条)	＜2	1
		2—3	3
		＞3	5
港口因子	距港口的直线距离(km)	＜15	5
		15—30	3
		＞30	1
土地因子	工业用地的类型	省级工业开发区	5
		镇级工业集中区	3
		村级工业用地	1
工业基础因子	工业总产值(亿元)	＞10	5
		5—10	3
		＜5	1
环境因子	与湿地保护区、清水通道、风景名胜区、水系等环境敏感区的位置关系	与环境敏感区不相邻	5
		环境敏感区占村庄面积的 30%以下	3
		环境敏感区占村庄面积的 30%以上	1
		环境敏感区内	0

注：望虞河、湿地保护区的环境敏感区是其 500 m 缓冲区内的区域；风景名胜区的环境敏感区是风景名胜区本身。

（2）确定因子权重

采用成对明智比较法确定各因子的权重，以 1 代表同等重要，2 代表比较重要，3 代表绝对重要，对因子进行两两比较得到成对明智比较表（表 6 - 27）。经过标准化计算，得到各因子的权重值如表 6 - 28 所示。

表 6 - 27　因子成对明智比较表

	区位因子	港口因子	工业基础因子	交通因子	环境因子	土地因子
区位因子	1	1/2	2	2	1/3	1/2
港口因子	2	1	3	3	1/2	2
工业基础因子	2	1/3	1	2	1/3	1/2
交通因子	2	1/3	1/2	1	1/3	1/2
环境因子	3	2	3	3	1	3
土地因子	2	1/2	2	2	1/3	1

表 6 - 28　各因子权重表

区位因子	港口因子	工业基础因子	交通因子	环境因子	土地因子
0.078	0.231	0.116	0.093	0.332	0.150

（3）基于 ArcGIS，求取工业用地适宜性评价结果

将上述分析的分级范围和权重因子进行运算，并将结果加权叠加，得出工业用地适宜性评价的结果（图 6 - 4）：最适宜发展工业的是常熟经济开发区和高新材料产业园；适宜性较高的地区位于中心城区大部、支董片区北部以及部分片区的工业集中区；适宜性一般的地区是支董片区南部、海虞片区大部、中心城区北部、沙家浜片区东部以及辛庄片区的部分村庄；发展工业适宜性较低的地区主要是位于尚湖片区西部、辛庄片区大部等；用地适宜性低的地区主要是环境敏感区周边的地区，位于尚湖片区大部、沙家浜片区西部、中心城区中部等。

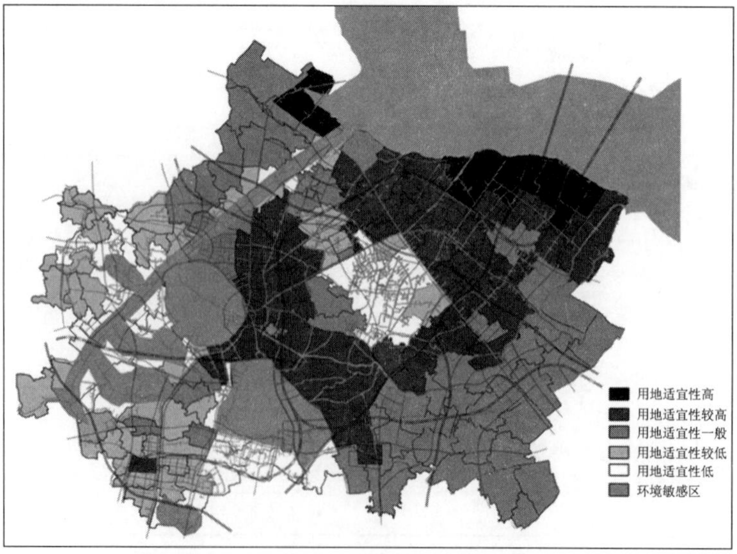

图 6 - 4　常熟市工业用地适宜性评价

2）常熟市分园区产业布局引导与准入门槛确定

零散工业用地过多是常熟市工业空间利用面临的首要问题，置换回收零散工业用地，引导工业企业入园、进区是常熟市工业可持续发展的必然选择。基于工业适宜性评价结果，常熟市对工业园区进行规划，使其形成“两园、两区、七大工业集中区”的格局（图6－5）。各个工业园区的产业选择、功能定位和入园门槛见表6－29。

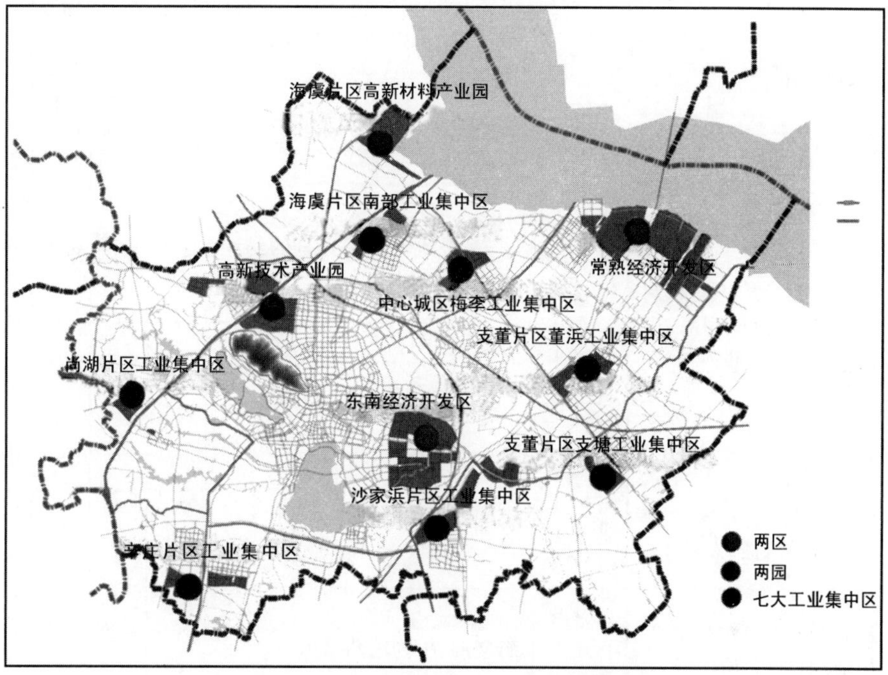

图6－5　常熟市工业园区布局规划图

表6－29　分园区产业功能定位与准入门槛表

名称	主要产业	工业集中板块	功能定位	土地投资强度控制指标			容积率控制指标
				近期	中期	远期	
中心城区	装备制造、电子信息、批发零售、物流、房地产、商务服务	常熟经济开发区	以装备制造业、进出口加工贸易产业和物流产业为主导的综合园区	标准三	标准二	标准一	A
		东南经济开发区	以现代生产性服务业和高科技工业为主导的生态友好型、城市型综合园区	标准三	标准二	标准一	A
		高新技术产业园	以电气机械制造为主导的科技型、环保型工业园区	标准三	标准二	标准一	A
		中心城区梅李工业集中区	经纬编纺织、机械工业基地	标准四	标准三	标准二	B

续表 6-29

名称	主要产业	工业集中板块	功能定位	土地投资强度控制指标			容积率控制指标
				近期	中期	远期	
海虞片区	新材料、化工	高新材料产业园	以新材料为特色和主导的高科技生态型工业园区	标准三	标准二	标准一	A
		南部工业集中区	纺织服装、机械零部件产业重要集聚地	标准四	标准三	标准二	B
支董片区	农业旅游、纺织服装制造及研发、金属制品、生物医药、物流、批发零售	支塘工业集中区	物流、市场等功能齐全的纺织服装特色基地	标准四	标准三	标准二	B
		董浜工业集中区	道口物流基地	标准四	标准三	标准二	B
沙家浜片区	特色农业(水产)、非金属制品制造(玻璃模具)、电子信息、旅游	沙家浜片区工业集中区	玻璃模具生产基地	标准四	标准三	标准二	B
辛庄片区	新能源(光伏)、生物医药、房地产、科研服务	辛庄片区工业集中区	新能源、生物医药基地	标准四	标准三	标准二	B
尚湖片区	特色农业(水产、西瓜)、轻纺、金属制品	尚湖片区工业集中区	轻纺基地	标准四	标准三	标准二	B

注:标准一、标准二、标准三和标准四分别对应国土资源部 2008 年 1 月颁布的《工业项目建设用地控制指标》中关于投资强度的四等、六等、七等和八等指标。A:参照《江苏省建设用地指标(2006)》对不同行业用地的容积率进行控制;B:参照国土资源部 2008 年 1 月颁布的《工业项目建设用地控制指标》对不同行业用地的容积率进行控制。

此外,有些工业园区的产业在名字上类似,但按照各园区之间功能互补、有效整合的原则,在产业的具体分类,或产品销售对象的分布等方面存在差异,所以在实际运行中会避免不同园区之间同行业相互竞争、“整体不经济”现象的产生。中期、远期的产业类别及准入门槛应根据园区发展的实际情况及国家标准的更新及时进行修正。

6.4 安徽省濉溪县产业发展与空间布局规划①

濉溪隶属淮北市,位于安徽省北部,素有“酒乡煤城”、“中原粮仓”等美誉。2010 年地区生产总值实现 115.1 亿元,人均地区生产总值(按包含矿区人口的常住人口计算)突破

① 项目名称及时间:“濉溪县城市总体规划(2011—2030)产业发展专题研究”,2011 年 10 月。委托单位:濉溪县城乡建设委员会。编制单位:东南大学城市规划设计研究院、东南大学区域与城市发展研究所。

万元大关，这标志着濉溪县整体已步入工业化初级阶段，并向工业化中期迈进。濉溪经济的快速增长离不开煤炭资源的支撑，但产业高度“煤炭化”的同时也给濉溪未来的产业结构调整埋下了深深的隐患。面对煤炭资源的日益枯竭、煤炭产业对经济增长的拉动效应逐渐减弱，濉溪县已经走到了产业发展转型的十字路口，如何抓住国家“十二五”规划提出的转变经济增长方式的机遇，避免资源型城市“荷兰病”的发生，切实实现濉溪产业发展“依托煤炭、延伸煤炭、超越煤炭”三步走的目标，便成为濉溪县今后发展需要面临的最为迫切的问题。

该规划项目开展于 2011 年 10 月，由濉溪县城乡建设委员会委托东南大学城市规划设计研究院、东南大学区域与城市发展研究所承担完成，其中产业发展战略研究专题是《濉溪县城市总体规划(2011—2030)》的重要组成部分。在研究的技术路线方面，规划成果突出了基于效益导向的空间布局引导、基于空间评价的产业布局再优化等分析方法，最终旨在引导濉溪县尽快摆脱资源型县级单元发展的困境，整合纷繁无序的产业空间，在形成相对合理的产业结构的同时，优化现有的产业布局结构，为长期的转型道路提供系统科学的指引。

6.4.1 基于效益导向的濉溪产业空间布局引导

通过比较分析县内各类产业的优势特点，明确在不同时段的产业角色，基于县内不同产业单元的现状和发展方向，确立濉溪县的产业布局结果。

1) 基于主成分分析的县内产业比较优势评价

主成分分析通过提取几个较少的综合变量尽可能多地反映原来多个具有一定相关性的变量的信息，在分析多变量指标时具有广泛的应用。如表 6 - 30 所示，对濉溪县各类产业的主成分分析选取工业总产值、固定资产原值、年平均职工人数、销售利润率和销售利税率计五个指标，进而综合评价濉溪县现有工业细分行业的发展情况。

表 6 - 30 主成分分析选取的五项指标

指标名称	指标编号	单位	计算公式	指标说明
工业总产值	X_1	亿元	原始数据	反映行业产值规模
固定资产原值	X_2	亿元	原始数据	反映行业资本投入
年平均职工人数	X_3	人	原始数据	反映行业人力投入
销售利润率	X_4	%	利润额/营业收入	反映行业盈利能力
销售利税率	X_5	%	利税额/营业收入	反映行业税收贡献程度

为消除所选取的各指标之间量纲不一样的影响，对原始数据进行了 Z 标准化，使得标准化后的数据均值为 0，方差为 1，经过 Bartlett 球形检验及 KMO 检验，所选取的五项指标适合进行主成分分析。

运用统计软件 SPSS17.0 进行主成分分析得出：第一主成分对原始变量中的 X_1(工业总产值)、X_2(固定资产原值)、X_3(年平均职工人数)有绝对值较大的负荷系数，同时三个变量在因子得分矩阵中较其他因子有较大的比重。因此，第一主成分主要反映的是行业的规模优势。第二主成分主要对原始变量中的 X_4(销售利润率)、X_5(销售利税率)有绝对值较大的负荷系数，同时两个变量在因子得分矩阵中的比重也较高。因此，第二主成分主要反映的是行业的效益优势。

根据因子得分矩阵和原始数据标准化后的结果可以计算不同行业的因子得分数，具体的计算公式如下所示。

$$Factor\_1 = 0.315X_1 + 0.299X_2 + 0.332X_3 + 0.188X_4 + 0.216X_5$$
$$Factor\_2 = -0.273X_1 - 0.273X_2 - 0.037X_3 + 0.457X_4 + 0.435X_5$$
$$F = \alpha \cdot Factor\_1 + \beta \cdot Factor\_2$$

其中，$Factor\_1$ 和 $Factor\_2$ 分别表示第一主成分得分和第二主成分得分，即规模优势得分和效益优势得分；X_i 表示第 i 项评价指标的标准化结果；F 表示综合优势得分；α 和 β 分别表示两个主成分的方差贡献率，这里分别为 0.526 和 0.365。表 6-31 列出了濉溪县工业细分行业的规模优势、效益优势和综合优势计算结果和排名。

表 6-31　主成分分析结果

行业代码	行业名称	规模优势度		效益优势度		综合优势度	
		得分	排序	得分	排序	得分	排序
6	煤炭开采和洗选业	1.805	3	0.014	10	0.955	3
8	黑色金属矿采选业	−0.237	14	−0.272	20	−0.224	14
13	农副食品加工业	1.235	4	0.139	7	0.701	5
14	食品制造业	0.411	7	0.406	3	0.364	6
15	饮料制造业	2.566	1	1.986	2	2.075	1
17	纺织业	−0.263	15	0.356	4	−0.008	11
18	纺织服装、鞋、帽制造业	0.023	9	−0.092	14	−0.022	12
19	皮革、毛皮、羽毛(绒)及其制品业	−0.586	18	0.038	9	−0.294	18
20	木材加工及木、竹、藤、棕、草制品业	−0.773	24	−0.143	17	−0.459	21
21	家具制造业	−0.967	26	−0.356	22	−0.638	24
22	造纸及纸制品业	−0.161	12	−0.405	23	−0.233	15
24	文教体育用品制造业	−0.765	23	−3.099	28	−1.534	28
25	石油加工、炼焦及核燃料加工业	2.394	2	−0.010	11	1.255	2
26	化学原料及化学制品制造业	−0.230	13	−0.265	19	−0.218	13
29	橡胶制品业	−0.656	21	−0.233	18	−0.430	20
30	塑料制品业	−0.371	16	−0.135	15	−0.244	17
31	非金属矿物制品业	0.669	5	−0.636	26	0.120	8
32	黑色金属冶炼及压延加工业	−0.967	27	−0.428	24	−0.665	26
33	有色金属冶炼及压延加工业	−0.037	11	0.312	5	0.094	10
34	金属制品业	−0.442	17	−0.017	12	−0.239	16
35	通用设备制造业	−0.653	20	−0.463	25	−0.512	22
36	专用设备制造业	0.150	8	2.182	1	0.875	4
37	交通运输设备制造业	−0.636	19	−0.055	13	−0.355	19

续表 6-31

行业代码	行业名称	规模优势度		效益优势度		综合优势度	
		得分	排序	得分	排序	得分	排序
39	电气机械及器材制造业	0.008	10	0.255	6	0.097	9
40	仪器仪表及文化、办公用机械制造业	−0.761	22	−1.282	27	−0.868	27
44	电力、热力的生产和供应业	0.476	6	0.128	8	0.297	7
45	燃气生产和供应业	−1.003	28	−0.324	21	−0.646	25
46	水的生产和供应业	−0.883	25	−0.139	16	−0.515	23

由因子得分结果分析得知，饮料制造业，石油加工、炼焦及核燃料加工业，煤炭开采和洗选业，农副食品加工业，非金属矿物制品业，电力、热力的生产和供应业，食品制造业，专用设备制造业，纺织服装、鞋、帽制造业等具有较高的规模优势度；专用设备制造业，饮料制造业，食品制造业，纺织业，有色金属冶炼及压延加工业，电气机械及器材制造业，农副食品加工业，电力、热力的生产和供应业，皮革、毛皮、羽毛(绒)及其制品业，煤炭开采和洗选业具有较高的效益优势度。如图 6-6 所示，部分行业的规模优势度和效益优势度存在错位，综合优势较高的行业主要可以概括为饮料制造业，石油加工、炼焦及核燃料加工业，煤炭开采和洗选业等。

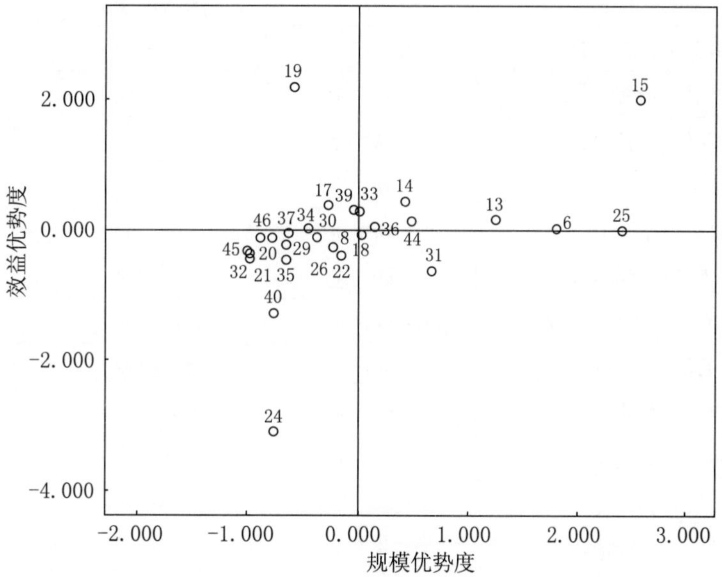

图 6-6　各细分行业规模优势和效益优势二维坐标

2）产业发展时序确定

在综合定量分析的基础上，结合重大产业项目和产业政策，明确濉溪县不同时期的细分产业选择结果。其中，行业分类在《国民经济行业分类(GB/T 4754—2011)》基础上进行划分，其中第一产业以大类农业代替，工业和第三产业细分行业按照标准进行划分。基础产业是为区域经济增长、社会发展、人民生活提供公共服务的产业；关联产业是与主导产业在产品的投入产出、技术等方面有联系，为主导产业发展进行配套、协作的产业；潜导产业是当前对区域经济增长有限，但是代表了未来产业进步的方向，发展潜力大，前景广阔的产业，这类产业有可能在不远的将来发展为新的主导产业；主导产业是在区域经济中起组织和带动作用，处于主要支配地位的产业。具体如表 6－32 所示。

表 6－32　濉溪县分时序产业选择结果

行业类别	近期（2011—2015 年）	中期（2016—2020 年）	远期（2021—2030 年）
农业	基础产业	基础产业	基础产业
煤炭开采和洗选业	关联产业	关联产业	—
黑色金属矿采选业	关联产业	关联产业	—
农副食品加工业	主导产业	主导产业	主导产业
食品制造业	主导产业	主导产业	主导产业
饮料制造业	主导产业	主导产业	主导产业
纺织业	关联产业	关联产业	主导产业
纺织服装、鞋、帽制造业	关联产业	关联产业	关联产业
皮革、毛皮、羽毛（绒）及其制品业	关联产业	—	—
木材加工及木、竹、藤、棕、草制品业	关联产业	—	—
家具制造业	关联产业	—	—
造纸及纸制品业	关联产业	关联产业	关联产业
文教体育用品制造业	关联产业	—	—
石油加工、炼焦及核燃料加工业	主导产业	主导产业	主导产业
化学原料及化学制品制造业	关联产业	关联产业	关联产业
橡胶制品业	关联产业	关联产业	关联产业
塑料制品业	关联产业	关联产业	关联产业
非金属矿物制品业	关联产业	潜导产业	主导产业
黑色金属冶炼及压延加工业	关联产业	关联产业	关联产业
有色金属冶炼及压延加工业	关联产业	潜导产业	主导产业
金属制品业	关联产业	关联产业	潜导产业
通用设备制造业	关联产业	关联产业	关联产业
专用设备制造业	关联产业	潜导产业	主导产业
交通运输设备制造业	关联产业	关联产业	关联产业
电气机械及器材制造业	关联产业	关联产业	潜导产业
仪器仪表及文化、办公用机械制造业	关联产业	—	—
电力、热力的生产和供应业	基础产业	基础产业	基础产业
燃气生产和供应业	基础产业	基础产业	基础产业
水的生产和供应业	基础产业	基础产业	基础产业
交通运输、仓储和邮政业	关联产业	潜导产业	潜导产业
信息传输、计算机服务和软件业	—	关联产业	关联产业

续表 6 - 32

行业类别	近期 （2011—2015 年）	中期 （2016—2020 年）	远期 （2021—2030 年）
批发和零售业	关联产业	关联产业	关联产业
住宿和餐饮业	关联产业	关联产业	关联产业
金融业	关联产业	关联产业	潜导产业
租赁和商务服务业	关联产业	关联产业	潜导产业
房地产业	关联产业	关联产业	关联产业
旅游业	关联产业	关联产业	关联产业
科学研究及技术服务业	—	关联产业	关联产业
其他服务业	基础产业	基础产业	基础产业

3）空间布局现状与发展方向判断

在产业单元方面，目前濉溪县初步形成了以濉溪经济开发区和临涣工业园为主导、各类乡镇园区齐头并进的空间发展格局（图 6 - 7），但同时也存在乡镇工业集中区分布较为零散、产业同构现象严重、产业集聚效应不足等问题。部分乡镇工业集中区与开发区距离较近、对生态环境的压力较大，需要考虑对其进行撤并，以提高工业用地综合效益和产业规模效应。

结合濉溪县的主体功能区划定结果（图 6 - 8）可见，优化开发区主要分布在沿 202 省道一带、沿 303 省道一带和沿浍河一带，三条带沿线串联的节点工业发展条件良好，未来具备形成产业发展带的基础。同时，为顺应淮北市经济重心南移的趋势，濉溪县域南部地区应该加大产业发展的投入力度，推动工业集中区的建设。

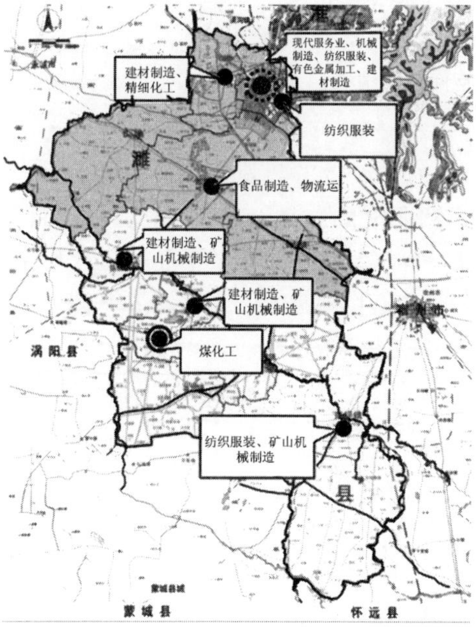

图 6 - 7　濉溪县产业空间布局现状

图 6 - 8　濉溪县主体功能区评定

4）产业空间布局引导方案

今后一段时期是濉溪县实现由工业化初级阶段向中级阶段迈进的重要机遇期，产业的集聚化和特色化发展仍将是主导产业空间布局的重要因素。结合空间布局现状和发展方向判断结果，规划提出构建“两核、三带、多节点”的产业空间布局结构（图 6－9）。

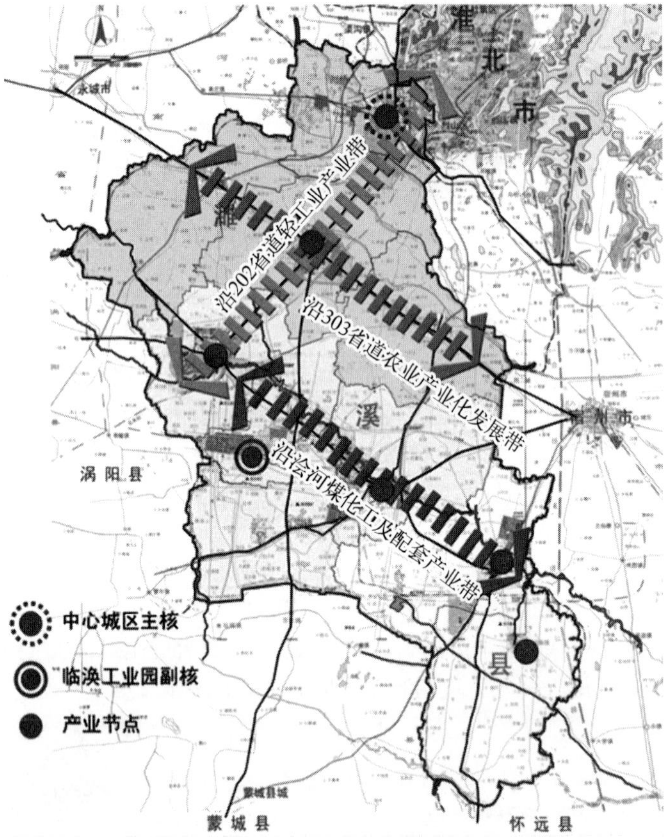

图 6－9　产业空间布局结构

其中，“两核”包括中心城区主核和临涣工业园副核；“三带”分别为沿 202 省道的轻工业产业带、沿浍河的煤化工及配套产业带以及沿 303 省道的农业产业化发展带；“多节点”指不同产业带及周边区域形成的不同规模和职能的城镇产业集聚点，包括百善、临涣、南坪、孙疃、双堆集等五个特色节点。同时，将最终确立的产业选择结果在以上不同的产业单元上进行统筹布局，形成各自明确的主导产业方向，具体如表 6－33 所示。

表 6－33　产业空间布局及主导产业指引

空间布局	结构名称	主导产业
两核	中心城区主核	金融、物流、商贸、有色金属加工、机电制造、纺织服装、新材料
	临涣工业园副核	煤化工及配套产业
三带	沿 202 省道的轻工业产业带	纺织、食品加工、新型建材
	沿浍河的煤化工及配套产业带	煤化工、煤炭开采和洗选以及矿山设备制造
	沿 303 省道的农业产业化发展带	现代农业和畜牧业、农副产品加工

续表 6 - 33

空间布局	结构名称	主导产业
多节点	百善	食品加工、物流业
	临涣	商贸服务、文化旅游业
	南坪	精细化工、物流业
	孙疃	煤化工相关配套产业
	双堆集	特色农业、红色旅游业

6.4.2 基于空间评价的产业布局再优化

在明确产业空间引导结果的同时，需要针对产业空间的现实特点进行科学引导，由此便对产业空间的评价与再优化提出了要求。

1）综合效益视角下的开发区空间布局评价体系的构建

开发区是濉溪县产业发展的重要载体和核心内容，而就现状而言，开发区的地均投入、地均产出、地均收益等衡量土地利用效益的指标都不高。同时，在已集中连片开发的开发区建成区内部，存在部分圈而未建的闲置用地，影响了土地的实际利用效益。以企业用地的地块为本书研究单元（通过对照开发区已入驻项目表与县经信委提供的部分企业数据，为保证数据的一致性，最终选取 88 家企业单元为研究对象），研究开发区各地块的土地利用效益，并基于综合效益对开发区的空间布局优化提出建议。

选取地均固定资产投资、地均职工人数、地均工业总产值、地均利税和地均利润五项指标，采用层次分析法确定各指标的权重（表 6 - 34）。为便于比较，将原始数据进行 Z 标准化，使得标准化后的数据均值为 0，方差为 1。土地利用综合效益的计算公式如下。

$$F = \sum_{i=1}^{5} x_i \gamma_i$$

其中，x_i 表示标准化后的数据；γ_i 表示各指标的权重；F 表示土地利用综合效益。

表 6 - 34 不同指标权重

	地均固定资产投资（万元/hm^2）	地均职工人数（人/hm^2）	地均工业总产值（万元/hm^2）	地均利税（万元/hm^2）	地均利润（万元/hm^2）
权重	0.22	0.11	0.34	0.22	0.11

2）开发区空间布局评价与优化

利用 ArcGIS 将评价结果可视化输出，其中一级表示该地块的相应指标较高，依次类推，五级最低，具体如图 6 - 10 所示。

从单项地均效益指标来看，玉兰路两侧片区以口子酒业为主的企业地均固定资产投资、地均工业总产值、地均利润等三项指标明显高于其他片区；除口子酒业、徽钢铜业等少数龙头企业外，其余企业的地均利税和地均职工人数指标均较低；王引河以西片区由于建设刚刚起步，存在较多的闲置用地和未利用土地，企业的地均固定资产投资也较低。

将各单项指标乘以权重叠加后得到土地利用综合效益（图 6 - 11），开发区内除少部分龙头企业外，大部分企业的土地利用综合效益较低，需要进一步优化其空间布局。

土地综合效益评价结果中处于一级和二级的地块就现状条件而言多是目前竞争力

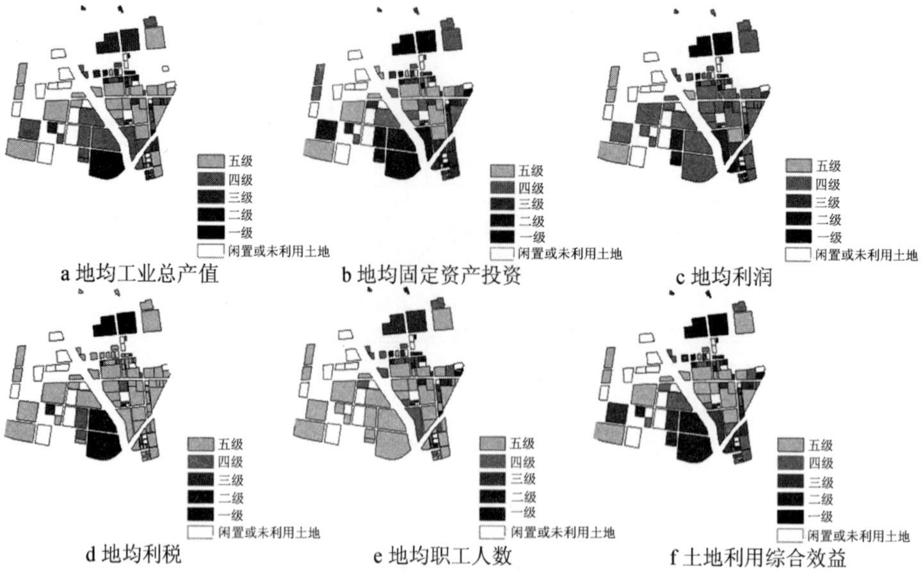

图 6－10　单项工业用地效益指标及综合效益评价结果

较强的企业或是新建企业的所在地，可将其作为保留用地；三级、四级和五级用地一方面建设条件相对较差，另一方面在效益方面处于劣势，且已有部分搬迁和有改造意向，故可将其作为待改造用地；目前闲置用地则可作为今后的待开发用地，由此形成开发区土地利用的三种类型（图 6－11）。其中，可保留用地主要集中在玉兰路以北、山楂路和女贞西路交界东南片区（徽钢铜业所在周边地区）以及部分零散地块；待改造用地所占比重较大，主要集中在王引河东西两侧；待开发（建设）用地主要包括闲置用地和部分未利用土地。基于空间布局优化的建议，未来应该大力鼓励和引导待改造用地片区内的企业做大做强，整合集中小规模的工业点，适时清退土地利用效益非常低的小企业，对待开发（建设）用地内新引进的企业要设立相应的效益门槛，以保证土地利用的综合效益。

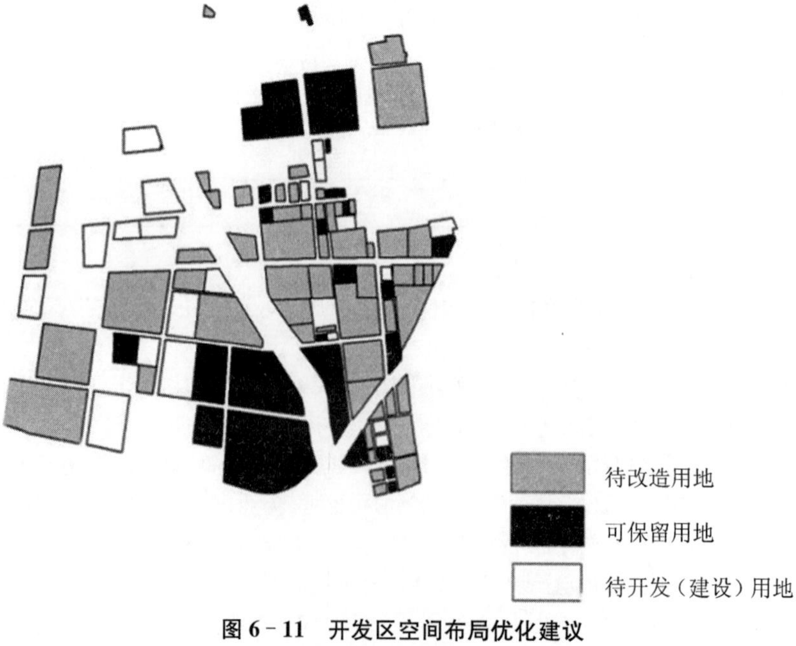

图 6－11　开发区空间布局优化建议

7 综合性开发区产业空间规划

开发区是改革开放以来支撑中国经济发展的关键性战略空间之一，作为城市对外开放、产业经济承载的主要战场，其随着我国经济的不断发展而日益壮大，逐步成为城市空间，尤其是城市生产性产业空间拓展的主要力量，有力地支撑了我国经济增长的世界奇迹，时至今日，可谓“独领风骚几十年”。同时，开发区发展的卓越成效亦推动了其在省、市、县等不同行政空间范围内的兴起，在此过程中，与百家争鸣的开发区发展热潮相对应，作为各地产业发展，尤其是工业发展最为重要的载体，开发区之间以及开发区内部产业发展和产业空间协调的问题一直存在，且由于各自建设与发展的日渐成熟，此间的竞争与搏杀亦变得越来越激烈。开发区的产业结构趋同、土地资产收益流失、空间发展失序等问题已成为现阶段发展的普遍现象，这极大地影响了开发区发展的质量和效益，制约了开发区(园区)和所在城市的健康发展。故而，以国家转型与创新发展为契机，调整、提升、整合和优化开发区的产业结构、产业空间，合理控制开发区发展的经济与空间规模，实现速度和质量、结构、效益的统一，便成为引导开发区发展的必由之路，而针对开发区所展开的集约型产业区规划，正是系统探讨这一路径最为直接的选择。

本章在案例选取方面综合考虑了开发区及其所在城市的区位、发展条件和今后的发展导向等方面的差异，以连云港经济技术开发区、常州天宁经济开发区、苏州高新区为例，对其产业发展与空间布局的规划成果进行梳理和提炼，突出集约型产业空间规划中产业空间效益与规模的把控、产业结构的优化、产业空间准入要求的制定以及产业空间的整合与提升等研究内容与方法，以期更加科学地指引开发区今后的转型与提升道路，实现开发区健康、有序发展，并为相关规划研究与实践提供研究思路与方法。

7.1 连云港经济技术开发区产业空间规划①

连云港经济技术开发区是1984年12月经国务院批准设立的第一批国家级开发区，作为江苏沿海和东陇海地带重要的增长极和城市新的产业空间，在促进区域和城市经济社会发展与城市化进程中，扮演着极其重要的角色。随着江苏省东陇海产业带和沿海地区开发的加速，作为两大地带交汇点的连云港，迈出了发展的新步伐;随后出台的连云港城市战略规划更是提出了“城市东进、拥抱大海”的基本战略和建设“一体两翼”滨海国际化城市的目标。作为连云港东部城区重要组成部分的国家级连云港经济技术开发区，不仅要完成带动区域产业发展的历史使命，更承载着带动城市东进、完善一体、衔接两翼的时代重任，是实现连云港市战略规划目标最为重要、最为核心、最为关键的区域。

该规划项目开展于2006年8月，由连云港经济技术开发区管委会委托东南大学城市规划设计研究院、东南大学区域与城市发展研究所承担完成，全称为“连云港经济技术开发区产业布局规划”。在研究的技术路线方面，规划创造性地引入了基于空间效益的空间规模分析、基于空间适宜性的产业空间布局分析和基于空间准入的项目控制导则制

① 项目名称及时间:“连云港经济技术开发区产业布局规划”，2006年8月。委托单位:连云港经济技术开发区管委会。编制单位:东南大学城市规划设计研究院、东南大学区域与城市发展研究所。

定等分析方法，最终旨在整合细化和适度调整原开发区总体发展的概念规划，衔接和指导各产业片区的详细规划与城市设计，创新开发区产业布局规划模式，统筹开发区产业布局和产业空间的规划管理，提供相关部门产业项目审批的共同平台。

7.1.1 基于空间效益的空间规模分析

在基于空间效益的空间规模分析中，以用地效益为突破口，有效衔接了经济发展目标与土地利用规划目标；在技术路线方面，通过梳理和比较连云港经济技术开发区与国内其他国家级开发区的现状用地规模、土地利用效益、投资强度和产出效益等指标，明确自身所处的发展地位，结合既定预测的经济发展目标，为连云港经济技术开发区今后的整体用地目标确定和用地效益控制提供了参照；同时，剖析自身内部各片区之间的土地利用效益梯度格局，为整理用地目标的拆分和分片区用地效益的控制提出预测基础。

1）连云港经济技术开发区发展的综合比较

连云港经济技术开发区发展综合比较涉及的指标有空间规模、产出效益与投资强度等。

（1）空间规模比较

根据2003年国家火炬计划统计资料，国家级高新技术开发区平均累计开发面积为12.29 km^2，规模最大的高新区为成都高新区，面积40.57 km^2；最小为海南高新区，面积0.9 km^2。开发面积小于10 km^2 的高新区为主流，占一半以上。连云港经济技术开发区开发面积为13.7 km^2，与上述高新区平均水平相比较，开发面积相当。

（2）产出效益与投资强度比较

2004年连云港经济技术开发区单位面积工业产值为26.50亿元/km^2，工业项目单位面积的投资强度为1.25亿元/km^2，单位面积工业产品销售收入为24.5亿元/km^2，单位面积出口额为3 596万美元/km^2，具体情况如表7-1所示。

表7-1 连云港各项经济指标与53个国家高新区平均水平的比较

	53个国家级高新区平均水平	连云港的水平	排名
单位面积工业产值	53.30亿元/km^2	23.60—26.51亿元/km^2	22
单位面积投资强度	2.52亿元/km^2	1.13—1.28亿元/km^2	38
单位面积销售收入	58.17亿元/km^2	23.94—24.87亿元/km^2	31
单位面积出口额	19 571.00万美元/km^2	3 550—4 928万美元/km^2	22

与53个国家级高新区相比较，连云港经济技术开发区在单位面积工业产值、单位面积投资强度、单位面积销售收入方面虽处于中等位置，但在绝对产出总量方面只有53个国家级高新区平均水平的50%左右；在单位面积出口额方面，则只相当于53个国家级高新区平均水平的20%左右。

江苏省开发区2004年每平方千米的项目投入为9.9亿元，实际利用外资8 238万美元；连云港经济技术开发区每平方千米的项目投入为1.25亿元，实际利用外资1 161万美元。在单位面积投资密度和单位面积实际利用外资方面，连云港经济技术开发区分别占江苏省平均水平的12.6%和14.1%，与省平均水平仍有一定的差距，在江苏省内处于中等偏下的水平。

此外，依据国土资源部提出的开发区土地利用评价指标（土地开发进度评价指标、土地投入与产出评价指标及工业用地效益评价指标等），得出的相关评价结果亦表明：土地开发进度指标反映连云港经济技术开发区的批租和建成环节不够顺利；土地投入与产出评价指标反映连云港经济技术开发区处于从低投入、低产出的基础设施建设向产业开发转型的历史发展阶段，建而不产等粗放用地现象和闲置浪费土地的问题依然明显；工业用地效益指标反映连云港经济技术开发区有部分高效益、高附加值的产业，但其带动城市产业发展的先导作用和规模集聚效应还有待进一步加强。

2）分片区与分行业发展比较

通过将连云港经济技术开发区与全国 53 个国家级高新区和江苏省开发区平均水平相比，连云港经济技术开发区的整体效益较低；通过开发区局部地区、部分行业与开发区整体相比较，各板块和各行业之间又存在着差异。

具体而言，在分行业的企业之间投资密度差别很大，医药、电子属于典型的资本密集型行业，这类企业产出密度较高，最高的豪森制药是最低的甲乙黏液的 146 倍。中云和宋跳片区属于高投入、高产出的区域，而大浦、临港（台北东）则属于低投入、低产出区域（表 7－2），企业之间差别则非常悬殊。

表 7－2　分片区投资强度变化

平均投资强度（单位用地固定资产投资）（万元/hm^2）	2004 年以前	2005 年
中云片区	2 327.4	2 656.56
大浦片区	1 267.1	1 042.18
宋跳片区	954.0	1 237.19
临港片区	573.9	1 193.47

3）空间效益指导目标的确定

对于开发区未来空间效益门槛的确定，规划采用两个指标：一是投资强度，二是产出密度。对项目而言，投资强度指项目用地范围内单位面积固定资产投资额，为项目固定资产总投资与项目总用地面积的比值，其中，项目固定资产总投资包括厂房、设备和地价款。产出密度指开发区项目用地范围内单位面积销售收入，对开发区整体而言，产出密度也指开发区范围内单位面积的生产总值（单位用地的 GDP 或者单位工业用地上的工业增加值）。此成果所指的效益要求是针对项目而设定的，指单位项目用地上的固定资产投资额和销售收入。

（1）空间效益指标的参照标准选择

确定连云港经济技术开发区未来空间效益要求的依据有四个方面：一是以国土资源部的《工业项目建设用地控制指标》为依据，二是以《上海产业用地指南》及国内其他相关城市的规定为参照，三是综合考虑江苏省、连云港市的相关政策要求，四是结合开发区空间效益的现状情况。

（2）整体空间效益的目标要求

基于以上标准，确定连云港经济技术开发区近远期的空间效益要求（表 7－3）。近期至“十一五”结束，连云港经济技术开发区各方面指标全面达到国土资源部课题组的参考值，工业项目方面满足《工业项目建设用地控制指标》中提出的相应控制指标，力争达到江苏省开发区的平均水平，进入江苏省开发区的前列，总体效益比“十五”翻一番。在具体数值要求方面，依据国土资源部课题组参考值和《工业项目建设用地控制指标》中的相应控制指标，并结合开发区发展态势择定连云港经济技术开发区近期的空间效益。

远期至开发区发展成熟阶段，效益指标应达到江苏省领先水平，争取持平苏州新加坡工业园区水平，位居国家级开发区的前列，力争效益指标比"十一五"翻一番。通过对比苏锡常高新区发展态势以及苏州新加坡工业园区的发展水平，确定连云港经济技术开发区远期的空间效益具体数值目标。

表 7-3　近远期开发区整体水平空间效益目标

指标名称	近期标准	远期标准
地均 GDP(亿元/km^2)	10—12	15—20
地均工业总产值(亿元/km^2)	35—45	60—80
地均投资密度(亿元/km^2)	10—15	15—20
地均实际利用外资(亿美元/km^2)	0.5—1.0	1.0—1.5

(3) 分产业类型空间效益的要求

在整体空间效益的指导下，确定连云港经济技术开发区不同产业各自对应的空间效益。其中，近期至"十一五"结束，连云港经济技术开发区内医药制造业应继续保持国内一流、国际领先的地位，食品制造业、电子设备制造业力争达到国内先进水平，其他行业保持江苏省平均水平并不能低于国土资源部等相关部门的基本值。依据《上海产业用地指南》以及《工业项目建设用地控制指标》中的相应控制指标，确定各产业类型的近期空间效益要求，具体指标如表 7-4 所示。

远期开发区内医药制造业应达到国际一流的水平，食品制造业、电子设备制造业保持国内领先水平，其他行业特别是化学制品制造业，仪表、办公机械制造业应达到江苏省领先水平。依据《上海产业用地指南》以及各产业发展态势，确定各产业类型的远期空间效益要求(表 7-4)。

表 7-4　近远期分产业类型空间效益的要求

开发区可选择的产业	单位面积销售收入(亿元/km^2)		单位面积投资强度(亿元/km^2)	
	近期	远期	近期	远期
(1) 先进制造业				
医药产业	60—80	80—100	30—50	60—80
化学工业	35—45	40—60	20—30	40—50
机械工业	55—70	80—100	30—50	60—80
电子信息	180—220	300—450	60—100	200—300
新材料产业	25—35	50—70	15—20	40—50
建材工业	15—25	30—50	10—20	20—40
(2) 临港型工业				
石油化工	25—35	50—70	10—15	30—40
船舶修造	80—100	150—180	40—60	100—120
造纸工业	15—25	40—60	10—15	30—50

续表 7-4

开发区可选择的产业	单位面积销售收入(亿元/km^2)		单位面积投资强度(亿元/km^2)	
	近期	远期	近期	远期
(3) 出口加工业				
食品加工	35—45	60—80	10—20	30—50
机电组装	55—70	80—100	30—50	60—80
纺织服装	25—35	50—70	10—20	30—50

(4) 开发区分片区效益的确定

在明确不同产业的空间效益控制要求之后，结合各片区的主导产业选择建议，确定分片区的空间效益控制建议(表 7-5)。在满足国家和省政策要求的底线的前提下，今后开发区需要以表 7-5 中数值为控制目标，逐步提高空间利用效率(其中，江苏省要求的投资密度为 18 亿元/km^2，国土资源部要求的投资密度为 5.4—22.35 亿元/km^2)。

表 7-5 开发区分片区开发效益建议

开发区内各片区	产出密度控制(亿元/km^2)	投资强度控制(亿元/km^2)	建议主导产业(标准)
台北西片区	30—50	20—40	按机械行业标准控制
台北东片区	50—70	30—50	按纺织服装行业标准控制
宋跳片区	300—450	200—300	按电子行业控制
大浦片区	40—60	40—50	按化工行业控制
朝阳片区	60—80	30—50	按一般加工工业控制
中云片区	80—100	60—80	按医药行业控制

4) 基于经济目标的用地规模预测

基于连云港经济技术开发区经济目标和以上确定的空间效益指导要求，确定其近远期用地规模。在“十一五”期间，连云港市 GDP 突破 1 000 亿元，年均增长 16%以上，三次产业结构调整为 11∶49∶40，二产增加值预期达到 490 亿元，年均增长 18%左右，占 GDP 比重为 49%左右，工业总产值达到 1 000 亿元。届时连云港经济技术开发区 GDP 达到 300 亿元，工业总产值达到 750 亿元(按工业用地占总建设用地 50%计算)，实际利用外资达到 15 亿美元。连云港经济技术开发区 GDP 占连云港市的 30%，工业总产值占连云港市 75%，建成区面积将达到 30 km^2。

远期当连云港经济技术开发区 104 km^2 建设用地全部建成之时，GDP 将达到1 560 亿元，工业总产值达到 2 912 亿元(按工业用地占总建设用地 35%计算)，实际利用外资达到 104 亿美元。

7.1.2 基于空间适宜性的产业空间布局分析

连云港经济技术开发区产业空间适宜性评价的基本思路是选择对产业布局具有关键诱导作用的空间因子，分析这些因子对产业布局的要求和具体影响，进而明确不同空间单元可以承接的产业的基本属性；然后，按照这些属性特征，对比开发区未来选择发展的产业，确定各单元的广谱产业集；最后，按照产业之间环境的兼容性、产业链的关联性，结合现有布局基础，对各发展单元的产业谱系优选分类，确定各单元的主导产业、兼容产业、禁止产业。

1）分片区的产业空间适宜性判断

按照产业空间布局的一般规律，在规划研究中选择了建设条件、区位条件、交通条件、生态条件和环境约束要求作为适宜性评价的基本因子，逐一分析各片区（图 7－1）的因子特征和影响，确定产业适宜性要求，如表 7－6 所示。

表 7－6 各片区的产业空间适宜性评价

	建设条件	区位条件	交通条件	生态条件	环境约束要求	总体特点
中云片区	地基稳定，但用地狭长，不适宜布局用地面积大的企业。没有临海岸线资源和水运条件，不适合发展港口型产业	位于未来城市 8 字形的交合地带，紧邻城市核心区，适宜发展都市型产业、劳动力密集型产业	为新港城大道、疏港东通道和连霍高速公路三条交通干道穿插围合，内外交通便捷，适宜物流产业、快捷运输和大运量运输产业的发展	位于山峦之间，中间有水体穿过，生态条件好，适宜清洁产业发展	位于城市上风向，占据通风道，不能发展具有大气污染的产业	适宜发展劳动力密集型、土地集约型、环境友好型、快捷运输型和大运量产业，而不宜布局大气污染产业、大用地企业
朝阳片区	地基稳定，适宜各种建设活动，但居民点密集，动迁成本大	位于主城区和港口区联系的重点地带和主轴线上，适宜商贸物流产业、大运量产业的发展	紧邻规划的铁路枢纽，港城联系主通道，交通条件优越，适宜商贸物流产业、大运量产业的发展	位于云台山北麓，遥望大海，生态条件好	位于城市上风、上游，不适宜发展污染产业，与城区保持一定距离，环境清静，适宜布局研发、教育机构	适宜发展劳动力密集型、土地集约型、环境友好型、快捷与大运量运输型产业，而不宜布局污染产业、大用地企业
台北东片区	地基条件中等，但用地宽展，适宜布局大型企业	位于未来城市三环汇聚的枢纽地带，紧邻城市核心区，适宜发展都市型产业（包括承担城市中心功能）、劳动力密集型产业	位于内外交通交汇衔接的核心区和海陆交通对接区，交通便利，适宜发展临港大运量产业	生态条件中等，适合建设成为以人工景观为主的区域	位于城市核心地带，大气、水体和噪声等环境影响较大，不适宜发展污染产业	适宜发展劳动力密集型、都市型、资本密集型、快捷运输型产业，而不宜布局污染产业
台北西片区	盐碱滩地为主，地基较差，不适合对地基要求高的企业，开发成本高，但是不受用地政策限制，而且地域宽广，适合布局大用地企业	位于规划的城市滨海生活带后方，和主城区、港口区构成三角发展态势，不适合发展污染型产业	交通条件便利，但是不如其他地块，不适合布局大运量企业	滨海近水，生态条件较好，供水便利，可适当发展高耗水产业	位于下风、下游，可适度发展部分污染程度较低的产业	适宜发展劳动力密集型、资源循环利用型、低污染型、大耗水型产业，而不宜布局污染产业和都市型产业

续表 7-6

	建设条件	区位条件	交通条件	生态条件	环境约束要求	总体特点
宋跳片区	建设条件较好，适宜各种建设活动	位于主城区边缘，是城市向东的扩展部分，适宜发展都市型产业	紧邻高等级公路，陆路运输条件好，适合发展快捷运输产业	生态条件一般	位于城市边缘，不适宜发展污染产业	适宜发展智力密集型、土地集约型、环境友好型、快捷运输型、都市型产业，而不宜布局污染和大进大出型产业
大浦片区	建设条件较好，适宜各种建设活动	位于主城区向北的延伸部分，是主城的近郊型产业区，可以较为便利地依托主城区	紧邻高等级公路和铁路，陆路运输条件好，适合发展大运输产业	生态条件一般，供水便利，可适当发展高耗水产业	位于下风、中游，并与城市和滨海新区保持有相当距离，可适度发展部分污染程度较低的产业	适宜发展资源循环利用型、低污染型、大耗水型产业，不宜布局都市型产业

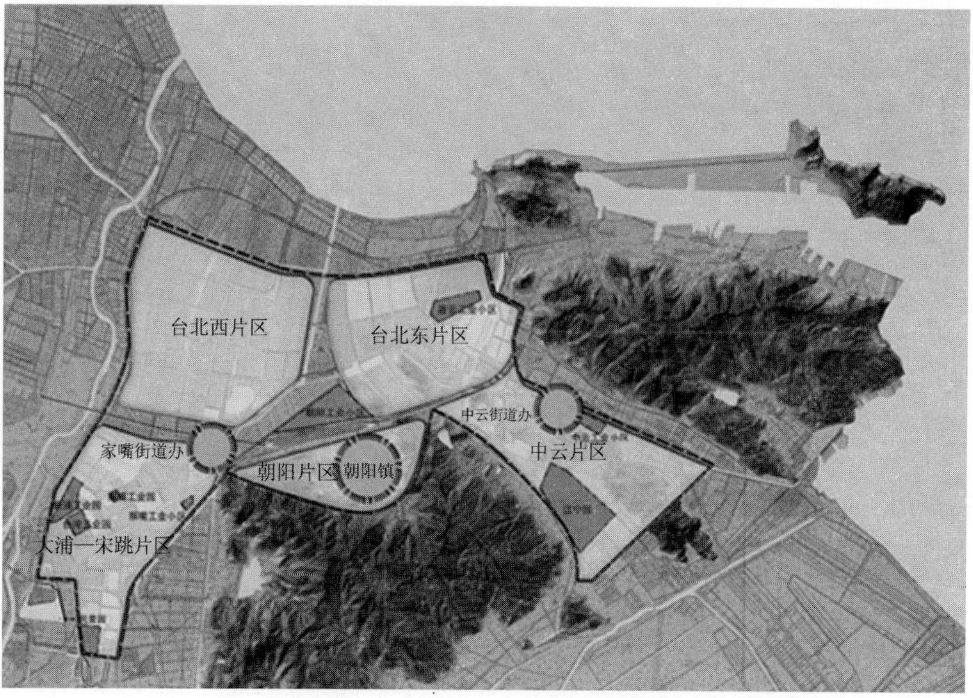

图 7-1　开发区内部空间关系图

综合上述要求，将开发区可选择的产业与各片区的适宜性情况进行匹配，形成各片区的适宜行业选择结果，如表 7-7 所示。

表 7－7　各片区的适宜行业选择结果

开发区可选择的产业	中云片区	朝阳片区	台北东片区	台北西片区	宋一大片区	
					宋跳片区	大浦片区
(1) 先进制造业						
医药产业	✓	✓	✓	✓	✓	✓
食品工业	✓	✓	✓	✓	✓	✓
化学工业	×	×	×	×	×	×
机械工业	✓	✓	✓	✓	✓	✓
电子信息产业		✓	✓	×	✓	×
(2) 临港型工业						
石油化工	×	×	×	×	×	×
船舶修造	×	×	×	×	×	×
造纸工业	×	✓	×	×	×	×
(3) 出口加工业						
食品加工	✓	✓	✓	✓	✓	✓
机电组装	✓	✓	✓	✓	✓	✓
纺织服装	✓	✓	✓	✓	✓	×

注：×为不适宜，✓为适宜。

2) 基于现状优势要求、产业链关联和环境兼容性的产业选择优化

在上述产业图谱基础上，将适宜发展又具有现状优势的产业和与现有优势产业环境兼容而且具有产业链协作配套优势的产业作为片区主导产业，进一步做大做强，形成特色集群；将与主导产业没有环境要求冲突也不具有关联配套但可以共享设施的产业作为兼容产业；将与主导产业环境冲突的产业作为禁止发展产业，避免片区内企业的相互干扰和片区之间的产业重复与恶性竞争。此外，在具有适宜性和现状优势的多个产业中，片区主导产业优先选择仅在本片区具有优势的产业，而将在多个片区同时具有优势的产业作为本片区的兼容产业，每个片区原则上只确定一个主导产业。按照上述原则对各片区产业优化选择，本节仅以中云片区为例说明(表 7－8)。

表 7－8　中云片区产业的优化选择

开发区可选择的产业	适宜性	是否本片区现状优势产业	是否其他片区优势产业	与现有优势产业环境兼容性	与现有优势产业产业链协作配套性	结论
(1) 先进制造业						
医药产业	✓	✓	×	—	—	主导产业
化学工业	×	×	✓	×	×	禁止产业
机械工业	✓	✓	×	✓	×	主导产业

续表 7-8

开发区可选择的产业	适宜性	是否本片区现状优势产业	是否其他片区优势产业	与现有优势产业环境兼容性	与现有优势产业产业链协作配套性	结论
电子信息	✓	×	✓	✓	×	兼容产业
新材料产业	✓	×	✓	✓	✓	兼容产业
建材工业	✓	×	✓	✓	×	兼容产业
(2) 临港型工业						
石油化工	×	×	×	×	×	禁止产业
船舶修造	×	×	×	✓	×	禁止产业
造纸工业	×	×	×	✓	×	禁止产业
(3) 出口加工业						
食品加工	✓	×	✓	✓	×	兼容产业
机电组装	✓	×	×	✓	×	兼容产业
纺织服装	✓	✓	×	✓	×	主导产业

注:×为不适宜,✓为适宜。

3) 分片区产业空间布局建议

基于以上产业选择优化引导结果,综合考虑片区之间的比较优势以及产业集群化、规模化的基本要求,原则上按照“一区一品”来确定各片区的主导产业,并以此作为片区的产业定位:对于一个片区已经具有两个及以上主导产业的,将最具比较优势的产业作为其主导产业;对于两个及以上园区同时拥有的主导产业,按照地区比较优势确定在其中一个园区发展。最终确定的主导产业作为片区鼓励发展的产业,兼容产业作为片区控制发展的产业,其他为禁止发展的产业,结果如表 7-9 所示。

表 7-9　分片区产业角色分配

开发区可选择的产业	中云片区	朝阳片区	台北东片区	台北西片区	宋一大片区	
					宋跳片区	大浦片区
(1) 先进制造业						
医药产业	主导产业	兼容产业	禁止发展	兼容产业	兼容产业	禁止发展
化学工业	禁止产业	禁止产业	禁止发展	禁止发展	禁止发展	兼容产业
机械工业	兼容产业	兼容产业	兼容产业	主导产业	兼容产业	兼容产业
电子信息	兼容产业	兼容产业	兼容产业	兼容产业	主导产业	兼容产业
新材料产业	兼容产业	兼容产业	兼容产业	兼容产业	兼容产业	主导产业
建材工业	兼容产业	兼容产业	兼容产业	主导产业	兼容产业	兼容产业

续表 7-9

开发区可选择的产业	中云片区	朝阳片区	台北东片区	台北西片区	宋—大片区	
					宋跳片区	大浦片区
(2) 临港型工业						
石油化工	禁止产业	禁止发展	禁止发展	禁止发展	禁止发展	禁止发展
船舶修造	禁止产业	禁止发展	禁止发展	兼容发展	禁止发展	禁止发展
造纸工业	禁止产业	禁止发展	禁止发展	兼容产业	禁止发展	兼容发展
(3) 出口加工业						
食品加工	兼容产业	主导产业	主导产业	兼容产业	兼容产业	禁止发展
机电组装	主导产业	兼容产业	兼容产业	兼容产业	主导产业	兼容产业
纺织服装	兼容产业	兼容产业	主导产业	兼容产业	兼容产业	禁止发展

基于以上产业角色控制要求，进一步形成连云港经济技术开发区的分片区产业布局结果如表 7-10 所示。

表 7-10　分片区产业布局

组团名称	中云片区	朝阳片区	台北东片区	台北西片区	宋—大片区	
					宋跳片区	大浦片区
产业定位	医药工业园区	物流配套加工工业园区	纺织、食品工业园区	机械加工工业园区	电子信息产业园区	新材料产业园区
建议鼓励入驻产业	医药、机电组装	物流配套加工	纺织、食品	建材、机械	电子信息	化工、新材料产业
建议控制入驻产业	纺织、机械、电子、新材料、建材、食品	除了临港工业、化工工业以外的其他产业	机械、电子、新材料、建材、机电、纺织服装	医药、电子、新材料、食品、机电、纺织服装、造纸、船舶	医药、机械、新材料、建材、食品、纺织服装	化工、机械、电子、建材、机电组装、造纸
建议禁止入驻产业	化工、船舶、造纸	临港工业、化工工业	石化、船舶、造纸、医药、化工	化工、石化	化工、造纸、石化、船舶	医药、食品、纺织、石化、船舶

7.1.3　基于空间准入的项目控制导则制定

结合以上产业用地规模和空间布局研究成果中涉及的空间效益准入和产业适宜性要求，将连云港市经济技术开发区整体和不同片区产业准入应该控制的环境标准和社会效益标准纳入开发区的产业准入条件体系之中，共同构成完整的空间准入指标系统和导则系统。

1）环境准入标准的明确与控制

分析连云港市经济技术开发区自然环境现状，并确定区域环境的规范控制体系，在整体层面上保护开发区以及周边地区的环境，促进社会生产力持续发展及资源的永续利用。同时结合产业布局结论，确定开发区内部分片区的环境准入控制要求，利用弹性引导、刚性控制的手段，对该开发区的入驻企业从环境角度进行严格把关，削减开发区区域污染物排放总量。

（1）开发区环境现状概述

根据连云港市2005年11月《环境监测月报》，开发区内空气质量除可吸入颗粒物超过国家环境空气质量二级标准10.9%外，二氧化硫和二氧化氮两项指标均符合《环境空气质量标准》(GB 3095—2012)相应的功能分区标准。开发区内的各地表水体均符合《地表水环境质量标准》(GB 3838—2002)相应的要求。开发区内的交通噪声符合《声环境质量标准》(GB 3096—2008)昼间四类区标准，开发区内各片区环境噪声均达到《声环境质量标准》(GB 3096—2008)的相应功能分区标准。总体上开发区环境状况良好，需要严格控制、削减大气污染物的排放。

（2）开发区环境准入指标体系

在区域环境控制方面，建议连云港经济技术开发区远景目标要全面优化生态环境，孵化出生态产业体系发达、基础设施完善、物质能量输入输出系统高效安全、生物多样性丰富的社会—经济—自然复合生态系统。结合连云港经济技术开发区的实际情况和《连云港市城市环境保护规划》，确定在大气环境、水环境、固废和声环境等方面对应的标准，形成开发区区域环境准入指标体系（表7-11）。

表7-11 开发区区域环境准入指标体系

类别	分项指标	单位	目标	建议远景目标
环境质量指标	全年API≤100的天数不少于	天	>310	330
	水环境功能达标率	%	100	100
	集中式饮用水水源地水质达标率	%	≥96	100
	区域环境噪声平均值	<dB(A)	≤60	<55
	交通干线噪声平均值	<dB(A)	≤70	<68
清洁生产指标	单位GDP能耗	吨标煤/万元	0.8	0.6
	单位GDP耗水量	m^3/万元	55	50
	工业用水循环使用率	%	60	65
	污水尾水回用率	%	10	30
环境建设与管理指标	区域林木覆盖率	%	18	24
	开发区人均公共绿地面积	m^2	12	14
	开发区生活污水集中处理率	%	>75	90
	工业废水达标率	%	100	100
	万元工业产值COD排放强度	kg/万元	4.0	3.0
	开发区气化率	%	>95	100
	集中供热率	%	>50	>60
	生活垃圾无害化处理率	%	100	100
	工业固废综合处置利用率	%	95	99
	烟尘控制区覆盖率	%	100	95

续表 7－11

类别	分项指标	单位	目标	建议远景目标
环境建设与管理指标	噪声达标区覆盖率	%	70	85
	危险固废安全处置率	%	100	100
	重点企业 ISO14000 认证率	%	50	80
	环评和“三同时”执行率	%	100	100
	公众对环境满意率	%	≥85	80
	环境保护投资指数	%	2.0	3.0

（3）分片区环境准入标准

为实现连云港经济技术开发区的生态经济与自然系统的良性循环，促进开发区与自然的共生，应当加强自然与人文景观资源的保护力度，维护生物多样性，在开发区区域内保持人与环境间的和谐，最终全面提高开发区人民的生活质量。根据开发区生态环境建设目标和环境状况，确定开发区分片环境准入要求，本节以中云片区为例进行说明，该片区位于前、中、后云山之间的狭长地带，自然状况良好，建议该区域为一类环境控制区，该区须严格控制水体、大气、噪声污染，特别控制大气、废水等污染。

2）分片区综合空间准入导则

综合规划研究确定的空间效益要求、空间规模、空间适宜性布局结果，并将以上环境准入、社会效益准入等方面的要求纳入，形成连云港经济技术开发区分片区对应的综合空间准入导则，各片区分别为：中云片区、朝阳片区、台北东片区、台北西片区和宋一大片区，以中云片区为例，将其空间准入导则举例（表 7－12，图 7－2）。

表 7－12　中云片区（医药工业园区）综合准入条件

指标名称		指标数据	备注
组团面积（km^2）		22.38	—
产业用地面积（km^2）		9.98	产业用地比例为 45%
产业小区布局		一区四园：医药、临港、江宁、中小企业园区	—
投资密度控制（亿元/km^2）		60—80	按照主导产业的标准控制；强制性指标
产出密度控制（亿元/km^2）		80—100	
环境指标		一类环境控制区	特别控制大气、废水污染；强制性指标
开发强度		≥0.8	强制性指标
产业准入要求	建议鼓励发展产业	医药、机电组装；满足基本要求且不在产业选择目录内的新产业	满足基本门槛即可进入，且给予一定的土地、税收优惠政策
	建议兼容发展产业	纺织、机械、电子、新材料、建材、食品	满足基本环保和效益门槛基础上，附加土地、税收限制条款，鼓励往其主导产业片区集聚
	建议禁止发展产业	化工、船舶、造纸、医药原料合成、医药中间体生产	严格禁止入驻本片区，在开发区以外合适地点布局

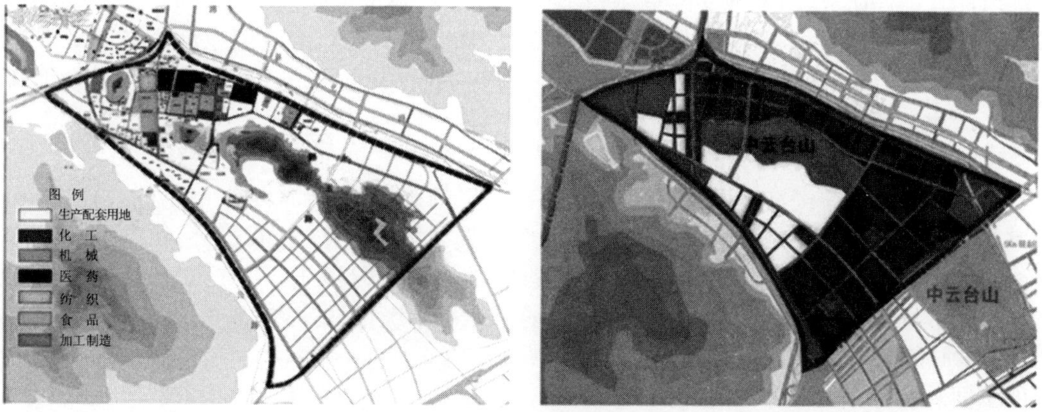

a 中云片区分行业现状图　　　b 中云片区产业规划图

图 7-2　中云片区分行业现状及产业规划图

7.2　常州天宁经济开发区产业空间规划①

常州天宁经济开发区 2006 年重组成立，是常州工业版图上最接近城市中心的地区，距离文化宫广场、火车站和新的城市行政中心均不超过 5 km，是常州主城区仅存的产业用地，水网密布，路网纵横，交通便捷；同时该园区也是常州工业版图上最接近全市高新技术产业主战场的区位，北端与国家级常州高新区连成一片。作为常州天宁经济开发区的前身，1993 年成立的东南经济开发区和 2002 年成立的常州外向型综合开发区在全市工业经济中占据着重要地位，已经形成了全市最重要的纺织服装产业集群。虽然汇集交通、区位、产业基础等优势于一身，但是作为一个位居城市中心区边缘的开发区，也面临空间狭小、形态狭长、土地破碎、主体多元、产业技术层次和地均产出偏低等诸多制约。随着周边城市和开发区的加速发展，如何利用有限的土地资源，提升产业层次、重塑城市功能、优化空间结构，便成为其今后发展需要解决的战略性问题。

该规划项目开展于 2007 年 6 月，由常州天宁经济开发区管委会委托东南大学区域与城市发展研究所承担完成，全称为“常州天宁经济开发区概念性规划”。在研究的技术路线方面，规划成果突出了基于空间准入的项目控制要求设定、基于空间效益的空间优化整合等分析方法，其中，基于空间效益的空间优化整合研究是开发区产业空间更新研究方法的重要尝试，也是集约型产业区规划的一项重点突破性内容。成果最终旨在明确常州天宁经济开发区空间整合和区域协调战略问题，并提出具有较强实际操作性的整合策略。

7.2.1　基于空间准入的项目控制要求

规划成果将常州天宁经济开发区的产业空间准入要求分为三个方面进行研究：一是分行业的空间效益准入研究，提出各行业投资强度和产出密度控制建议；二是开发区的

① 项目名称及时间：“常州天宁经济开发区概念性规划”，2007 年 6 月。委托单位：常州天宁经济开发区管委会。编制单位：东南大学区域与城市发展研究所。

环境准入条件研究，明确开发区整体和不同片区在产业准入时应该控制的环境标准；三是土地出让的准入控制，主要是从确保公益性用地不被侵占、产业用地价值得到最大体现等角度，提出土地出让的控制分区。这三大准入条件共同构成完整的常州天宁经济开发区产业空间准入指标系统。

1）空间效益准入门槛的设定

对于常州天宁经济开发区未来空间效益门槛的确定，规划采用三个指标：一是容积率，二是投资强度，三是产出密度。确定天宁经济开发区未来空间效益门槛的依据有四个方面：一是以国土资源部的《工业项目建设用地控制指标》为依据，二是以《上海产业用地指南》及国内其他相关城市的规定为参照，三是综合考虑江苏省、常州市的相关政策要求，四是结合开发区空间效益的现状情况。基于以上标准，确定天宁经济开发区近远期的空间效益准入门槛（表7-13）。

近期至“十一五”结束，天宁经济开发区各方面指标全面达到国土资源部课题组的参考值，工业项目方面满足《工业项目建设用地控制指标》中提出的相应控制指标，力争达到江苏省开发区的平均水平，进入江苏省开发区的前列，总体效益比“十五”翻一番。远期至开发区发展成熟阶段，效益指标应达到江苏省领先水平，争取持平苏州新加坡工业园的水平，位居国家级开发区的前列，力争效益指标比“十一五”翻一番。

表7-13　近远期开发区整体水平空间效益准入门槛

序号	指标名称	单位	近期	远期
1	地均GDP	亿元/km^2	10—12	15—20
2	地均工业总产值	亿元/km^2	35—45	65—75
3	地均固定资产投资额	亿元/km^2	25—35	35—45
4	地均实际利用外资	亿美元/km^2	0.2—0.5	0.5—1.0

分行业类型的空间效益准入门槛依据《上海产业用地指南》以及《工业项目建设用地控制指标》中的相应控制指标，制定开发区各产业类型的准入门槛，其中包括容积率、投资强度以及产出密度等准入门槛。此外，常州天宁经济开发区要在满足国家和省政策要求底线的前提下，向更高的准入控制目标努力，逐步提高开发区的空间利用效率。

2）环境准入标准的明确与控制

常州天宁经济开发区在开发区环境规划与准入指导思想、开发区环境规划原则、开发区区域环境的环境标准等方面与连云港经济技术开发区具有一致性，此处不再一一赘述。

（1）开发区环境现状概述

根据常州市“城市总体规划环境保护专项研究报告”，常州市城市环境空气质量尚未达到国家二级标准，可吸入颗粒物仍然超标，酸雨频率还处于较高水平，机动车尾气污染仍在加剧；地表水水功能区水质达标率尚不足50%；城市声环境污染已由面转到点，对居民影响最大也是最直接的社会生活噪声、建筑施工噪声污染呈现上升趋势；城市固体废物资源化还处于较低水平，工业固体废物综合利用档次、利用效率低，城市垃圾还未实行分类收集，垃圾回收利用无组织，回收体系落后、低效、无序。

常州天宁经济开发区目前经济增长方式仍以量的扩张为主，经济发展高投入、高消耗的特征显著。机电、纺织印染、化工等传统工业在全市国民经济中占有举足轻重的地位，造成结构性污染问题严重，水环境和大气环境污染尤为突出。根据《常州市生态市建设规划》，2005 年纺织印染、化工、医药行业规模以上企业工业总产值占市区 25.6%，其工业废水的排放量占市区 65.6%，COD 排放量占市区 75.1%。单位 GDP 能耗、SO_2、COD 排放强度虽然达到生态市建设标准，但排放总量仍然居高不下；单位 GDP 水耗、清洁能源比重、ISO14000 认证比率和第三产业比重还达不到生态市建设要求。

(2) 开发区区域环境规划目标和指标体系

结合常州市“城市总体规划环境保护专项研究报告”和《常州生态市建设规划》，确定开发区区域环境规划指标体系如表 7-14 所示。

表 7-14　开发区区域环境规划指标体系

类别	分项指标	单位	目标	建议远景目标
环境质量指标	全年 API≤100 的天数	天	≥340	≥350
	地表水环境功能区水质达标率	%	100	100
	集中式饮用水水源地水质达标率	%	≥98	100
	区域环境噪声平均值	<dB(A)	≤56	≤56
	交通干线噪声平均值	<dB(A)	≤65	≤60
清洁生产指标	单位 GDP 能耗	吨标煤/万元	≤0.8	≤0.7
	单位 GDP 耗水量	m^3/万元	≤55	≤45
	工业用水循环使用率	%	≥80	≥80
	污水尾水回用率	%	10	30
环境建设与管理指标	区域林木覆盖率	%	≥20	≥20
	开发区人均公共绿地面积	m^2	≥15	≥25
	万元工业产值二氧化硫排放强度	kg/万元	≤2.8	≤2.0
	万元工业产值 COD 排放强度	kg/万元	≤2.8	≤2.0
	开发区生活污水集中处理率	%	≥80	≥90
	工业废水达标率	%	100	100
	开发区气化率	%	≥98	100
	集中供热率	%	>50	>60
	生活垃圾无害化处理率	%	100	100
	工业固废综合处置利用率	%	100	100
	危险固废安全处置率	%	100	100
	烟尘控制区覆盖率	%	100	100

续表 7-14

类别	分项指标	单位	目标	建议远景目标
环境建设与管理指标	噪声达标区覆盖率	%	≥95	100
	规模企业 ISO14000 认证率	%	≥40	≥60
	环评和“三同时”执行率	%	100	100
	公众对环境满意率	%	≥99	接近 100
	环境保护投资指数	%	≥3.0	≥3.0

常州天宁经济开发区内部的青龙片区和雕庄片区在环境控制要求上具有一致性，且都为一类环境控制区，所以不再对分片区的环境准入指标进行区别。

3）基于社会效益的空间准入研究

常州天宁经济开发区社会效益准入以“连云港经济技术开发区产业布局规划”中的社会效益控制原则和实施细则为蓝本，与之具有相似的技术路线，但需要结合自身的实际情况，进行数量指标的相应调整。

4）综合空间准入导则

考虑到在空间效益、环境控制和社会效益引导等方面，整个常州天宁经济开发区具有“一盘棋”式的统筹发展模式，因此，综合以上三个方面的控制要求，即是常州天宁经济开发区的空间准入要求体系。

7.2.2 基于空间效益的空间优化整合

该开发区的产业空间布局规划以 SPSS 11.5 for Windows 软件为分析工具，采用 PCA 统计方法，比较分析常州天宁经济开发区现有产业的优势及劣势，综合考虑现有的统计指标的可获得性以及指标内涵的全面性，将影响开发区产业空间开发潜力的因子归纳构成八个主要的评价因子，建立 GIS 平台，形成评价各因子的原始数据库，并对各评价因子进行分析和制作专题图，得出每个地块的每项指标分值。继而，有机选取若干因素进行产业空间的保留、改造或开发，提出对天宁经济开发区的空间整合建议。

1）产业优势度评价

产业优势度评价是指采用 PCA 法探讨影响产业增长的主要因素，比较天宁经济开发区现有产业的优劣势。

（1）指标的选取

综合考虑现有的统计指标以及指标内涵的全面性，同时兼顾多年指标的连续性，研究选取了以下八项指标对天宁区现有产业优势度进行分析评价，如表 7-15 所示。这些指标分别从产业规模、投入产出效益等方面较为全面地反映了区域经济的综合实力。

表 7-15 产业优势度评价指标

编号	指标	单位	编号	指标	单位
1	固定资产原值	万元	5	用地面积	km^2
2	工业销售收入	万元	6	地均投入	亿元/km^2
3	利税收入	万元	7	地均产出	亿元/km^2
4	职工人数	人	8	地均收益	亿元/km^2

经过原始数据的标准化、计算标准化数据的相关矩阵、计算相关矩阵的特征值等步骤，得到总方差分解表(表 7 - 16)。

表 7 - 16　主成分分析总方差分解表

序号	总方差分解			因子提取结果			旋转后的因子提取结果		
	特征值	贡献率(%)	累计贡献率(%)	特征值	贡献率(%)	累计贡献率(%)	特征值	贡献率(%)	累计贡献率(%)
1	5.149	64.359	64.359	5.149	64.359	64.359	5.140	64.254	64.254
2	1.668	20.850	85.209	1.668	20.851	85.209	1.676	20.955	85.209
3	0.702	8.772	93.981	—	—	—	—	—	—
4	0.468	5.849	99.830	—	—	—	—	—	—
5	0.010	0.127	99.957	—	—	—	—	—	—
6	0.003	0.032	99.989	—	—	—	—	—	—
7	0.001	0.008	99.997	—	—	—	—	—	—
8	0.000	0.003	100.000	—	—	—	—	—	—

观察相关矩阵的特征值及贡献率，发现只有前两个因子的特征值大于 1，同时经旋转后的前两个主成分的累积贡献率已达到 85.209%(表 7 - 17、表 7 - 18)。因此，可以初步判断保留两个因子将能概括绝大部分信息，故提取两个因子较为合适。

表 7 - 17　旋转后的因子负荷矩阵

	主成分	
	1	2
销售收入	0.998	−0.025
用地面积	0.996	−0.042
职工人数	0.996	−0.044
固定资产	0.993	0.253
利税收入	0.983	0.125
地均利税	−0.119	0.857
地均投入	−0.006	0.827
地均销售	0.440	0.486

表 7 - 18　因子得分矩阵

	主成分	
	1	2
固定资产	0.193	0.012
职工人数	0.195	−0.046
销售收入	0.195	−0.035
利税收入	0.189	0.055
用地面积	0.195	−0.045
地均投入	−0.018	0.495
地均销售	0.076	0.282
地均利税	−0.040	0.515

从旋转后的因子负荷矩阵可以看出，第一主成分对原始变量中的销售收入、利税收入、用地面积、职工人数、固定资产等变量有绝对值较大的负荷系数。同时与之相对应，这几个变量在因子得分中较其他因子也有较大的权重。因此，第一主成分主要反映的是该产业的规模优势度。

第二主成分则对地均投入、地均销售和地均利税有绝对值较大的负荷系数。同时在因子得分中，在第二主成分中较大的权重也主要集中在以上三个变量。因此可以推断，第二主成分主要反映的是该产业的效率优势度。

(2) 产业的优势度评价

由因子得分分析可见(表 7－19)，在规模优势度方面，纺织行业、家具制造业、印刷业和记录媒介的复制、化学原料及化学制品制造业、塑料制品业、通用设备制造业、金属制品业等行业位居前列，显示出较大的规模优势。

而在效率优势度方面，文教体育用品制造业，石油加工、炼焦及核燃料加工业，化学原料及化学制品制造业，橡胶制品业，非金属矿物制品业，废弃资源和废旧材料回收加工业，通用设备制造业，电力、热力的生产和供应业等行业得分较高。

表 7－19　产业优势度评价得分

行业代码	行业名称	规模优势度		效率优势度		综合优势	
		得分	排序	得分	排序	得分	排序
17	纺织业	2.262	3	0.019	10	1.711	3
18	纺织服装、鞋、帽制造业	−0.308	9	−1.015	18	−0.482	17
19	皮革、毛皮、羽毛(绒)及其制品业	−0.526	18	−1.300	21	−0.716	21
21	家具制造业	2.424	2	−0.140	13	1.793	2
23	印刷业和记录媒介的复制	2.430	1	−0.150	14	1.796	1
24	文教体育用品制造业	−0.432	12	0.849	2	−0.117	7
25	石油加工、炼焦及核燃料加工业	−0.439	14	0.309	6	−0.255	11
26	化学原料及化学制品制造业	−0.178	5	0.494	5	−0.013	6
27	医药制造业	−0.560	20	−0.393	16	−0.519	18
29	橡胶制品业	−0.456	16	0.527	4	−0.214	9
30	塑料制品业	−0.284	7	−0.070	11	−0.231	10
31	非金属矿物制品业	−0.376	11	0.091	8	−0.261	12
34	金属制品业	−0.282	6	0.081	9	−0.193	8
35	通用设备制造业	−0.125	4	0.561	3	0.044	5
36	专用设备制造业	−0.534	19	−1.269	20	−0.715	20
37	交通运输设备制造业	−0.510	17	−1.157	19	−0.669	19
39	电气机械及器材制造业	−0.299	8	−0.580	17	−0.368	14
40	通信设备、计算机及其他电子设备制造	−0.444	15	−0.342	15	−0.419	16
43	废弃资源和废旧材料回收加工业	−0.587	21	0.107	7	−0.417	15
44	电力、热力的生产和供应业	−0.343	10	3.463	1	0.593	4
46	水的生产和供应业	−0.433	13	−0.085	12	−0.347	13

结合规模优势因子和效率因子可见，纺织业，家具制造业，印刷业和记录媒介的复制，电力、热力的生产和供应业等行业虽然具有较大的规模优势，在效率因子方面却相对处于劣势，从原始数据来看，这几个产业的地均投入、产出、收益各项指标也偏低，甚至低于全省平均水平，需要进一步整合提升，如图 7－3 和表 7－20 所示。

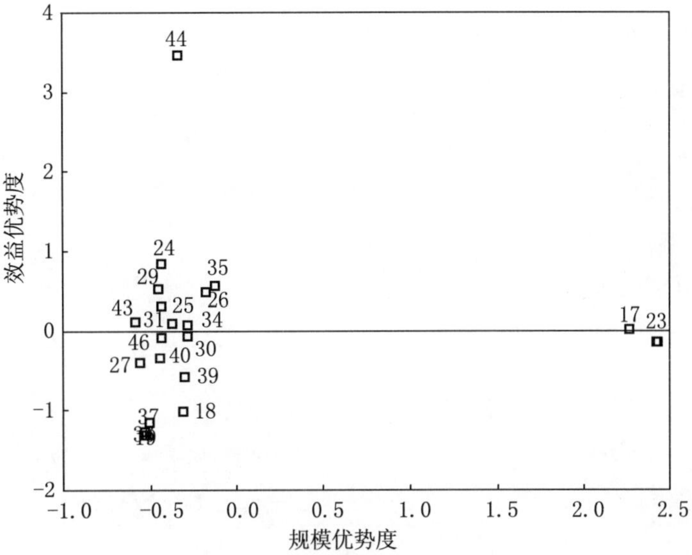

图 7－3　综合因子得分分布图

表 7－20　产业优势度评价结果

评价因子	优势产业
规模优势产业	纺织行业、家具制造业、印刷业和记录媒介的复制、化学原料及化学制品制造业、塑料制品业、通用设备制造业、金属制品业
效率优势产业	文教体育用品制造业，石油加工、炼焦及核燃料加工业，化学原料及化学制品制造业，橡胶制品业，废弃资源和废旧材料回收加工业，通用设备制造业，电力、热力的生产和供应业
综合优势产业	纺织业，家具制造业，印刷业和记录媒介的复制，文教体育用品制造业，化学原料及化学制品制造业，金属制品业，通用设备制造业，电力、热力的生产和供应业

2）产业空间评价

考虑到规划的可操作性、规模的适宜度以及评价结果的科学性，将常州天宁经济开发区产业空间按照新一轮规划路网进行划分，并综合考虑现有企业用地的完整性，确定最终地块总计 607 个，并对每个研究地块从八个主要评价因子的角度进行评价。

（1）单因子评价

① 建设年代分布

开发区所在空间在 20 世纪 70 年代以前就有零星企业分布，现存企业大多在 20 世纪 90 年代以后兴办，其中雕庄片区企业发展较早，大多为 2000 年之前兴办，青龙片区企业基本为 2000 年之后兴办，有部分企业正在新建厂房，部分土地闲置未建。

② 建筑质量分布

雕庄片区各等级建筑质量均匀分布。西部主要为老企业，建筑质量较差；东部建筑质量相对较新。青龙片区主要是新建企业，建筑面貌较新。有部分土地闲置尚未动工，主要集中在高士及洋头桥。

③ 行业分布

青龙片区所分布的行业主要以纺织、机电等制造业为主，还有部分电力、燃气等供应业；雕庄片区行业种类较多，制造业、仓储、批发和零售业、采矿业等，但仍以制造业为主，产业分布较均等。青龙片区制造业主要为纺织业，皮革、毛衣、羽毛(绒)及其制品业，电气机械及器材制造业；雕庄片区制造业则多元发展，以上情况如图 7－4 所示。

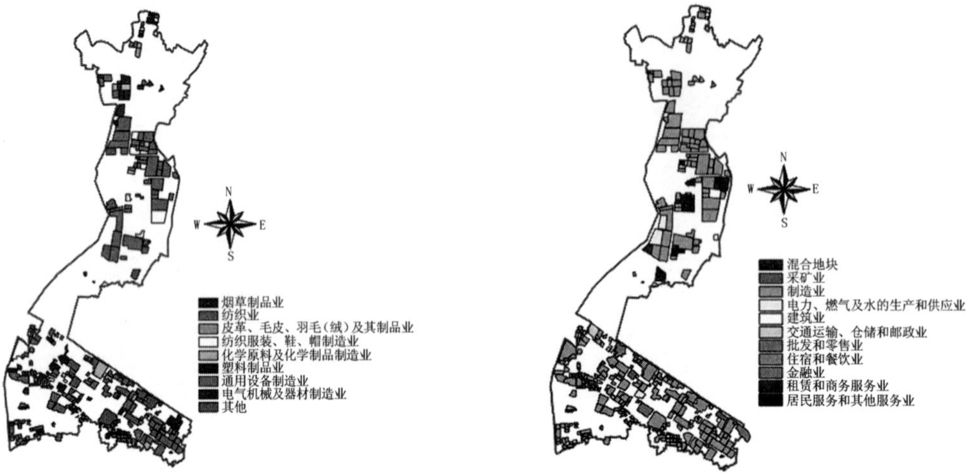

a 制造业分布图　　b 行业分布图

图 7－4　行业分布图

④ 资本性质分布

雕庄片区企业基本都是本地兴办，成立时间较早，20 世纪 70 年代就有部分企业在雕庄萌芽，同时有较多企业为村办企业，直接由村管理；青龙片区企业成立都较迟，有部分企业为市区迁入企业，用地规模大(图 7－5)。

⑤ 地均投资强度分布

以企业固定资产原值作为指标，形成开发区地均投资强度分析图(图 7－6)。可以看出，由于雕庄企业大多成立于 20 世纪 90 年代，占地面积较小，并且已经发展了 10 余年，具有一定的制造业基础，地均投资强度大都在 0.1 以上。青龙片区整体较新，企业用地面积都比较大，地均投资强度都在 0.02 左右，部分企业尚未投产，土地闲置。

⑥ 地均产出分布

将天宁开发区 2005 年和 2006 年各个企业的销售收入数据输入地理信息系统软件，同时测算出各企业所占用地面积，然后将销售数据和面积进行叠加，进行数据分段输出，形成开发区地均产出分布图(图 7－7)。从两图可以看出，2005—2006 年开发区各企业地均产出没有太大变化，基本稳定。雕庄片区企业地均值较高，这与其产业的渐趋成熟、企业的占地面积有直接的联系。青龙片区地均产出相对较高区主要位于高士、桐家等老企业集聚区，其余都相对较低，地均产出最高区位于雕庄的采菱村。

⑦ 地均利税分布

将开发区各企业利税数据按照地均产出分布图的方式进行处理，从而得到开发区 2005—2006 年的地均利税分布图(图 7－8)。从两图的对比可以看出，开发区的地均利税正在逐步攀升，特别是青龙片区的企业，地均税收都有明显的提高，但地均利税最高区仍然位于雕庄片区。

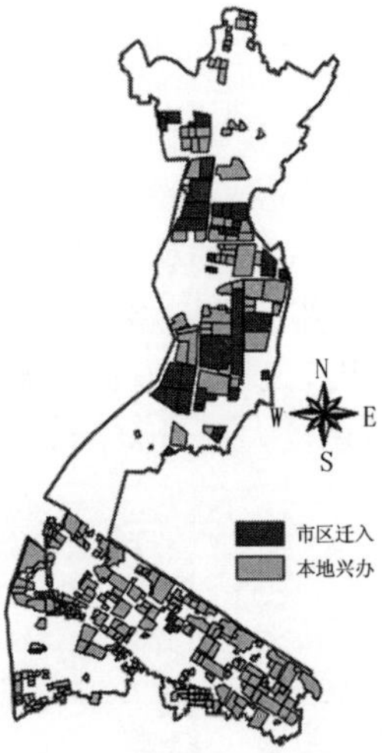

图 7－5　资本性质分布图

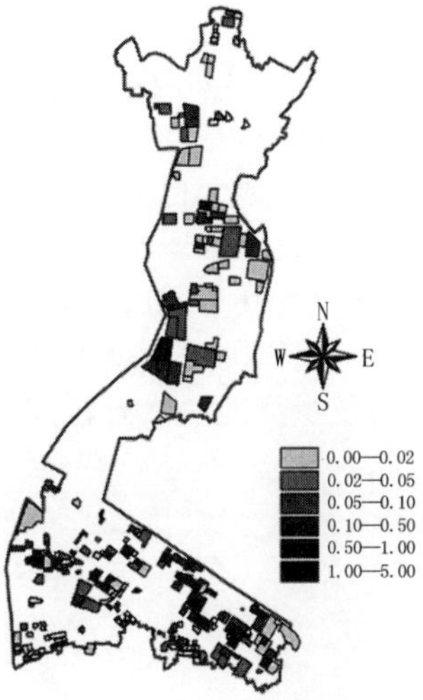

图 7－6　地均投资强度分布图

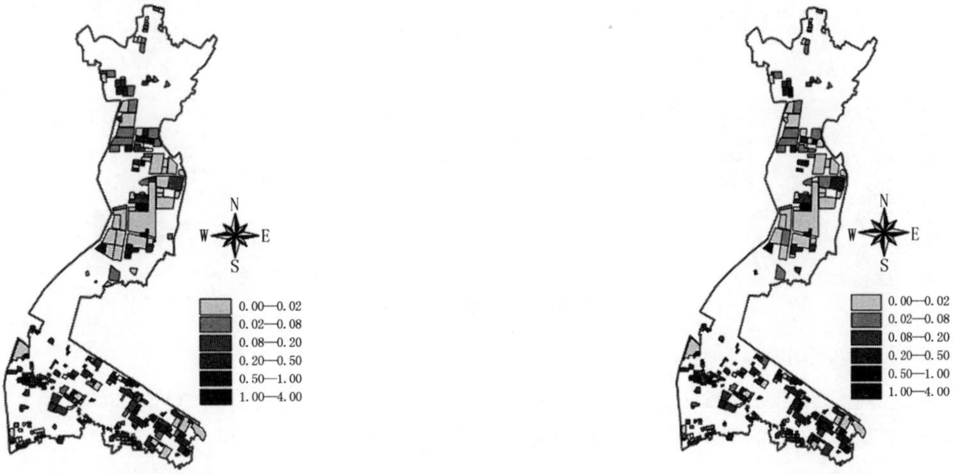

a 2005年地均产出　　b 2006年地均产出

图 7－7　地均产出分布图

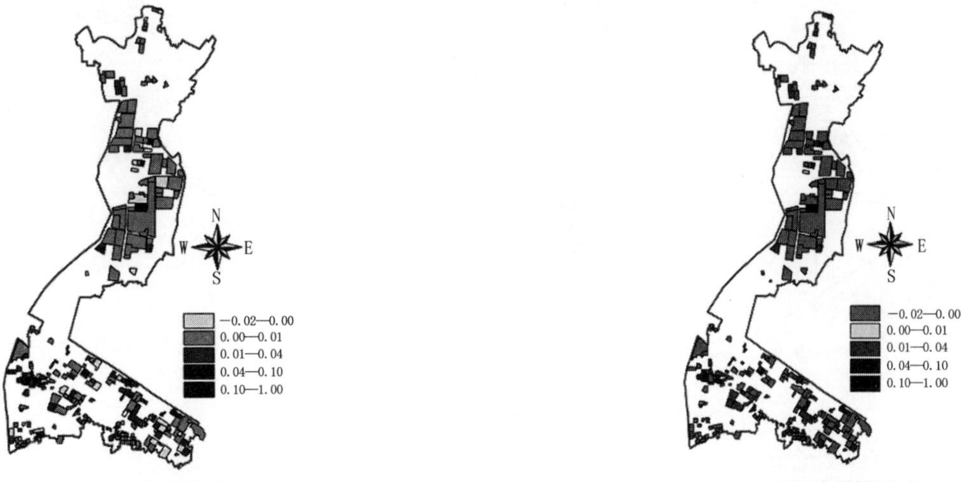

a 2005年利税分布　　b 2006年利税分布

图 7－8　地均利税分布图

⑧ 地均就业密度分布

将天宁开发区 2006 年各企业职工人数输入 ArcGIS，以点状图形式进行输出，图上每一个点代表 30 个职工（图 7-9）。从图中可以看到雕庄职工密度明显大于青龙，而青龙各企业的职工人数变化较大，其中有部分企业还未投产。

开发区为周边地区居民提供了非常大的就业机会。提高开发区的就业密度，对于开发区自身的发展及其与周边地区的和谐发展，都具有重要的意义。我们将企业职工人数地均化，形成开发区的地均就业密度分布图。从图中可以看出，天宁开发区的就业密度都相对较低，仅少量地块具有较高的就业密度，职工人口仍具有较大提升空间。

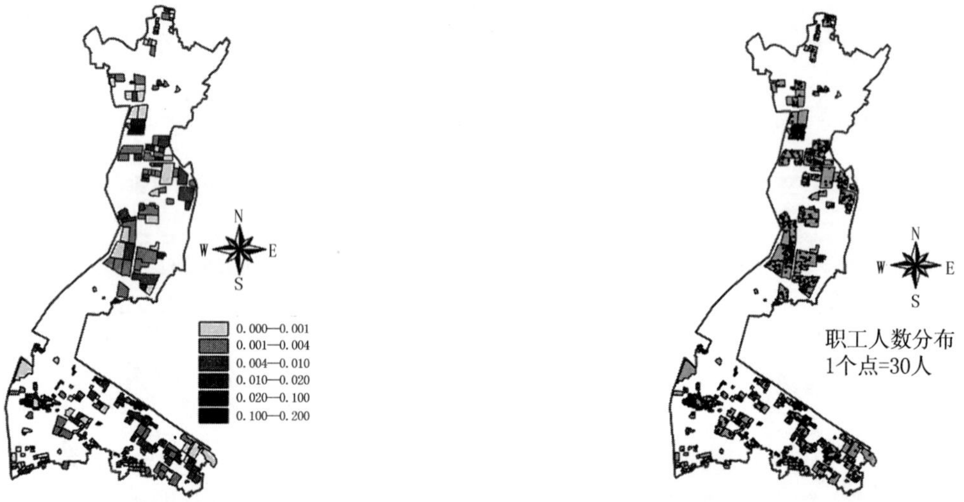

图 7-9 地均就业密度分布图

（2）产业空间整合引导

综合对天宁经济开发区进行的八个因子的逐一分析结果，进行有机叠加，进一步分析未来的产业空间整合方向，具体分为可保留空间、可改造空间和可开发空间，如图 7-10 所示。

图 7-10 天宁经济开发区空间整合引导

① 可保留空间

将开发区地图数字化，将各企业数据输入地理信息系统软件，然后对现状企业建筑质量、地块完整性、空间效益进行GIS综合叠加分析，得出开发区的可保留空间分布图。具体流程为：首先在GIS中输入保留条件语言，剔除开发区内建筑质量差、地块较为破碎的企业；然后对开发区内利税相对较低及非产业空间进行剔除，保留经济效益较好的产业空间；最后将这四个条件进行运算叠加，形成开发区保留地块的GIS条件，最终得出开发区的可保留空间。

从图中可以看出，可保留空间基本位于青龙片区，地块都较为完整，集中位于青龙的中部地段，主要是大量的纺织企业，故而将此区规划为现代纺织园，今后需要在原有产业的基础上，不断提高企业的科研水平与竞争力；雕庄可保留空间主要位于东部，西部所保留的空间均是地均产出、地均利税较高的企业。经过GIS计算，可保留空间共为4 726 307.66 m^2，约4.7 km^2，保留空间内现有职工20 216人。

② 可改造空间

按照同样方法，对开发区内现状存在的大量城中村，空间利用效益低下、地均产出较低、空间较为破碎的企业进行GIS叠加分析，输入GIS空间改造条件语言，得出开发区的可改造空间分布图。大部分可改造空间位于雕庄片区，规划将其发展为生物科技园，以实现产业置换与升级。通过GIS计算，可改造空间为5 010 112.80 m^2，约为5 km^2。

③ 可开发空间

基于部分未利用空地等因素，排除开发区保留用地及可改造用地，分析得出开发区的未利用空间分布图。通过GIS计算，可知开发区剩余未利用空间为3 844 855.82 m^2，约为3.8 km^2。剔除其中的道路及河流空间用地，得出开发区可开发空间约为2.2 km^2，主要位于开发区的北部和中部。

从整体功能的布局来看，基于GIS平台的常州天宁开发区产业空间整合分析有助于引导未来产业空间与居住、服务空间形成合理、和谐的功能布局，体现了GIS技术的应用对开发区空间规划由主观经验决策向科学、理性决策方向转变的积极推动作用。

7.3 苏州高新区产业空间规划实践[①]

苏州高新区1990年开发建设，1992年被国务院批准为“国家级高新技术产业开发区”，1997年被批准为中国首批对外开放的亚太经济合作组织（Asia-Pacific Economic Cooperation，简称APEC）科技工业园区，1999年成为全国首家“ISO14000环境管理体系试点城区”，2001年又成为全国首批国家级环保高新技术产业园，2003年的行政区划调整为高新区未来的发展奠定了坚实的基础，2007年申请并成为国家首批循环经济示范园区，随后在2008年又成为全国首批国家生态工业示范园区，逐渐实现了从工业园区到科技园区、生态园区的升级转变。

该规划项目开展于2010年12月，由苏州高新区管委会、江苏省城市规划设计研究院联合委托东南大学区域与城市发展研究所承担完成，作为《苏州高新区（虎丘区）城乡一体化暨分区规划》中的产业发展与空间布局研究专题。在研究的技术路线方面，规划成果突出了基于空间效益的空间规模预测及多思路校核、基于空间适宜性的产业空间布局引导等分析方法，最终旨在加快传统工业向先进制造业、高新技术产业和现代服务业协同发展的转型，强化园区今后发展对于质量效益提升的迫切要求，增强园区的综合服

① 项目名称及时间：“苏州高新区产业发展与空间布局研究”，2010年12月。委托单位：苏州高新区管委会、江苏省城市规划设计研究院。编制单位：东南大学区域与城市发展研究所。

务功能，系统化梳理并促成园区自身产业空间层级体系的形成。

7.3.1 基于空间效益的空间规模预测与校核

与"连云港经济技术开发区产业布局规划"初步探索的研究路线不同，苏州高新区工业用地规模的预测一方面基于用地效益进行推导，即预测工业经济增长趋势，借助工业用地产出效益，求解用地规模；另一方面结合未来的功能导向进行校核，因为不同空间类型占用空间资源的比例，反映了新产业空间内部机能是否协调，特别是主导功能与辅助功能占用空间资源的相对比例，更是反映了空间资源的利用效率，且通过与基于用地效益预测结果的校核，亦能提高规划预测的科学性。

1）基于土地产出效益的工业用地预测

苏州市总体规划中规定的地均产出指标：至 2015 年达到 20 亿元/km^2，至 2020 年达到 25—30 亿元/km^2（以工业增加值计算）。按工业增长趋势进行预测：2008 年高新区工业总产值为 1 850 亿元，参考 2003—2008 年高新区工业总产值平均递增率 29.9%，苏州市 2008 年工业总产值为 22 103 亿元，增加速率 16%；在苏州市总体规划中，2006—2010 年 GDP 年均增长率 12%左右，2011—2020 年 GDP 年均增长率保持在 9%左右，结合高新区自身发展现状、发展趋势及相关规划情况预测高新区工业增加值、工业总产值和工业用地效益，进而求得工业用地需求量，即苏州高新区远期工业经济发展对工业用地的需求量为 31－36km^2（表 7－21）。

表 7－21 基于经济效益工业用地预测

	2008 年	近期	中期	远期
		2015 年	2020 年	2030 年
工业总产值(亿元)	1 850	4 089	5 220	7 362
工业总产值年增长率(%)	10.8	12.0	5.0	3.5
工业增加值(亿元)	470	1 105	1 551	2 296
工业增加值增长率(%)	10.8	13.0	7.0	4.0
工业用地效益地均工业增加值(亿元/km^2)	12.6	2.50—30.0	41.0—50.0	63.0—73.0
工业用地需求(km^2)	—	37—44	31—38	31—36

2）基于"动态置换"理念的工业用地利用引导思路阐释

在预测工业用地规模的过程中，工业用地规模的变化态势在近、中、远三期内并未呈现一直增长的发展态势。对于苏州高新区而言，现阶段工业产业用地分散布局的特点使得其在现有的土地资源限制条件下，必须将集约与整合的理念贯彻于产业空间规划的具体引导指标测算过程之中，由此亦形成了以上近、中、远三期工业用地需求的波动态势，即因核心产业区与外围现存产业区有并存的现象，产业用地规模在由现状向近中期过渡的过程中工业用地规模仍然会有一定的增长，但随着工业用地整合与引导举措在近中期的逐步落实，未来总规模必然会回落。同时，需要指出的是，在此过程中工业用地的效益一直保持着增长状态，由此亦可以保证远期将会形成用地规模下降，而产出规模上升的良性态势。工业用地规模与效益的关系示意如图 7－11 所示。

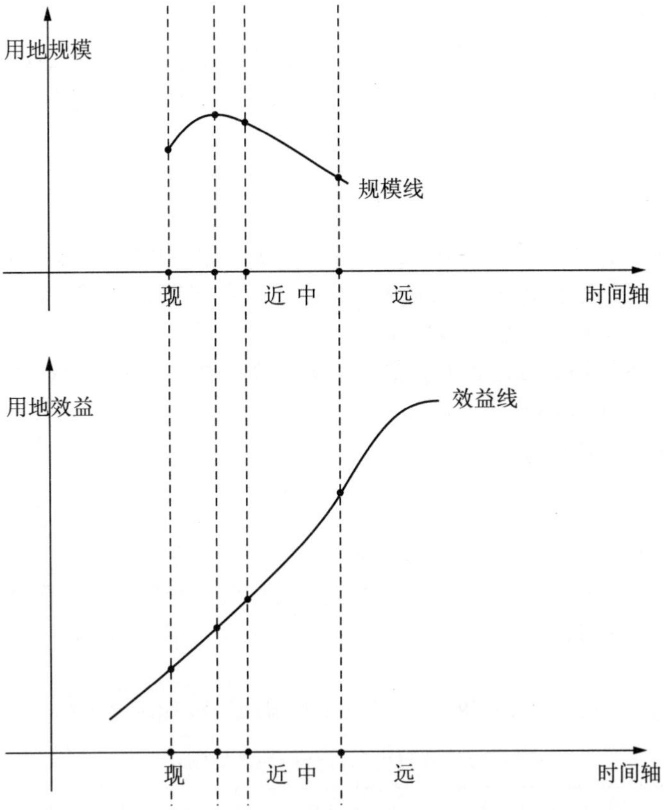

图 7-11　近、中、远期的工业用地规模与效益变化关系示意

3）基于产居平衡的工业用地规模预测校核

新产业空间的用地比例是否合适，既与其内在的结构有关，也与所依托的城市用地构成有关。合适的产业空间用地比例，应推动城市整体空间比例的优化而不是带来城市空间比例的失调（王兴平，2005）。因此产业空间布局首先应该确定合理的产业用地结构。

基于用地平衡表，将城市建设用地中与现有产业发展相关的用地进行分类，其中与第二产业相关的用地为工业用地，与第三产业相关的为公共管理与公共服务用地、商业服务业设施用地，具体分类如表 7-22 所示。

表 7-22　现状用地中与产业发展紧密相关的用地类型匹配

第二产业		第三产业			
		公共管理与公共服务用地（公益性）		商业服务业设施用地（经营性）	
M	工业用地	A1	行政办公用地	B1	商业设施用地
		A2	文化设施用地	B2	商务设施用地
		A3	教育科研用地	B3	娱乐康体用地
		A4	体育用地	B4	公用设施营业网点用地
		A5	医疗卫生用地		
		A6	社会福利设施用地	B9	其他服务设施用地

注：在专题研究之初新版用地分类标准尚未执行，专题中对于当时执行的用地分类所进行的用地类型匹配与现行新版用地分类标准具有一致性，故此处以现行新版用地分类标准为例进行说明。

苏州市总体规划中提出了苏州高新区与苏州中心城区联合发展的战略，未来苏州高新区将不断强化与主城的联系，由生产型功能向生活型功能过渡。因此，在用地结构预测方面需要对高新区历年来几大类用地结构演变进行分析，并结合苏州中心城区用地结构的演变规律与规划要求，进而最终确定苏州高新区未来的用地结构比例。

由此确定苏州高新区用地结构的原则如下：

① 按照可持续发展、产居平衡的原则，居住用地与工业用地应达到合理的比例；

② 未来高新区的定位仍旧以国家级高新技术产业基地为落脚点，充分考虑现状工业比例并参照其他高新区的产业用地结构；

③ 苏州市总体规划中提出苏州高新区逐步与苏州中心城区融为一体，因此取中心城区用地结构为上限（工业用地为下限）。

建立用地结构求解方案如下：

$$Y-m(ab/r)=S_z \cdot 0.45+G_b \cdot 0.15+G_p \cdot 0.25+G_x \cdot 0.15$$

其中，Y 为用地比例；$Y-m$ 为工业用地比例；$Y-ab$ 为公共服务设施用地比例；$Y-r$ 为居住用地比例；S_z 为苏州中心城区（高新区定位）；G_b 为国家标准（因尚无 A、B 类用地的推荐值，此处采用提高苏州主城区权重予以代替）；G_p 为开发区平均值；G_x 为高新区现状。

基于以上求解方案，预测苏州高新区的规划用地结构如表 7－23 所示。

表 7－23　苏州市用地结构与国家指标比较

	年份	工业用地比例（%）	公共服务设施用地比例（%）	居住用地比例（%）
苏州中心城区	2005	36.40	8.77	23.34
	2020（规划预测）	20.03	15.11	28.59
国家标准	—	15—25	—	20—32
其他开发区平均值	—	41.21	8.02	21.54
高新区现状	2009	40.66	5.96（其中经营性为 3.69）	20.14
预测高新区规划	2030	27.70—29.20	约为 11.96（其中经营性约为 7.40）	24.30—26.10

注：其他高新区包括蠡园经济开发区、启东经济开发区、南京高新区、江宁经济开发区、苏州中新合作区等。

结合人口规模发展目标，按照城乡建设用地总量 120 km^2 计算，即到 2030 年工业用地面积为 33.24—35.04 km^2，此区间与基于土地产出效益的工业用地规模预测区间相吻合，由此进一步肯定了原有预测结果的合理性。

7.3.2　基于空间适宜性的产业空间布局引导

规划以高新区整体产业选择为基础，将高新区可选产业分为支柱产业（含科技研发）、现代服务业（含生产性服务）、新兴培育产业（含科技研发）和相关产业四类，所选属性主要考虑区位条件、产业基础、产业政策及产业方向四个方面，其中在产业政策方面，各个片区均以国家产业振兴规划、苏州市产业振兴调整规划和苏州高新区“2＋3”产业规划为指导，根据不同片区的产业发展特征予以引导，然后按照这些属性特征，对比高新区未来选择发展的产业，确定各重点片区的引导性产业布局结论。

1）分片区的产业空间适宜性判断

规划基于苏州高新区发展的实际条件，对其内部各个片区的区位条件、产业基础和产业方向等条件进行判断。本节仅以浒通片区为例进行说明，具体如下。

（1）区位条件：浒通片区北靠无锡，并与之有较好的区域交通联系优势，内有国家级出口加工区和保税区，与产品生产相关的制造和服务功能具有很大的开发潜力。

（2）产业基础：浒通片区的电子、冶金、轻工、机械等是现状工业的主导产业，发展基础较好，同时也易于形成产业链。

（3）产业方向：依托交通优势、现有载体和工业基础生产性服务功能将是本地区开发的重点，同时商务结算、融资投资等渠道亦是提高本地区生产服务功能的必要环节。

由此形成苏州高新区各产业片区的适宜性行业选择结果（表7-24）。

表7-24　部分产业片区的适宜性行业选择

	狮山片区	浒通片区	科技城片区	阳山片区	滨湖片区
(1) 支柱产业(含科技研发)					
电子信息	√	√	√		
精密机械	√	√	√		
(2) 现代服务业(含生产性服务)					
金融保险	√	√			√
房地产	√				√
商务服务	√	√	√	√	√
现代商贸	√				
旅游				√	√
(3) 新兴培育产业(含科技研发)					
新能源			√		
新材料		√			
生物医药	√		√		
现代物流					
(4) 相关产业					
轻纺					√
冶金		√			

2）分片区产业空间布局引导

对高新区各片区进行产业引导是进行最终产业选择和布局的基础，涉及发展方向和发展引导两个方面，如表7-25所示。

表 7－25　各片区产业发展引导

片区名称		发展方向	发展引导
狮山片区	狮山	强化“发展极”概念，增强服务功能	在维持其商贸核心地位的同时，培育高档商务服务业及金融保险业等现代服务业和生产性服务业
	枫桥	增强生产功能，夯实服务基础	承担高新区经济发展中的生产功能，同时要进一步加强配套服务功能，实现二者的协调、同步发展
浒通片区		产业转移与转型，优化空间布局	产业类别和生产环节的选择遵从高效化原则，增强企业的科技创新能力，替换和升级已有的产业，并满足清洁生产的要求
科技城片区		科技统领，城市创新的动力所在	以科技城为依托，完善创新研发和科技孵化功能，配套生产服务类产业，为高新技术产业和新能源产业提供技术支撑，打造生态科研基地
滨湖片区		生态引导，打造宜居旅游胜地	依托自身的环境优势和自然资源禀赋，吸引游客及创新人才，使其成为游人的观光地和高技术人才的居住地
阳山片区		强化休闲旅游服务，整合资源，控制开发	借助自身的自然景观并结合太湖勾勒的城市绿色开敞空间，营造休憩娱乐的城市氛围，打造环山休闲基地，与滨湖片区相协调
沿太湖片区		主要发展生态休闲农业	转变农业发展的思路，将农业发展纳入到第三产业发展当中，农业发展与旅游业相结合，打造特色都市农业

在确立各片区产业引导结论的基础上，以乡镇行政区划为基础，考虑到每个片区内部交通网络的构建、自然要素的分割、现有产业基础并结合未来的规划引导将各片区划分为更为细致的产业区，并对各产业区的引导方向进行细化，得到的分析结果如图 7－12 和表 7－26 所示。

图 7－12　各产业区产业空间分布

表 7-26　各产业区发展解析

产业区	原主导产业	未来引导产业	主要产业类型细分	产业定位
(1) 横塘	—	科技服务	机电生产及研发技术培训	科技服务区
(2) 狮山	电子、机械	现代商贸、房地产、商务服务、金融保险	房地产、零售、会展、企业管理服务、法律服务、咨询与调查、广告业、职业中介服务、市场管理、电信、互联网信息服务、广播电视传输服务、金融保险	体系完备的城市功能服务核心区
(3) 枫桥	电子和机械设备制造	电子、生物医药、精密机械、商务服务、金融保险	计算机系统服务、数据处理，计算机维修及设计，软件服务、光缆及电工器具制造及设计，文化、办公用机械、仪器仪表制造及设计，中成药制造，生物、生化制品制造，卫生材料及医药用品制造	高新技术产业和服务外包中心
(4) 出口加工区	计算机制造、汽车制造	电子	电子计算机、电子器件和元件装配	电子产品及元件的制造和装配产业链发展区
(5) 保税区		现代物流	公路旅客运输、道路货物运输、道路运输辅助活动、运输代理服务、其他仓储	现代物流园区，产品集散中心
(6) 浒墅关镇区		商务服务、金融保险	企业管理服务、咨询与调查、信息服务、市场管理、机械设备租赁、金融保险	以城际站为依托，以生产性服务主打的现代城市功能区
(7) 浒关工业园	机械、精细化工、轻工	精密机械、电子、新材料	汽车制造、电子器件、通信设备制造、合成材料	先进制造业发展的重要基地
(8) 苏钢	钢铁加工	科技研发（金属器械及零配件）	金属器械及零配件生产设计	金属制品设计和研发中心
(9) 通安	电子、建材	电子	电子计算机制造、电子器件和元件制造及研发、计算机系统服务、数据处理	电子科技园
(10) 阳山	—	商务服务、文化休闲、生态旅游	室内娱乐、文化艺术、休闲健身、居民服务、旅游业	生态旅游，银发产业集聚区
(11) 科技城	轻工、化工、机械、电子	科技研发（电子、精密机械）、新能源、生物医药、商务服务、金融保险	电信、互联网信息服务、广播电视传输服务、专用仪器仪表、文化和办公用机械设计、太阳能（光伏）、风能、咨询与调查、企业管理服务、金融保险	信息传输服务和商务服务中心、新能源开发和机械设计创新高地
(12) 生态城	机械、轻工	轻纺、生态旅游、现代商贸、房地产、商务服务	工艺品设计及制造、旅游业、零售业、房地产、广告业、会展	环太湖风景旅游示范区，会展休闲基地
(13) 农业区	农作物种植	农业生态旅游、现代农业（苗木果树、水产养殖、蔬菜、水稻）	农业生态旅游、现代农业（苗木果树、水产养殖、蔬菜、水稻）	新型农业示范区

8 小城镇产业空间规划

20 世纪 80 年代初，以发展乡镇工业为主要特征的“苏南模式”曾经有力推动了苏南地区整体经济实力的提升和农村地区的发展，并奠定了小城镇在我国区域经济发展中的重要地位。尽管在随后发展外向型经济的驱动下，以对外开放和吸引外商直接投资为目标的经济开发区逐渐成为东部沿海城市经济发展的主要载体，具有良好发展基础的小城镇在这类地区工业发展中仍然扮演了非常重要的角色。区别于其他类型的产业空间，小城镇产业空间的特点突出：一方面，与区域产业空间相比，小城镇产业空间的主导产业类型较为单一、产业发展规模较小、用地布局更易受重大产业项目的影响；另一方面，与综合性开发区产业空间相比，小城镇产业空间往往还需承担发展第一产业和第三产业的功能。因此，小城镇产业空间规划在主导产业选择方面相对简单明确，但需要加强对产业发展定位、产业发展规模预测、产业空间布局引导和三次产业协调发展等方面的分析。当前，在新型城镇化和城乡统筹发展等重大战略的背景下，小城镇的发展再度成为中央和各级地方政府关注的重点，而牢固的产业支撑则是小城镇建设和发展的核心环节。对中西部地区而言，通过提升县城和重点中心镇的产业承载能力将成为未来很长时间内吸引和容纳返乡农民工创业、就业的主要途径，而这又必须建立在合理的小城镇产业发展和空间布局规划的基础之上。

本章在案例选取上充分考虑地区经济发展水平、小城镇发展类型等方面的差异，以苏州市木渎镇、常州市洛阳镇和南通市栟茶镇产业空间规划为例，对其产业发展和空间布局规划的成果进行系统整理和归纳总结，突出集约型产业空间规划方法中的产业规模预测的定量分析、产业发展定位的多方案分析和产业空间准入门槛的分析等方法应用，以期为同类地区的小城镇产业发展和空间布局规划提供方法借鉴。

8.1 苏州市木渎镇产业发展与空间布局规划①

木渎镇位于苏州城西 5 km，地处太湖之滨、灵岩山麓，是江南著名的古镇之一。木渎镇地理位置优越，东距苏州市 12 km，距苏州新区 10.8 km，距上海虹桥机场 80 km，西距光福机场 8 km，西北距无锡市 50 km，北至张家港码头 70 km，紧靠沪宁高速公路、312 国道和京杭大运河，为苏州市西南部各乡镇和风景区之交通枢纽。同时，木渎镇历史文化资源丰富，有包括古松园、明月寺、严家花园在内的一批历史文化遗存，该镇于 2005 年入选第二批中国历史文化名镇。

该规划项目开展于 2008 年 5 月，由苏州市木渎镇人民政府和江苏省城市规划设计研究院联合委托东南大学区域与城市发展研究所承担编制，作为《苏州市木渎镇总体规划（2008—2030）》的一个重要研究专题。在研究的技术路线方面，该成果从剖析木渎镇产业发展的现状入手，运用集约型产业区规划方法对该镇的产业空间规模进行预测，对各片区产业布局适宜性进行评价，并在此基础上提出木渎镇产业空间布局方案和工业空

① 项目名称及时间：“苏州市木渎镇社会发展战略及产业规划专题”，2008 年 5 月。委托单位：苏州市木渎镇人民政府、江苏省城市规划设计研究院。编制单位：东南大学区域与城市发展研究所。

间整合引导方案。

8.1.1 基于用地效益的工业用地规模预测

规划在分析木渎镇工业发展现状的基础上，通过与木渎镇周边相邻街道和乡镇工业用地的地均效益进行比较，并参考苏州工业园区和苏州高新区的发展实际，对木渎镇的工业用地规模进行预测。

1）工业发展现状分析

自 2003 年以来，木渎镇工业总产值与工业增加值的增长速度整体略低于 GDP 的增长速度，且工业总产值的增长速度变动幅度较大，工业增加值的增长速度逐年减小，工业增加值与工业总产值之比维持在 20%左右（图 8-1）。

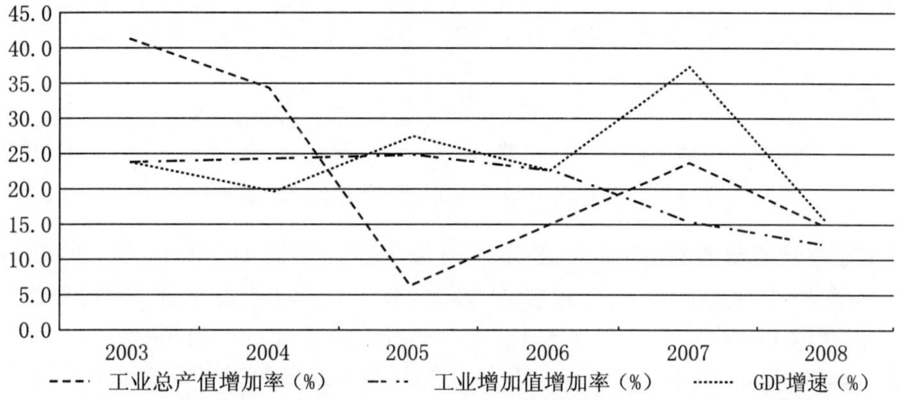

图 8-1 2003—2008 年木渎镇工业总产值、工业增加值和 GDP 的增速比较

从二三产业的发展速度看，木渎镇未来发展第三产业主导的趋势非常明显。木渎镇工业增加值占 GDP 比重与第三产业增加值所占比重发展趋势正好相反，前者逐年降低，后者逐年升高，2008 年第三产业增加值已经超过工业增加值，成为城镇 GDP 的主要来源（表 8-1）。另外，2006—2008 年第三产业增加值的增长速度明显快于工业增加值，这为预测工业用地提供了重要的参考。

表 8-1 2002—2008 年木渎镇工业与第三产业增加值比较

年份	工业		第三产业	
	增加值(万元)	占 GDP 比重(%)	增加值(万元)	占 GDP 比重(%)
2002	92 191	52.72	67 128	38.39
2003	113 091	52.51	86 371	40.10
2004	138 901	53.86	106 896	41.45
2005	173 808	52.95	137 117	41.77
2006	213 046	52.94	168 000	41.75
2007	245 003	44.37	236 500	42.83
2008	272 900	42.77	311 000	48.75

2）工业用地规模预测

通过与吴中区其他街道和乡镇进行比较发现，木渎镇的工业总量较高（图 8-2），但地均效益处于吴中区的中下游，2008 年木渎镇工业用地的地均工业总产值为 15.64 亿元/km²,在未来发展中可参考与之相邻的胥口镇以及西侧的光福镇等。木渎镇与苏州高新区相邻,又处在融入苏州市的发展环境下,因此其工业用地规模预测可参考苏州工业园区以及苏州高新区的发展情况,2007 年苏州工业园区的工业总产值为2 642.14 亿元,地均工业总产值为 56.86 亿元/km²,工业总产值的增加率为 27%。

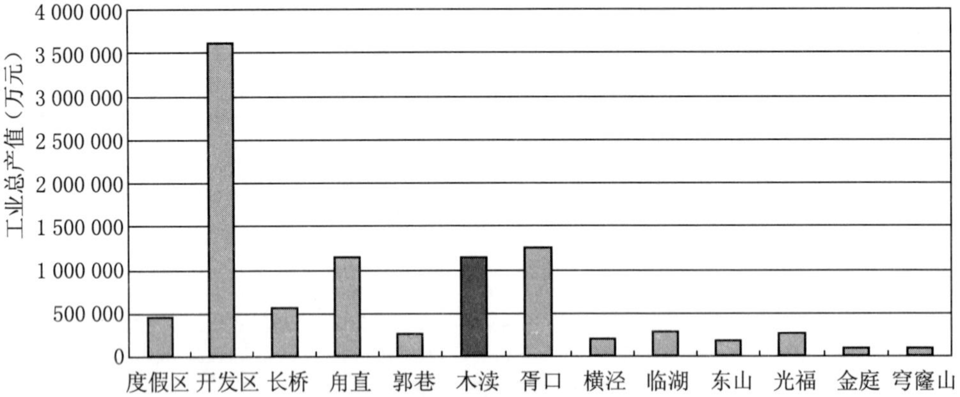

图 8-2　吴中区 2008 年各镇、区、街道的工业总产值

按工业增长趋势进行预测:2008 年木渎镇工业总产值为 130 亿元。参考 2003—2008 年木渎镇工业总产值平均递增率 22%,吴中区 2007 年工业总产值增长速率 23.3%,规模以上工业总产值增长速率 24.3%,苏州市工业总产值增长速度 24.4%,同时考虑到 2008 年金融危机的影响,以 2008 年木渎镇工业总产值 130 亿元为基础年份,预测木渎镇近期(2015 年)工业总产值为 296.5 亿元,结合 GDP 的增长目标,预测木渎镇中期(2020 年)工业总产值的年均增长率为 5%,期末实现 378.4 亿元目标,远期(2030 年)工业总产值的年均增长率为 3.5%,期末工业总产值为 533.8 亿元。

木渎镇紧邻苏州高新技术开发区,在《关于促进苏州国家高新技术产业开发区建设国家创新型科技园区的若干意见》中指出到 2015 年,高新技术产业工业增加值率将达到 35%。木渎镇现状以传统制造业为主,工业增加值率维持在 20%左右,考虑到未来发展高新技术产业等多种因素,预测近期(2015 年)工业增加值为 70 亿元,中期(2020 年)工业增加值 110 亿元,远期工业增加值 130 亿元。

木渎镇工业用地效益(地均工业增加值)现状为 3.3 亿元/km²,在吴中区处于中下游,因此近期参考工业用地效益较高地区如光福镇、金庭镇以及吴中中心城区;中期和远期木渎镇将完全融入苏州市区,参考苏州市总体规划对地均工业增加值的预测目标进行预测,基于工业用地效益的预测结果,推导得到木渎镇的工业用地规模(表 8-2)。

表 8-2　木渎镇工业用地规模预测

主要规模指标	2008 年	近期(2015 年)	中期(2020 年)	远期(2030 年)
工业总产值(亿元)	130.0	296.5	378.4	533.8
工业总产值年增长率(%)	13.3	1.0	5.0	3.5
工业增加值(亿元)	27.3	70.0	110.0	130.0
地均工业增加值(亿元/km²)	3.3	11.0—14.0	27.0—31.0	48.0—52.0
镇域工业用地需求(km²)	8.3	5.0—6.1	3.5—4.1	2.5—2.7

8.1.2 基于适宜性评价的分片区产业布局

规划确定的木渎镇产业选择门类中，主导产业重在对原有基础上的发展方向进行产业链的延展和产业规模的扩大，潜导产业除部分与现有主导产业相关联外，其余则按木渎镇承担的新功能进行配置，关联产业则以与主导和潜导产业相关性的原则进行选择（表 8－3）。

表 8－3 木渎镇的规划产业引导门类

产业引导类型	产业细分门类
主导产业	电子及通信设备制造业、交通运输制造业、电气机械及设备制造业、房地产业、批发零售业、旅游业
潜导产业	新材料、电子信息产业、现代物流业、租赁和商务服务业、金融保险业
关联产业	专用科学仪器设备制造业、医药制造业、环保产业、水泥制造业、零配件制造业
基础产业	农业、电力、燃气及水的生产和供应业

基于上述产业引导门类，选取建设条件、区位条件、交通条件、生态条件和环境约束等作为分片区产业布局适宜性评价的基本因子，对木渎镇各片区产业适宜性进行评价。根据评价结果，综合考虑片区之间的比较优势以及产业集群化、规模化的基本要求，最终确定不同片区的产业选择方案（表 8－4）。

表 8－4 木渎镇分片区近期产业布局方案

	金桥工业园区	金枫工业园区	主镇区	藏书片区
产业定位	第二产业集群发展、加工制造业中心	第二产业和第三产业并行发展	商贸服务业中心；可发展三大商圈：长江路商圈、香港街商圈、凯马汽车城商圈	现代农业
建议主导产业	电子及通信设备制造业、电气机械及设备制造业	电子制造业、交通运输制造业、医药制造业、创意产业	房地产业、金融保险业、旅游业	新型农业、花卉业、羊产业
建议兼容产业	电子信息产业、专用科学仪器设备制造业、零配件制造业、水泥制造业	新材料、环保产业	现代物流业、租赁和商务服务业	石材雕刻

8.1.3 基于综合效益评价的工业空间整合

规划从土地利用效益、环境污染和生态保护三个目标出发，确定对应的评价指标；通过单因子 GIS 评价，得到木渎镇工业空间在地均利税、容积率、建筑密度、污染程度和生态保护等方面的现状特点和整合方向；综合各评价指标进行多因子评价，确定未来木渎镇工业空间的整合优化建议。

1）工业用地空间拓展概述

20 世纪 90 年代，木渎镇的工业都沿运河、公路两旁布局，县属厂多数沿河分布，以水运为主，随后发展的镇属工厂多沿公路分布，以陆运为主。1995 年木渎镇工业用地主要分布在胥江沿岸地区，另外也有零散地分布在中山路两侧以及老镇区内部；到 2009 年木渎镇工业在胥江南北分别形成两大工业园区，老镇区的工业用地得到了置换。在近几年的发展中，工业用地主要向南部发展，北部沿金枫路拓展，并且胥江南岸的工业用地密度较高，工业用地的发展已经开始面临空间不足的瓶颈（图 8－3）。

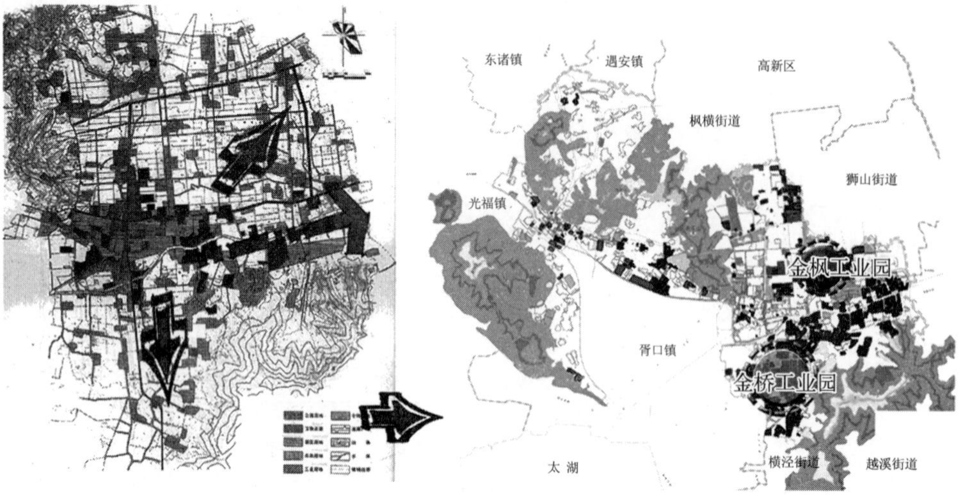

图 8－3　1995—2009 年木渎镇工业用地拓展情况

2）工业用地评价

工业用地综合评价是工业用地整治的前提与核心，即通过多因素的综合分析，对工业用地进行全面的认识，为其整治提供依据。本次规划中选取目标层与指标层这两个层次来构建综合评价指标体系（表 8－5），第一层为影响要素，第二层为具体选择的指标。

表 8－5　工业用地综合评价指标体系

目标层	指标层
土地利用效益	地均利税
	容积率
	建筑密度
环境污染	企业门类
生态保护	禁建、限建区内现有工业用地

（1）地均利税

地均利税是企业 2007 年利税与企业用地面积的比值，能反映工业用地的经济收益和对地方经济发展的贡献。本书将地均利税分为四级，分别为小于 50 万元/hm^2、50—100 万元/hm^2、100—200 万元/hm^2 和大于 200 万元/hm^2，得到的评价结果如图 8－4 所示。

木渎镇近一半的企业地均利税低于 50 万元/hm^2，总体土地产出效益较低，地均利税较高的企业分布较为分散，在各工业片区都有分布。但也应看到有些新建企业享有政府税收优惠政策，将来的地均利税水平会有较大提高。

（2）开发强度

开发强度以工业用地容积率表示，即建筑面积与用地面积的比值。由于各种行业门类布局要求不同，因此对其容积率要求也不尽相同。本书参考《工业项目建设用地控制指标》、《上海产业用地指南》、《青岛工业产业用地指南》等相关技术文件，综合确定木渎镇各行业门类的容积率分级标准。将开发强度分为四级，分别为小于 0.5、0.5—0.8、0.8—1.0 和大于 1.0，得到的评价结果如图 8-5 所示。

图 8-4 地均利税评价结果

图 8-5 开发强度评价结果

木渎工业用地开放强度普遍较低，容积率小于 0.5 的工业用地占到 65.51%，大于 1.0的工业用地仅为 0.32%。开发强度较高的工业用地主要集中于金桥工业园区和新区金枫路以东工业园区。

（3）建筑密度

建筑密度是建筑基底面积与用地面积的比值，能反映工业用地的土地集约利用程度。本书将建筑密度分为四级，分别为小于 20%、20%—30%、30%—40%和大于 40%，得到的评价结果如表 8-6 所示。

木渎镇整体建筑密度较低，土地利用率不高，建筑密度小于 30%的工业用地占到约 50%，建筑密度较大的工业用地主要集中于金桥工业园区和新区金枫路以东工业园区。

表 8-6　建筑密度评价

分级(%)	<20	20—30	30—50	>50
分值	1	3	5	7
比例(%)	39.24	12.74	38.13	9.89

（4）污染程度

污染程度以工业用地分类来表示，即一、二、三类工业，能基本反映工业用地的污染强度，以及其对周边用地的影响情况。本书将污染程度分为三级，分别为一类工业、二类工业和三类工业，得到的评价结果如图 8-6 所示。

木渎镇污染较大的三类工业用地主要分布于胥江两侧和七子山北侧，而在金桥工业园区、新区金枫路以东工业园区以及藏书片区主要分布污染较小的一类工业。

图 8-6　污染程度评价结果

(5) 生态保护

生态保护主要指在"四区"划定中被划入禁建区和限建区的工业用地，这些工业用地与城镇生态环境保护存在冲突，因此，将工业用地划分为三级，分别为在禁建区、限建区和适建区内的工业用地，其中在禁建区内的工业用地作为一票因子，无论其他评价结果如何都要考虑调整。

如表 8-7 所示，藏书片区、穹窿山风景区和七子山以北、胥江以南区域工业用地与"四区"划定中禁、限建区冲突较大，在规划中应考虑进行调整。

表 8-7 生态保护评价

分级	禁建区内工业用地	限建区内工业用地	适建区内工业用地
分值	一票因子	3	7
比例(%)	11.02	47.24	41.74

3) 工业空间整合引导

将地均利税、建筑密度、开发强度、污染程度和生态保护五个单因子评价结果进行加权叠加，可以得出工业用地综合评价结果(表 8-8)。

表 8-8 工业用地综合评价指标

评价指标	评价分值 / 权重	1	3	5	7
地均利税	0.25	<50	50—100	100—200	>200
开发强度	0.25	<0.5	0.5—0.8	0.8—1.0	>1.0
建筑密度	0.15	<20	20—30	30—40	>40
污染程度	0.15	—	三类工业	二类工业	一类工业
生态保护	0.20	禁建区内工业用地(一票因子)	限建区内工业用地	—	适建区内工业用地

将综合评价结果分为改造需求大、改造需求较大、改造需求较小、改造需求小和改造需求很小这五类，其用地面积分别占总用地面积的 11.63%、31.34%、11.52%、40.24% 和 5.27%，评价结果如图 8-7 所示。

8.2 常州市洛阳镇产业发展与空间布局规划①

洛阳镇位于常州市武进区东部，地处长三角西北部、常锡两市的交界处，其东与无锡市洛社镇、阳山镇接壤，南与雪堰镇相邻，西接礼嘉镇，北与遥观镇、横林镇相连。尽管洛阳镇紧靠 312 国道、沪宁高速、沿江高速、沪宁铁路和新长铁路等交通干线，武进港又纵贯镇域，但地理区位的影响，使得洛阳镇成为苏南经济发达地区边缘相对独立的小城镇。洛阳镇经济发展和城镇建设均有较好的基础，先后创建为全国千强镇、全国小城镇建设

① 项目名称及时间：《常州市武进区洛阳镇总体规划(2011—2030)》产业发展与布局专题，2011 年 8 月。委托单位：常州市洛阳镇人民政府、常州市规划设计院。编制单位：东南大学区域与城市发展研究所。

图 8－7　工业用地综合评价图

示范镇、全国群众体育先进单位、国家卫生镇、江苏省环境与经济协调发展示范镇、江苏省科技示范镇、江苏省新型示范小城镇，并素有“中国珍珠之乡”的美誉。

该规划项目开展于 2011 年 8 月，由常州市洛阳镇人民政府和常州市规划设计院联合委托东南大学区域与城市发展研究所承担编制，作为《常州市武进区洛阳镇总体规划(2011—2030)》的产业发展与布局专题。在研究的技术路线方面，规划成果突出基于定量比较的产业发展现状评价、基于发展条件评估的产业定位与选择、基于空间效益评价的用地布局引导和基于上版规划评价的产业发展目标制定等四个方面的方法应用，最终旨在指导洛阳镇如何实现从工业一枝独秀向三次产业统筹协调发展的转变，并进一步优化工业内部结构，推动全镇产业的转型发展。

8.2.1　基于定量比较的产业发展现状评价

从 20 世纪 80 年代初的大力发展乡镇企业，到 20 世纪末的乡镇合并，再到如今的工业园区建设浪潮，洛阳镇过去 30 年的产业发展历程可以说是“苏南模式”内涵变化的生动写照，工业经济对其整体实力的迅速腾飞起到了至关重要的作用，然而传统的“苏南模式”发展道路也给洛阳镇的经济社会发展留下了“隐痛”。规划从产业发展总体特征和分产业发展现状两个维度对洛阳镇的产业发展现状进行了分析。

1）产业发展的总体特征

(1) 区域层面的发展比较

洛阳镇不仅位于武进区东部城镇群中，还与无锡市的洛阳镇和阳山镇毗邻，规划从三个方面解析了洛阳镇面临的区域发展环境现状。

① 就经济发展总量而言，洛阳镇 2010 年的地区生产总值和财政收入在周边乡镇中分别处于倒数第二和倒数第三的地位，竞争优势并不明显。

② 就社会发展指标而言，如图 8－8 所示，2010 年洛阳镇的人均地区生产总值在周

边乡镇中仅处于中等偏下的水平，且与遥观和横山桥的差距较大。相比之下，洛阳镇的农民人均纯收入达 14 512 元，高于经济实力较强的遥观镇和横山桥镇。

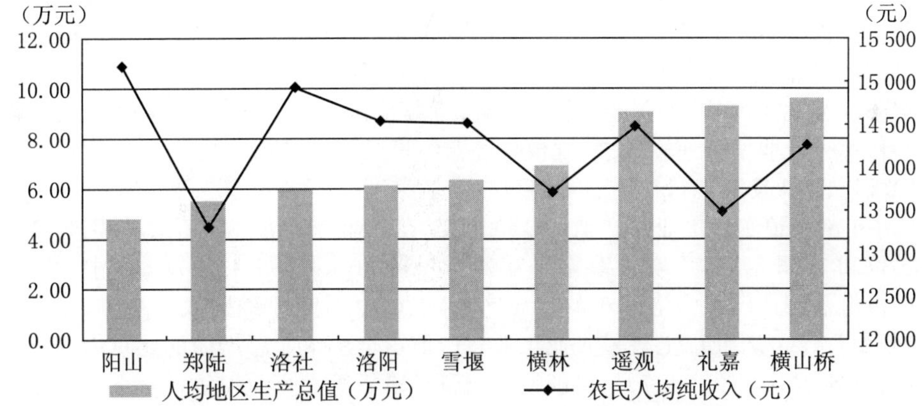

图 8－8　洛阳镇与周边乡镇 2010 年主要社会发展指标

③ 就经济发展效益而言，洛阳镇 2010 年地均国内生产总值达 9 093 万元/km^2，在周边乡镇中仅处于倒数第三的地位，与遥观、雪堰镇等差距较大。

总体而言，洛阳镇就经济总量和经济效益两方面而言，在周边乡镇中的排名均处于落后地位，面临着巨大的发展压力。为了在众多强镇中脱颖而出，洛阳镇必须思考自身产业的转型发展。

（2）自身层面的发展趋势

“十一五”期间，洛阳镇的社会经济发展总体保持了增长趋势，如图 8－9 所示，国内生产总值和人均国内生产总值分别达到了 12.6%和 8.6%的年均增长率。同时，部分年份的经济增长也出现了波动，反映了目前洛阳镇的经济发展受宏观经济波动的影响较大。从固定资产投资与 GDP 的变化趋势来看，两者之间表现出明显的正相关关系，说明洛阳镇仍处于投资拉动的经济发展模式。与此同时，洛阳镇的三次产业结构比重也从 2006 年的 3.9∶76.7∶19.4 进一步演变为 2010 年的 2.9∶71.6∶25.5。目前，洛阳镇“二三一”的产业格局已经形成，其中一产比重较低且近年来基本保持稳定，二产比重有下降趋势但主导地位明显，三产比重则保持着缓慢上升趋势。

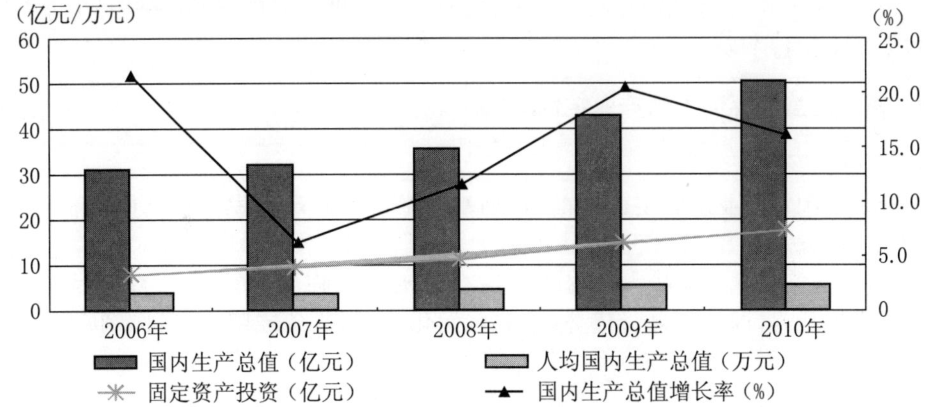

图 8－9　洛阳镇“十一五”期间主要经济指标变化情况

2）三次产业的发展现状

（1）第一产业发展现状

“十一五”期间，洛阳镇第一产业总产值由2006年的1.83亿元增加到2010年的2.46亿元，年均增长率7.7%，低于国内生产总值的年均增长率。洛阳镇的农、林、渔业均有较强的发展基础。其中，葡萄和水蜜桃为主要农产品，前者的产量保持在年均1.2万t左右，而洛阳水蜜桃在价格、产量、亩均纯收益、市场范围方面均与阳山水蜜桃差距较大。总体而言，第一产业增长速度较缓、规模化经营不足、品牌效应欠缺。

（2）第二产业发展现状

2010年洛阳镇实现工业总产值为180.1亿元，工业增加值35亿元，分别为2006年的1.71倍和1.55倍，年均增长率分别为14.4%和11.6%（图8-10）。其中，有色金属冶炼、电机电器制造已成为洛阳镇的主导产业，电机电器产业集群效应初步显现。就规模化经营而言，500万元以上规模企业工业总产值占全镇工业总产值的比重由2007年的85.3%增加到2010年的91.7%，盛洲铜业、新科、洛凯等大企业引领各自行业的发展。

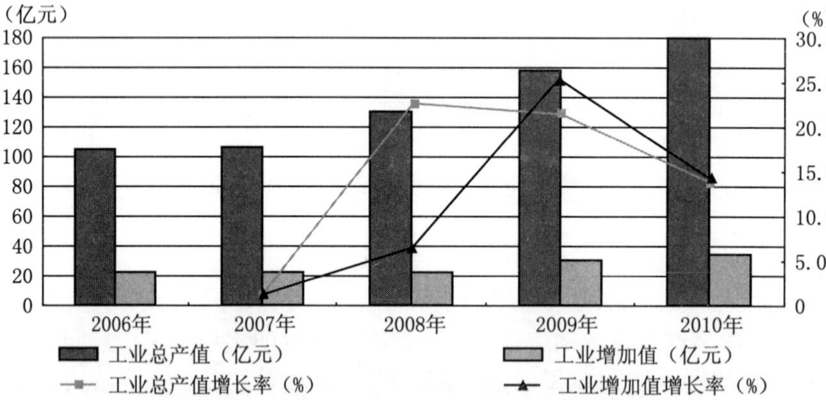

图8-10 洛阳镇“十一五”期间第二产业发展情况

（3）第三产业发展现状

洛阳镇近年来第三产业发展增长较快，年均增长率达20.3%。从行业构成来看，批发零售、运输仓储、金融保险、房地产等已成为第三产业的重要组成部分。其中，批发零售和运输仓储占据第三产业的半壁江山，金融保险近年来增长势头迅猛，其占第三产业的比重由2005年的5.9%增加到2008年的14.4%，而批发零售、运输仓储和房地产的比重近年来基本保持不变。

8.2.2 基于发展条件评价的产业定位与选择

1）产业发展定位

在分析洛阳镇产业发展定位之前，规划基于上述三次产业发展现状的评价结论，运用SWOT分析法①对洛阳镇产业发展的条件进行了评估（图8-11）。

可以看出，洛阳镇具有较大的内部优势，但同时要面临严峻的外部挑战，因此适宜采用多元化发展战略，即利用自身优势，开展多元化经营，避免或降低外部威胁的打击，分散风险，寻求新的发展机会。

① SWOT分析法又称态势分析法，它是由旧金山的管理学教授于20世纪80年代提出的，SWOT四个英文字母分别代表：优势（Strength）、劣势（Weakness）、机会（Opportunity）、威胁（Threat）。

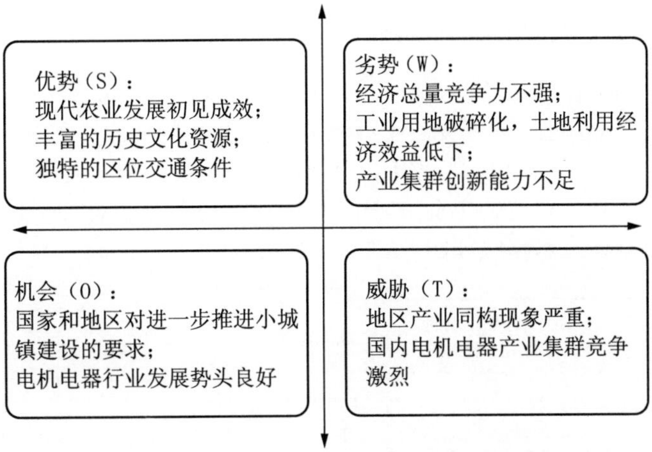

图 8－11　洛阳镇产业发展 SWOT 条件分析

作为全国重点镇和江苏省重点中心镇，洛阳镇未来产业的发展面临着来自不同层面的定位要求，具体如表 8－9 所示。在此基础上，结合前面的现状分析，规划洛阳镇未来产业发展的定位为：长三角地区以电机电器为重点的特色制造业集群、苏南地区生态观光旅游及现代农业发展示范基地、常州东部地区商贸物流集散中心。

表 8－9　不同层面的产业发展定位要求

区域层面	定位要求	洛阳基础
长三角地区	培育特色产业发展集群	电机电器产业集群不断壮大
苏南地区	顺应生态观光旅游趋势	水资源丰富、现代农业产业示范基地逐渐完善
常州市	发挥特色果林种植优势	水蜜桃、葡萄等已初步实现规模化种植
常州东部六镇	谋划新兴产业错位发展	交通条件优越为物流及相关生产性服务业的发展提供支撑

2）三次产业统筹融合发展

根据上述产业发展定位，规划明确了洛阳镇未来应该重点发展的三次产业类型，同时通过产业间的横向融合与纵向延伸，实现洛阳镇产业发展的多元双向融合（图 8－12）。

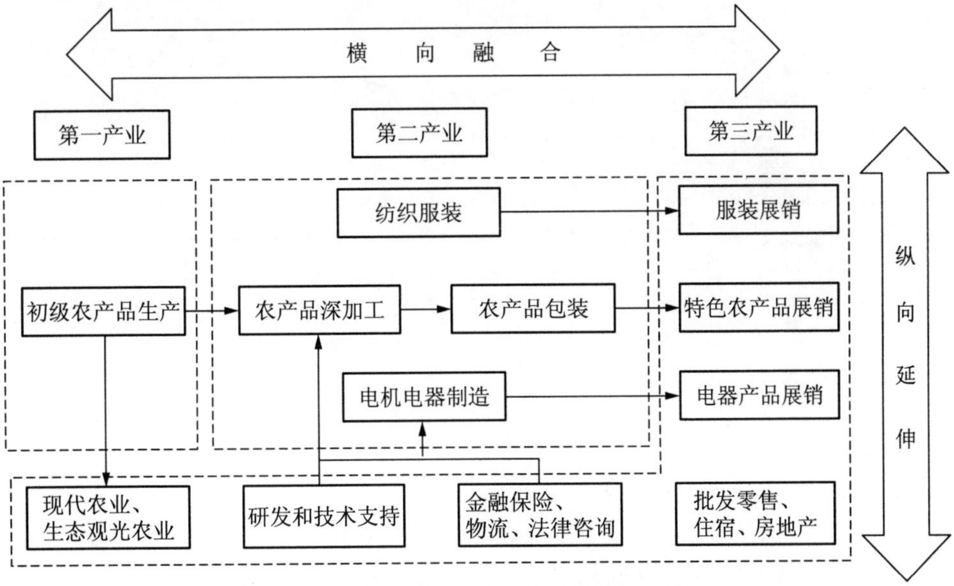

图 8－12　洛阳镇三次产业统筹融合示意

8.2.3 基于空间效益评价的用地布局引导

1）基于 GIS 的工业用地效益评价

为进一步量化测度洛阳镇现状工业用地效益并指导产业布局方案，规划结合已有数据，以 ArcGIS 为技术平台，选取洛阳镇工业发展的规模效益和环境效益两大类指标进行评价，其中规模效益包括企业的工业总产值和地均产值两个指标，环境效益包括企业对环境的污染程度，具体技术路线如图 8－13 所示。

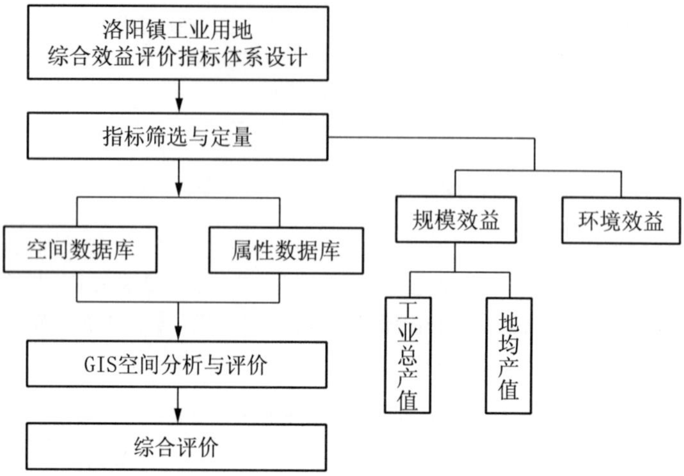

图 8－13 工业用地效益评价技术路线

以技术路线为基础，通过层次分析法确定工业总产值、地均产值和环境污染程度的权重分别为 0.2、0.4 和 0.4。根据企业所属的产业类型，评定其污染程度（污染最轻的为 1 分，最重的为 10 分）。相应地，对其余两个指标也按照其数值的大小折算打分，以保证数据量纲的一致性。

图 8－14 至图 8－16 分别显示了三个指标的单因子评价结果，图 8－17 为因子叠加

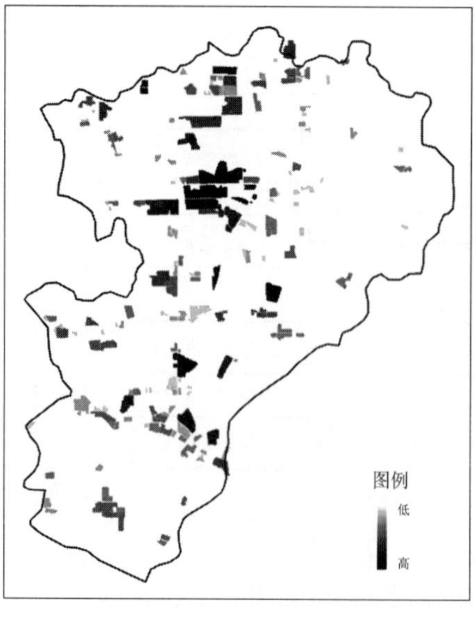

图 8－14 工业总产值评价结果

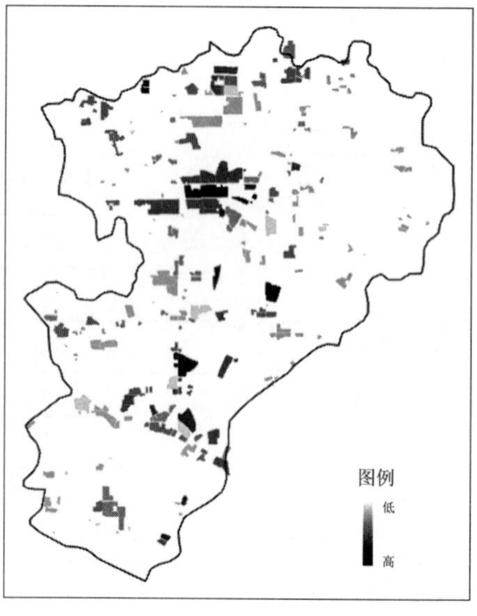

图 8－15 工业地均产值评价结果

后的综合评价结果。可以看出，镇区南部工业集中区以及岑村地块的规模效益和环境效益均较高，戴溪片区以盛洲铜业为主的地块规模效益很高但环境效益很低，导致工业用地的综合效益偏低。除此之外，其余工业用地均呈零散分布，工业用地综合效益较低。

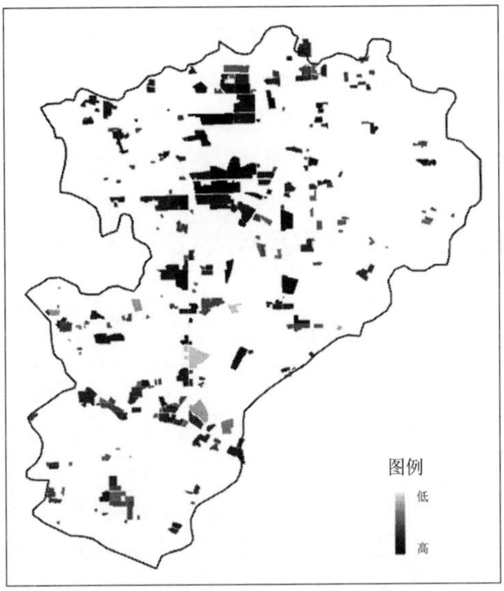

图 8－16　环境效益评价结果

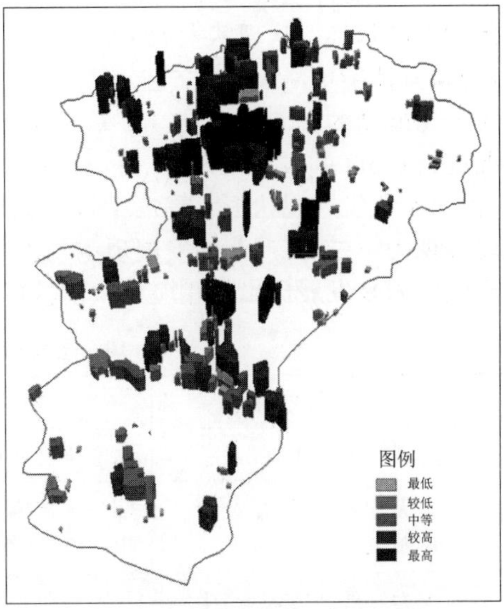

图 8－17　工业用地效益综合评价结果

2）产业空间布局

从上述评价结果可以看出，工业用地整体布局分散，产业集中度不够，少部分企业还存在严重的环境污染问题，导致大部分工业用地综合效益低下。鉴于此，规划建议进一步整合和协调独立分布的工业用地斑块，促进企业向现有工业集中区搬迁，并推动新的产业集中区发展，最终形成“五区一基地”的产业布局结构（图 8－18）。

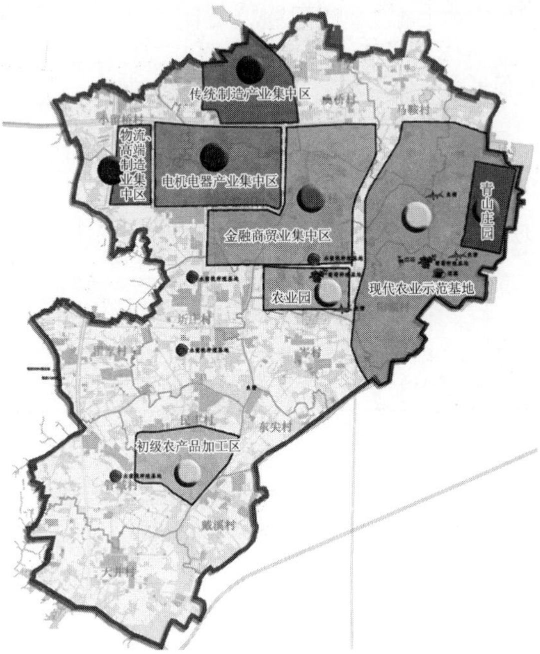

图 8－18　洛阳镇产业空间布局方案

8.2.4 基于上版规划评价的产业发展目标制定

1）上轮产业发展目标评价

《洛阳镇总体规划(2000—2020)》中没有进行明确的产业定位，但对三次产业提出了具体的发展目标。从现状发展来看，上轮规划制定的产业发展目标并没有得到很好的落实，为了具体衡量洛阳镇的产业发展现状与上轮规划制定的发展目标的偏离程度，本专题对上轮规划的发展目标进行了深入剖析，并从中选取 10 个评价指标，根据目前的发展情况进行打分(单项满分为 10 分，总计 100 分)。如表 8－10 所示，最终评价结果为 58 分，说明产业发展现状很大程度上没有达到上轮规划设定的发展目标。从分产业来看，主要表现为第二、三产业的发展现状与上轮规划的发展目标偏离较大，鉴于此，分别对三次产业的未来发展提出了相应建议衔接的内容。

表 8－10　上轮规划的产业发展目标评价

	上轮规划目标	发展现状	评分	规划建议衔接内容
第一产业	发展特色果林业	水蜜桃已初步实现规模化经营	7	大力发展特色林果业、注重品牌营销，并以此带动生态观光农业的发展
	与无锡联合拓展农业合作领域	部分水蜜桃被阳山收购并以“阳山”品牌外销	5	
	大力发展高效农业、生态农业和观光农业	现代农业产业园初具规模	8	
第二产业	重点发展高新电子工业	电机电器产业集群发展态势良好	8	进一步推动企业进园区、扶持企业的创新转型和产业链延伸、实现产业的清洁化和高新化
	推动企业向园区集中	武南路以北工业用地已初步呈现集中发展趋势，外围工业用地散而无序	6	
	保护镇域环境，发挥工业经济的规模效益	有色金属冶炼成为支柱产业	4	
	发展高科技工业、促进产业转型升级	大部分企业仍然处于加工制造环节，缺乏核心技术	6	
第三产业	完善珍珠交易市场	基本萎缩	4	搭建特色农产品交易平台、推动商贸物流等生产性服务业的发展
	整合瓜果产品市场	大部分果农仍然延续着沿路设摊的经营模式	5	
	优化商业布局	基本未有明显变化，表现为沿街商业	5	
合计			58	

2）产业发展目标体系

在对上轮规划的产业发展目标评价的基础上，规划从投入强度、产出效益和科技创新三大方面对洛阳镇近期需要重点发展的产业类型提出了具体的量化发展指标(表 8－11)。

表 8-11　产业发展目标体系

指标分类		电器整机制造	电器用电机制造	农产品深加工	纺织服装	物流运输
一级指标	二级指标					
投入强度	地均投入强度（万元/hm^2）	≥5 500	≥7 500	≥2 000	≥4 500	≥1 800
产出效益	地均工业产值（亿元/km^2）	≥15	≥20	≥5	≥8	≥10
	地均利税额（亿元/km^2）	≥4.0	≥5.0	≥1.0	≥1.5	≥2.5
	单位 GDP 能耗（吨标准煤/万元）	≤0.25	≤0.25	≤0.20	≤0.25	≤0.20
科技创新	研发投入占销售收入比重(%)	5.0	5.0	1.5	2.0	1.5
	高新技术企业占企业总数比重(%)	40	50	5	10	—
	新产品产值占工业总产值比重(%)	60	60	30	30	—

8.3　南通市栟茶镇产业发展与空间布局规划①

栟茶镇位于江苏省南通市如东县西北部，东与洋口镇毗邻，西与海安县角斜镇、老坝港镇接壤，南与河口镇隔栟茶运河相望，北濒黄海。栟茶镇区位于栟茶镇、河口镇以及洋口镇三镇的空间中心，区位优势独特，镇域南部的栟茶火车站是如东县唯一的客货两用车站。栟茶镇的教育资源在全国负有盛名，是江苏省首批教育现代化先进乡镇，素有“教育之乡”的美誉。位于栟茶运河畔的江苏省栟茶高级中学是江苏省四星级中学，高考成绩常年稳居全省前列，曾被国内媒体竞相报道。此外，栟茶镇还是南通市仅有的两家全国发展改革试点小城镇之一，具有良好的城镇开发建设基础。

该规划项目开展于 2012 年 6 月，由如东县规划局和南通市栟茶镇人民政府联合委托东南大学城市规划设计研究院、东南大学区域与城市发展研究所承担编制，是《南通市栟茶镇总体规划(2012—2030)》的核心内容之一。在研究的技术路线方面，规划成果突出了基于区域比较的产业发展现状分析、基于多方案比较的产业发展定位分析、基于三次产业融合发展的产业选择和基于标杆地区的产业发展目标选择等四个方面的方法应用。

8.3.1　基于区域比较的产业发展现状分析

栟茶镇不仅是千年古镇，其产业发展也具有悠久的历史。从新中国成立之初的盐业、纺织和商贸业到目前初具规模的石油机械、建材制造和皮革加工等支柱产业，栟茶镇

① 项目名称及时间：《南通市栟茶镇总体规划(2012—2030)》，2012 年 6 月。委托单位：如东县规划局、南通市栟茶镇人民政府。编制单位：东南大学城市规划设计研究院、东南大学区域与城市发展研究所。

的产业发展取得了巨大飞跃。但环顾四周可以发现，原先隶属于栟茶区的河口镇、洋口镇近年来依托本土企业的壮大、沿海开发和交通条件的改善等要素，其产业发展的综合实力迅速得到提升，地区生产总值也已赶超栟茶，使得栟茶镇作为如东县西北部地区重点中心镇的地位正面临着严峻的挑战。与此同时，栟茶镇自身的产业结构、用地布局等也迫切需要进一步优化和调整，以适应新的政策、交通等外部条件的变化。规划基于区域比较的视角，从产业发展的历史演变和现状这两方面进行了分析。

1）产业发展的历史演变

栟茶镇在新中国成立后相当长的时间里一直是如东五个县属建制镇之一和栟茶区委所在地，其产业发展的影响力一度辐射如东县西北部地区，是经济社会发展的“战略高地”。但自20世纪90年代开始，特别是近10年来，栟茶镇的经济综合实力却逐渐落后于周边的河口和洋口等乡镇。从表8－12可以明显地看出，栟茶镇的主要经济指标排名在过去10多年内急剧下滑，已成为如东县西北部地区的“经济洼地”。

表8－12　不同年份栟茶镇、河口镇和洋口镇主要经济指标在全县排名情况

镇名	年份	地区生产总值	人均地区生产总值	农业总产值	工业总产值	财政收入
栟茶镇	1995(43)	7	—	4	11	2
	2000(26)	6	—	5	7	5
	2011(14)	10	10	8	12	5
河口镇	1995(43)	9	—	23	6	37
	2000(26)	5	—	7	4	6
	2011(14)	5	2	9	2	2
洋口镇	1995(43)	20	—	29	27	35
	2000(26)	11	—	3	8	12
	2011(14)	8	11	5	9	9

注：括号内为不同年份如东县的乡镇数量。

为了更好地衡量目前栟茶镇在全县的综合发展水平，我们从经济、社会、生态环境等三个方面选取了10项指标，运用主成分分析法分别计算出2011年如东县14个乡镇的城镇发展综合实力。图8－19列出了部分指标以及最终评价结果的空间分布情况，可以看出，以掘港镇为中心的如东县域东南地区乡镇的综合实力整体高于如东县域西北片区，而栟茶镇在如东西北片区内的综合实力也低于河口镇和洋口镇。

2）分产业发展现状

（1）第一产业发展现状

栟茶镇是传统的沿海农业乡镇，第一产业在过去很长一段时间内一直是栟茶的主导产业，近10年来其主导地位逐渐被二三产业所取代。第一产业增加值从2006年的1.5亿元到2011年的2.3亿元，年均增长率仅为8.9%。总体而言，第一产业的发展呈现出以下几点特征。

① 农业规模化、基地化和产业化趋势不断加强。全镇目前形成的高效农业基地包括以竹园、新庄为主的蚕桑生产基地，以江安为主的高效设施农业园区，以兴镇、双港为主的畜禽生态养殖基地等。此外，目前全镇还拥有省农委认证的无公害农产品七个，水产

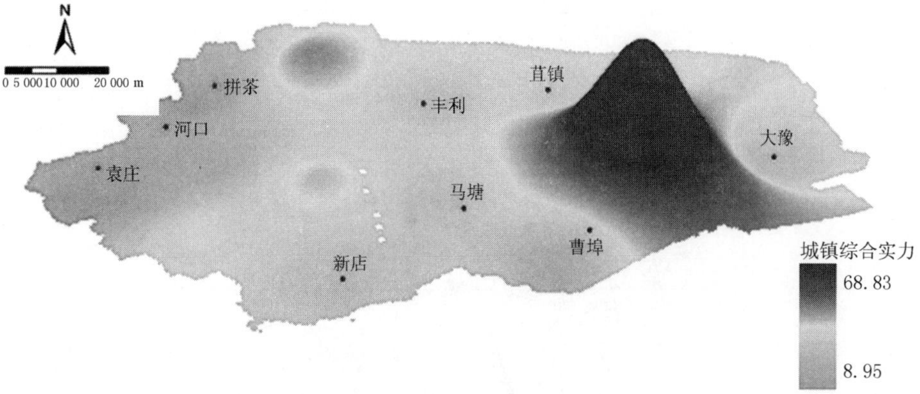

图 8-19　2011 年如东县各乡镇综合实力空间分布情况

有机食品一个，千万元以上农副食品加工企业两家。

② 栟茶镇虽坐拥优越的沿海区位条件，但渔业发展规模较低。2006—2011 年，渔业占第一产业总产值的比重由 2006 年的 44.6%骤降到 2011 年的 19.8%。而与沿海的洋口、丰利、苴镇、长沙和大豫镇相比，栟茶镇的渔业产值无论是总量还是其占一产的比重，都远远落后于这些乡镇。可以说，栟茶镇的渔业发展仍处于起步期，未来需要进一步依托沿海资源提升渔业发展空间。

③ 农业现代化程度在全县处于较低水平。如图 8-20 所示，2011 年栟茶镇第一产业的比较劳动生产率约为 0.7，仅高于丰利镇、岔河、双甸和河口镇，而就农业机械化率而言，这里用单位耕地面积农机总动力来表示，栟茶镇只有 6.6 kW/hm²，仅高于大豫镇和袁庄镇。

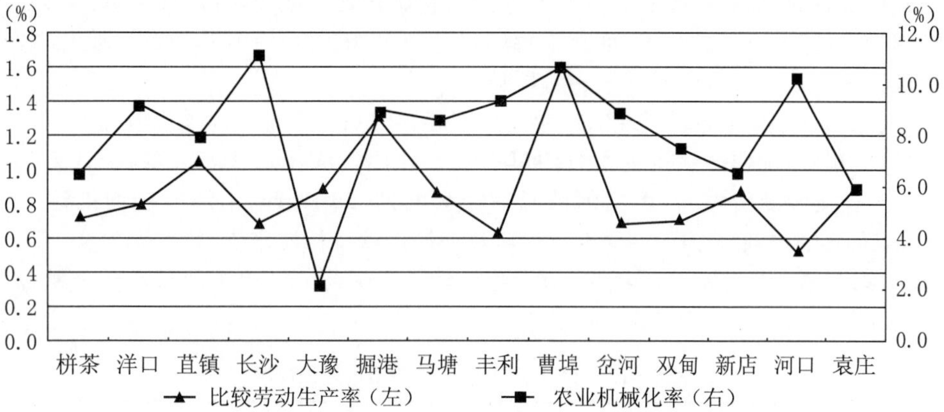

图 8-20　如东县各乡镇 2011 年比较劳动生产率和农业机械化率情况

(2) 第二产业发展现状与评价

20 世纪 90 年代末至今，栟茶镇的第二产业没能抓住乡镇企业迅速发展和区域大交通条件改善的机遇，其产业增长速度整体落后于如东县的平均水平，第二产业增加值占全县的比重也呈现下降趋势。2011 年全镇第二产业实现增加值为 7.64 亿元，占全县第二产业增加值的比重由 2006 年的 4.3%下降至 2011 年的 3.4%。栟茶镇第二产业发展面临的突出问题表现为绝对优势产业与比较优势产业的发展错位。图 8-21 显示了栟茶镇各工业行业的绝对优势系数和比较优势系数，可以看出，机械、纺织作为栟茶镇的绝对优势产业，在全县中的比较优势却并不明显。相反，医药、船舶在全镇的绝对优势不足，但在全县则拥有较高的比较优势。

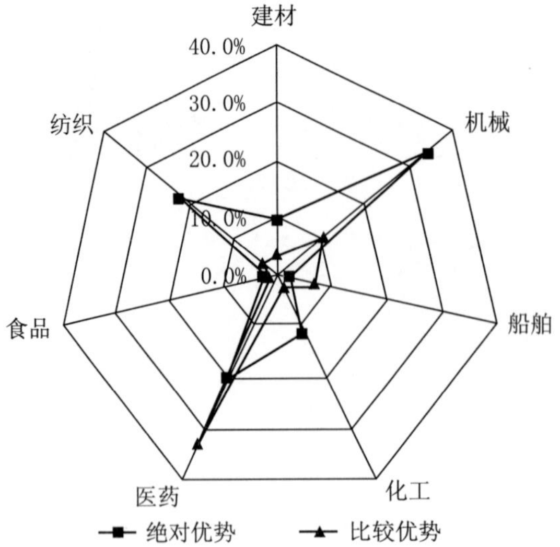

图 8-21　栟茶镇各工业行业绝对优势与相对优势系数

（3）第三产业发展现状与评价

2011 年栟茶镇第三产业实现增加值为 8.1 亿元，是 2006 年的 2.3 倍，年均增长率约 18.2%，与全县同期的第三产业年均增长率 21.2%基本接近，但占全县的比重由 2006 年的 6%下降至 2011 年的 5.3%。总体而言，栟茶镇的第三产业发展面临两个突出的问题。

① 旅游业发展滞后。栟茶镇区有着丰富的历史文化资源，如栟茶运河、寿圣寺、一柱楼、石板街等，但目前对这些旅游资源的保护与利用还处于起步阶段，而紧邻洋口镇的沿海旅游开发区建设已日趋完善，部分旅游项目已经对外开放，沿海其他乡镇如苴镇、长沙镇、大豫镇等都依托自身资源开发旅游项目。

② 小城镇房地产业起步较晚，近年来发展相对滞后。小城镇房地产业的发展在引导农民向镇区集中、加快城镇化进程方面具有重要作用。从表 8-13 可以看出，丰利镇于 2008 年已有文园商贸城开盘，岔河镇已有楼盘两处，其中恒基生活广场均价达 20 000 元/m^2，双甸镇、洋口镇也于 2011 年分别新开一处楼盘。相比之下，栟茶镇 2010 年 10 月至 2011 年，仅有卫海小区一处楼盘开盘，均价约 3 600 元/m^2，建筑面积在几个楼盘中也最小。

表 8-13　2011 年如东县乡镇楼盘建设情况

乡镇	楼盘	建筑面积(万 m^2)	均价(元/m^2)	开盘时间(年)
栟茶	卫海小区	0.55	3 600	2010
丰利	文园商贸城	0.78	3 500	2008
岔河	金水湾花园	6.83	3 500	2010
	恒基生活广场	4.07	20 000	2010
双甸	明珠花苑	3.33	3 500	2011
洋口	林克斯温泉小镇	2.54	13 000	2011
长沙(洋口港)	海景风情小区	3.76	3 200	2011

8.3.2 基于多方案比较的产业发展定位分析

栟茶镇未来实现产业发展突破的关键点在于如何选择适合自身发展的产业发展模式。与周边乡镇不同，栟茶镇可以依托的产业发展要素较多，对不同要素重视程度的不同，可以形成不同的产业发展模式，进而也对应不同的产业发展定位。因此，需要对栟茶镇的产业发展定位进行多方案分析。多方案分析一般由三个步骤组成，即多方案的初步遴选、多方案的二次优选和多方案的最终优选。

1）多方案的初步遴选

在对栟茶镇产业发展定位进行多方案比选之前，规划首先对栟茶镇现有发展要素在不同区域范围内的影响进行了分析（表 8-14），这些发展要素的不同组合，可以形成不同的产业发展模式，概括起来包括交通要镇、教育名镇、旅游古镇、工业强镇、商贸重镇和农业大镇等六种。

表 8-14 栟茶镇现有发展要素在不同区域范围内的影响

	江苏省	江苏沿海地区	南通市	如东县	如东西北部地区
历史地位	★	★★	★★★	★★★★	★★★★★
历史文化	★★★	★★★	★★★	★★★★	★★★★★
交通区位	★	★★	★★★	★★★★	★★★★★
教育事业	★★	★★★	★★★	★★★★	★★★★★
沿海滩涂	—	★	★★	★★★	★★★★
水产养殖	★	★★	★★	★★★	★★★★
现代工业	★	★	★	★★	★★★
中心市场	—	★	★★	★★★★	★★★★★
政治人物	★★	★★★	★★★★	★★★★★	★★★★★
政策支持	★	★★	★★★★	★★★★★	★★★★★

注："★"越多，表示影响越深。

2）多方案的二次优选

多方案的二次优选主要是基于对栟茶镇自身发展条件的进一步评价，表 8-15 列出了六种不同发展模式的内涵及对应的发展要素需求（根据已有发展要素和待规划的发展要素实现情况）。规划从现状竞争力、资源支撑力、外部推动力、潜在执行力和城镇影响力五个方面共 10 个分项指标出发，按照 5 分制原则对各分项指标进行评价打分（图 8-22），按得分高低，最终优选出交通要镇、商贸重镇和旅游古镇三种可能的产业发展模式。

表 8-15 不同发展模式内涵及发展要素需求

发展模式	模式内涵	已有发展要素	待规划的发展要素
交通要镇	打造区域性综合交通枢纽，重塑栟茶在如西北地区的战略地位	S225、S221、临海高等级公路；栟茶火车站；栟茶运河	如东西北片区的交通骨架构建
教育名镇	做优教育事业，延伸教育产业，提升栟茶教育知名度	栟茶高级中学	教育服务产业，如培训、住宿等

续表 8－15

发展模式	模式内涵	已有发展要素	待规划的发展要素
旅游古镇	开发古镇旅游资源，培育镇域经济新的增长点	石板街、寿圣寺等历史文化资源；栟茶古运河	滨河景观休闲带
工业强镇	以周边乡镇为赶超目标，大力发展工业经济	如石机械等一批行业重点企业；工业集中区	工业园产业类型、规模
商贸重镇	完善现代生活性和生产性服务体系，打造区域综合服务中心	栟茶中心市场；辐射周边的地理区位	大宗产品交易市场；物流园
农业大镇	以现代农业和海洋渔业为突破口，打造沿海特色农业镇	沿海滩涂资源；全国发展改革试点小城镇	特色农业生产基地；农业产业化项目

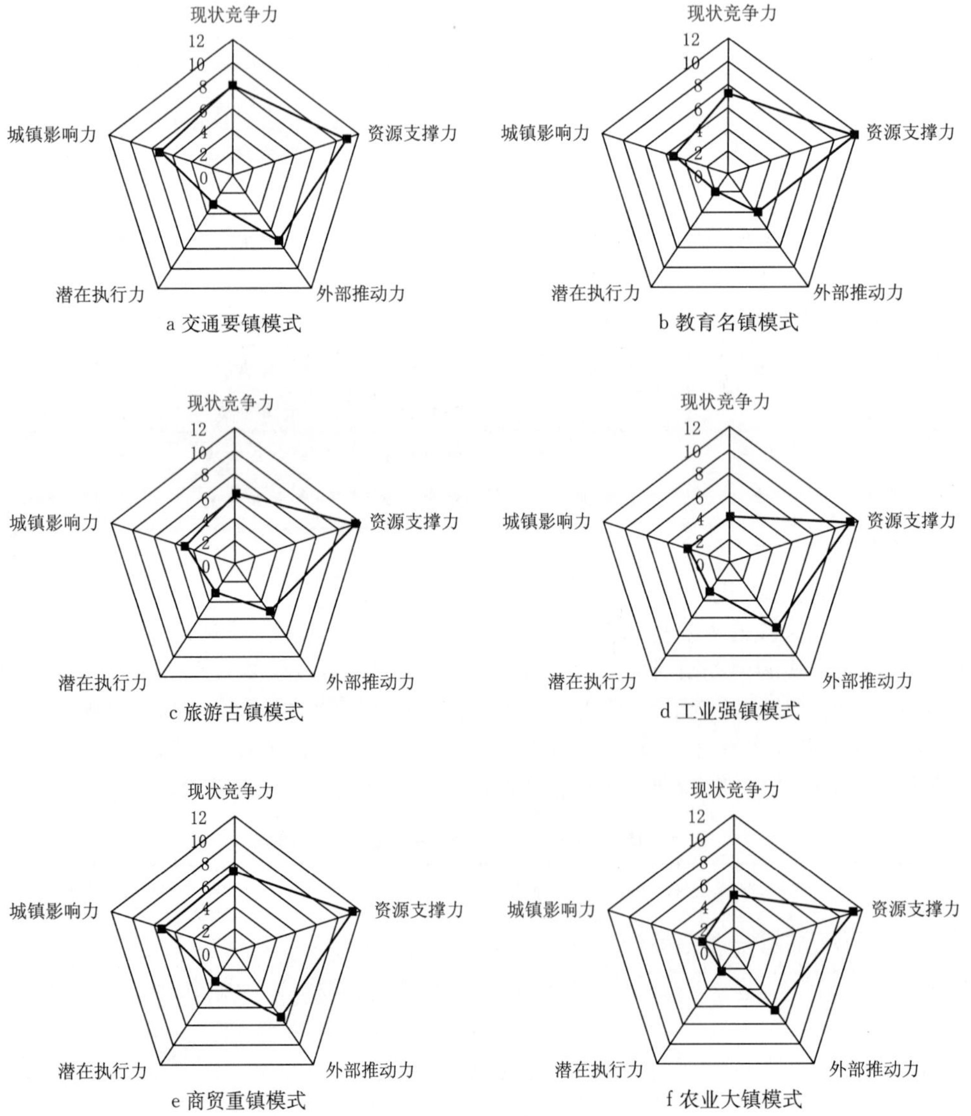

图 8－22　不同发展模式的分项评价得分情况

上述优选出的三种产业发展模式在发展速度、人口规模、空间布局要求和发展定位方面具有各自的特点(表 8－16)。

表 8－16　不同发展模式的主要特征

优选出的发展模式	主要特征			
	发展速度	人口规模（至规划期末）	空间布局要求	发展定位
交通要镇	较快	镇域 7 万—8 万人 镇区 4 万—5 万人	① 提升火车站周边地块、高等级公路沿线地区的开发强度 ② 路网衔接如东西北片区其他乡镇	区域性交通枢纽和客货集散基地
商贸重镇	较快	镇域 8 万—9 万人 镇区 5 万—6 万人	① 建设物流基地和综合交易市场 ② 路网衔接如东西北片区其他乡镇	区域性商贸服务中心
旅游古镇	较慢	镇域 6 万—7 万人 镇区 3 万—4 万人	① 加大老镇区保护与利用力度 ② 规划一批旅游服务节点 ③ 建设生态观光农业区	区域性旅游度假和休闲观光目的地

3）多方案的最终优选

多方案的最终优选主要是基于对上位规划的衔接以及与城镇布局方案的契合。通过对《如东县栟茶镇总体规划(2008—2030)》、《如东县城市总体规划(2009—2030)》、《如东县“十二五”规划》中对栟茶镇定位的梳理，规划最终确定的栟茶镇定位方案如表 8－17 所示。栟茶既不能走大力发展工业的传统道路，也不能冒进式地大搞服务业。“工业和服务业兼顾、更加注重服务业”应该作为指导栟茶镇未来产业发展的主导战略，即适当增加工业用地规模，并按照相关标准有选择地引进一批工业企业，通过古镇旅游线路、大宗商品交易市场、物流园区等载体的建设，逐步实现产业发展的重点向扩大服务业规模和丰富服务业类型这两个方面转移。

表 8－17　栟茶镇发展定位方案

主要特征	相关表述
发展模式	“交通要镇＋商贸重镇＋旅游古镇”的综合发展模式
发展定位	如东县西北地区综合服务中心和特色工业基地，南通大都市郊区，以海滨生态旅游和历史文化旅游为特色的旅游集散地
发展速度	在现有发展速度的基础上适度超前
发展目标	近期以如东较发达乡镇为赶超目标，争取进入全县镇域综合实力前五强；远期以建设区域中心小城市为目标，重塑栟茶镇在如东、海安交界地区的战略地位，建成富裕栟茶、活力栟茶、人文栟茶、幸福栟茶、美丽栟茶

8.3.3　基于三次产业融合发展的产业选择

根据上述产业发展定位和发展模式的要求，栟茶镇未来要坚持以一产为基础、二产为支撑、三产为重点的产业发展思路，强化三次产业各自的横向延伸以及三次产业之间的纵向融合。

如图 8－23 所示，第一产业重点发展以瓜果蔬菜、蚕桑、粮油为主的高效设施种植业(即现代农业)，以生猪、家禽和山羊主导的畜禽养殖业，以淡水鱼、南美白对虾为主的淡海水养殖业；第二产业做大做强机械制造、新能源设备、纺织服装等主导产业，重点培育农副食品加工产业，原则上不引进污染程度高、投资强度低的企业；第三产业重点发展以厂房、住宅小区为主的小城镇房地产业，以与房屋租赁、住宿餐饮等相关的教育服务业，以农业观光旅游、海滨生态旅游、古镇文化旅游为主的旅游及旅游服务业，以商品运输、批发零售为主的商贸物流业。

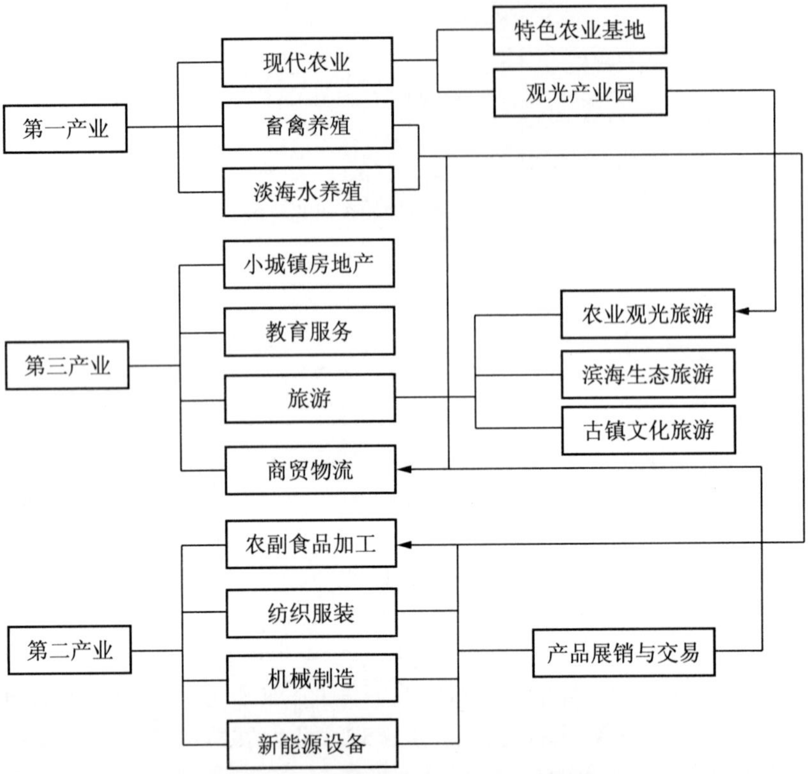

图 8－23　栟茶镇未来产业发展体系

为满足栟茶镇未来旅游发展对环境的要求，同时践行节约用地的准则，规划还结合《工业项目建设用地控制指标》(国土资发〔2008〕24 号)，对栟茶镇未来需要进行重点招商引资的行业从投入强度、产出效益两个方面进行控制，原则上低于控制指标的项目不予引进(图 8－18)。

表 8－18　栟茶镇重点行业招商引资主要控制指标

一级指标	二级指标	农副产品加工	机械制造	新能源设备制造	纺织服装	物流运输
投入强度	地均投入强度(万元/hm^2)	≥2 000	≥4 500	≥5 500	≥4 500	≥1 800
产出效益	地均工业产值(亿元/km^2)	≥5	≥15	≥10	≥8	≥10
	地均利税额(亿元/km^2)	≥1.0	≥4.0	≥3.0	≥1.5	≥2.5
	单位 GDP 能耗(吨标准煤/万元)	≤0.20	≤0.25	≤0.25	≤0.25	≤0.20

8.3.4　基于标杆地区的产业发展目标制定

栟茶镇目前的综合实力在全县处于较低水平，同时作为南通市仅有的两个全国改革开放试点镇之一，其综合实力也远低于苏南地区改革开放试点镇的平均水平（表 8 - 19）。

表 8 - 19　2009 年苏南地区部分全国改革开放试点镇的主要经济指标

城镇名称	GDP（万元）	年末人口（人）	人均 GDP（万元/人）	城镇名称	GDP（万元）	年末人口（人）	人均 GDP（万元/人）
横山桥镇	685 756	78 690	87 147	七都镇	489 486	68 927	71 015
嘉泽镇	264 836	70 848	37 381	汾湖镇	1 289 436	171 443	75 211
前黄镇	443 196	71 213	62 235	凤凰镇	610 463	124 192	49 155
天目湖镇	195 576	70 641	27 686	海虞镇	646 803	138 138	46 823

综合栟茶镇目前的产业发展现状以及未来产业发展的战略和定位，我们认为栟茶镇的产业发展目标需要分时段设定。近期应该以全县乡镇的平均水平为赶超目标，争取进入全县乡镇综合实力前六强；中期以全县乡镇较高水平为努力目标，力争进入全县乡镇综合实力前三强；远期以苏南地区全国改革开放试点镇的较高水平为奋斗目标，力争进入江苏省全国改革开放试点镇综合实力前十强。

在总体发展目标的指引下，对栟茶镇在不同时期产业发展目标的预测结果如表 8 - 20所示。具体步骤为：① 预测栟茶镇近、中、远三期的 GDP 增长速度；② 预测栟茶镇的三次产业结构；③ 结合 GDP 和三次产业结果，计算各类产业规模，并反算其年均增长率。

表 8 - 20　栟茶镇未来主要产业发展指标分时段预测结果

主要产业发展指标	现状（2010 年）		近期（2015 年）		中期（2020 年）		远期（2030 年）	
	总量（亿元）	“十一五”年均增速（%）	总量（亿元）	年均增速（%）	总量（亿元）	年均增速（%）	总量（亿元）	年均增速（%）
GDP	15.0	14.50	34	18.0	60	12.0	130	8.0
第一产业	2.1	8.60	4	14.4	6	8.0	10	5.6
第二产业	6.6	15.50	15	18.5	24	9.4	52	8.0
第三产业	6.3	15.80	15	18.6	30	15.4	68	8.4
产业结构	14 : 44 : 42		12 : 45 : 43		10 : 40 : 50		8 : 40 : 52	

9 新型产业区产业空间规划[①]

在经济全球化和政策优势弱化的双重背景下，我国开发区进入转型发展的关键时期，众多开发区在完成以建设基础设施、扩张园区规模和引进外部企业为主要特征的“一次创业”基础上，开始探索开发区的“二次创业”转型。从发展模式上看，转型的重点包括建设创新型园区和专业化园区这两部分内容。一方面，建设创新型园区是落实国家创新发展战略、培育园区创新体系、提高园区自主创新能力的重要保障；另一方面，建设具有特定产业类型或特定发展主题的专业化园区，对提升产业园区的专业化水平、强化园区内部产业链的联系、优化园区之间的产业竞争格局等均具有重要意义。就规划特点而言，创新型园区规划需要突出园区创新体系的构建，并以具体行动计划和措施支撑创新体系的运行，专业化园区由于产业类型较为明确，需要进一步深化到行业和企业选择，以增强规划的可操作性。

本章选取盐城经济技术开发区、宿迁市新材料产业园和苏州太湖科技产业园三个规划案例，对其产业发展和空间布局规划的成果进行系统整理和归纳总结，作为本书集约型产业区产业空间规划内容及其方法在这类新型产业区规划应用中的延伸和拓展。

9.1 盐城经济技术开发区创新型园区发展规划[②]

盐城经济技术开发区成立于 1992 年 7 月，1993 年 10 月被江苏省人民政府批准为省级开发区，1996 年 3 月被批准建立省级高新技术产业园，2010 年 12 月 30 日升级为国家级经济技术开发区。开发区位于盐城市区东南方，现有辖区面积为 200 km^2，地理位置优越，交通便捷，沿海高速、新长铁路、通榆运河贯穿其中，距宁靖盐高速公路 6 km，距国家一类开放口岸大丰港 35 km，距盐城机场 5 km。作为盐城市唯一的国家级开发区，盐城经济技术开发区在全市对外开放、招商引资和经济发展中起着举足轻重的作用。

该规划项目开展于 2011 年 6 月，适逢开发区的提档升级和江苏省出台全国首个创新型城市创新型乡镇创新型园区建设评价考核指标体系。规划由盐城经济技术开发区管理委员会委托东南大学区域与城市发展研究所承担编制，规划的主要内容以界定创新型园区的基本内涵为切入点，以国内外创新型园区发展经验为借鉴，在深入分析开发区发展现状的基础上，提出盐城经济技术开发区建设创新型园区的定位与具体目标，构建了创新型园区的五大支撑体系，并结合开发区创新要素的布局进行四大空间板块的重组。

9.1.1 基于比较分析的开发区创新发展现状评价

规划基于江苏省创新型园区评价指标体系，采用横向比较与纵向比较相结合的方法，进一步分析盐城经济技术开发区目前在创新型园区建设方面所处的阶段和面临的问题。囿于指标数据的可得性和操作的可行性，重点对以下几个方面进行了分析。

---

① 国家社会科学基金重点项目(编号 12AZD100)部分成果。

② 项目名称及时间：“盐城经济技术开发区创新型园区发展规划”，2011 年 6 月。委托单位：盐城经济技术开发区管理委员会。编制单位：东南大学区域与城市发展研究所。

1）自主创新能力总体评价

根据江苏省商务厅公布的2010年度江苏省开发区科学发展综合评价结果，盐城经济技术开发区在参评的123家开发区中位于第20名。就自主创新单项指标而言，开发区处于第16名。从图9－1可以看出，与周边国家级开发区相比，盐城经济技术开发区在自主创新方面有较为明显的优势，甚至超过苏中地区的部分开发区，但与苏南地区开发区相比，依旧差距较大。

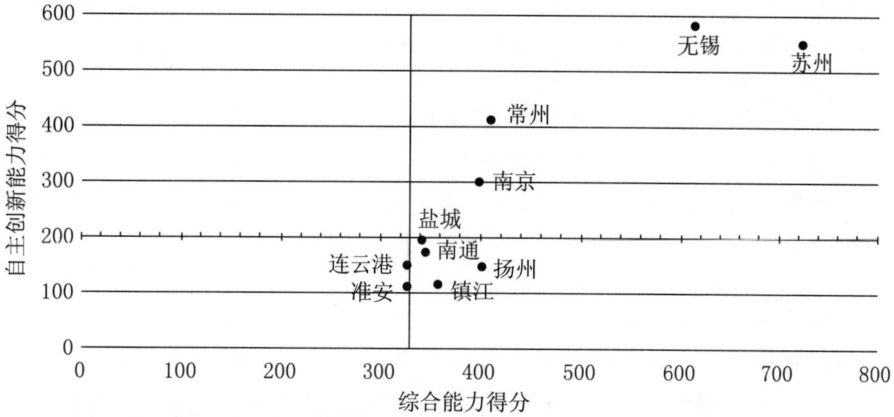

图9－1　江苏省部分国家级开发区（高新区）综合实力与自主创新能力比较

2）创新活动投入评价

盐城经济技术开发区近年来的全社会研究与试验发展（Research and Development，简称R&D）经费投入增长迅速，由2009年的0.48亿元增加到了2010年的0.97亿元。2009年开发区的企业研发投入强度约为0.72%，相比苏北和苏中地区的国家级开发区略有优势，但与苏南地区的开发区相比差距很大，不足省创新型园区建设考核指标规定的一半。如图9－2所示，就盐城市域范围内而言，开发区的R&D投入强度却低于全市平均水平，这与开发区在盐城市经济社会发展中应该承担的创新引领作用不符。另外，开发区的研发人员投入呈下降趋势，2010年科技研发人员总数810人，比2009年下降了近200人。

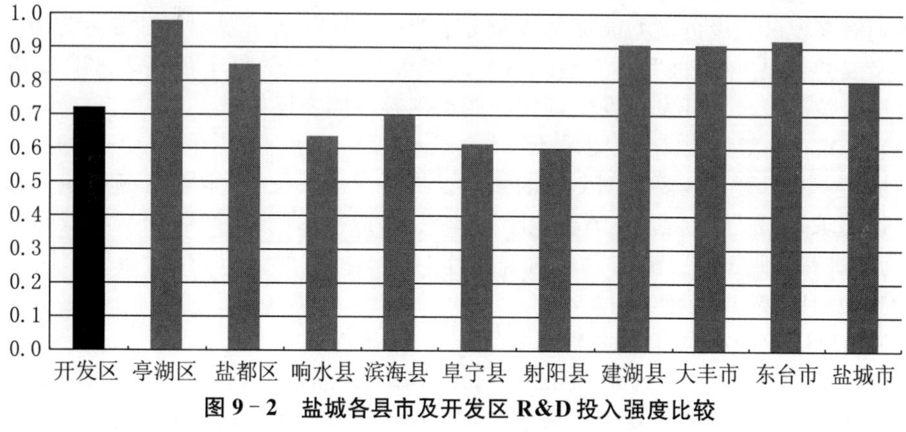

图9－2　盐城各县市及开发区R&D投入强度比较

3）创新活动产出

从专利授权数、高新技术产业发展情况这两个方面衡量开发区创新活动的产出。就专利授权数而言，2010年开发区获61项专利授权，每万名从业人员专利授权数达29.7件，相比2009年有较大上升幅度。但就专利授权构成情况来看，作为体现核心竞争力的发明专利所占比例太少，主要还是集中在实用新型和外观设计方面。

就高新技术产业发展而言，盐城经济技术开发区 2010 年高新技术产业总产值占工业总产值的比重仅为 4.58%，远低于盐城市 2010 年 17.5%的水平以及省创新型园区建设考核指标规定 60%的水平，开发区高新技术产业的发展存在明显滞后。

4）创新活动环境

从创新活动硬环境和软环境两个方面衡量开发区的创新环境建设情况，前者主要包括区内科技创新研发平台建设、科技创业园发展以及公共服务平台建设等，后者则主要指园区的生态环境建设情况，如单位 GDP 能耗、绿化率等。

（1）科技创新平台

目前开发区已建和在建的科技创新研发平台共 34 个，整体建设稳步推进。但总体而言，开发区缺乏高等级的平台，目前的平台仍以企业主导建设为主，其中国家级两个，企业主导的研发平台数达 20 个。从科技创业园的发展来看，开发区的高新技术创业园为省级科技创业园，孵化面积为 2.6 万 m^2，在孵企业 100 多家，与江苏省创新型园区评价指标规定的孵化面积超过 100 万 m^2、在孵企业超过 1 500 家的标准差距较大。

（2）开发区的生态环境建设

开发区的环境保护近年来取得了较大进展，但与省评价指标仍有差距。“十一五”期间，开发区单位 GDP 能耗和单位 GDP 水耗分别从 2004 年的 1.3 万吨标准煤/万元和 147 m^3/万元下降到 2009 年的 0.8 万吨标准煤/万元和 85.4 m^3/万元，人均公共绿地面积从 2004 年的 6.5 m^2 上升到 7.1 m^2。

9.1.2 基于发展条件评价的创新型园区战略体系构建

开发区自身条件的不断优化与完善为建设创新型园区奠定了基础，但也面临着创新体系不完善、产业创新发展滞后等“内伤”。同时，国际、国内发展趋势和区域开发能够有力助推创新型园区的建设，但开发区也面临来自国际和国内园区的人才、产业竞争。因此，必须构建完善的战略体系才能进一步推进创新型园区的建设工作，具体包括发展定位和发展目标两个方面。

1）开发区建设创新型园区的发展定位

规划对开发区建设创新型园区的发展定位是：江苏省创新型园区建设示范区、沿海产业带发展的重要“创新极”、苏北地区首家国家级高新区和盐城市创新人才高度集聚的乐业宜居科技新城。对开发区发展定位的四点内容具体表述如下。

（1）江苏省创新型园区建设示范区

盐城经济技术开发区要以创新型国家建设战略为重要契机，紧紧结合江苏省创新型省份建设要求，率先建设和完善创新型园区体系，打造技术创新、产业创新和服务创新平台，成为引进和吸收国际一流技术与对外合作与交流的重要窗口，在创新型园区建设过程中为其他园区起到示范作用。

（2）沿海产业带发展的重要“创新极”

盐城作为沿海区域三大中心城市之一，在沿海地区发展中具有承南起北的重要战略地位。盐城经济技术开发区要全面吸引、集聚和融合国际和国内创新要素，打造沿海产业带发展中间重要的“创新极”，通过创新的扩散效应、区域经济合作等方式带动整个沿海产业带的经济增长。

（3）苏北地区首家国家级高新区

盐城经济技术开发区要紧紧抓住创新型园区建设的契机，瞄准目前苏北地区国家级高新区的缺口，努力将盐城经济技术开发区打造为苏北地区首家国家级高新区。

(4) 盐城市创新人才高度集聚的乐业宜居科技新城

开发区要充分利用盐城市科教资源较为丰富的优势，培养各类科研和技术人员。同时，要努力建设舒适优美的生活环境和营造浓郁的创新创业氛围，并通过一系列优惠政策大量引进和留住国内外高端人才，推动创新人才在园区的高度集聚，促进开发区由“工业城”、“产城分离”向“科技新城”、“产城融合”的转型。

2) 开发区建设创新型园区的发展目标

考虑到发展的阶段性，规划将开发区建设创新型园区的发展目标进一步分为近期和远期两个阶段，并构建了近期的考核指标体系。

(1) 近期发展目标

结合开发区发展的现状，以建设创新型园区的战略定位为基础，规划认为近期作为开发区创新型园区的创建期，具体的发展目标应该是：以无锡高新区和江宁经济技术开发区为标杆，到 2015 年，盐城经济技术开发区要基本建成集聚国内外创新要素的重要平台，成为创新体系完善、创新能力强大、创新人才集聚、创新环境优越的创新型园区，成为盐城市高新技术产业和新兴产业的集聚地和推进自主创新的主阵地，以知识创造为驱动、产业和技术引领为基础、创新创业体系为支撑实现对江苏沿海地区的辐射与带动。

(2) 远期发展目标

在完成近期发展目标的基础之上，规划认为远期应该成为开发区创新型园区功能强化和辐射期，盐城经济技术开发区要充分学习和吸收国内典型创新型园区的经验，力争到 2020 年成为苏北率先、江苏领先、国内一流的国家级创新型园区示范区，在创新能力上以中关村科技园区和苏州工业园区为奋斗标杆。

(3) 近期考核指标体系

规划在江苏省创新型园区建设评价指标体系的基础上，对原有指标体系里的部分指标进行了归类和优化，同时增加了其他一些指标，构建了开发区建设创新型园区具体的量化指标体系(表 9 - 1)，包含创新投入、创新产出、创新效率、创新服务和创新环境等五个一级指标和 22 个二级指标。

表 9 - 1　开发区建设创新型园区的指标体系

一级指标	二级指标	现状值 (2010 年)	参考数值 (2015 年)
创新投入	园区财政科技支出占一般预算支出的比例(%)	0.86	≥6.00
	规模以上企业研发投入占企业销售收入比重(%)	0.72	≥2.00
	硕士以上学历人数占科技研发人员的比重(%)	7	≥20
	每万名从业人员理工科毕业人数的比重(%)	—	≥60
创新产出	每万名从业人员发明专利申请数(件)	29.7	≥100.0
	工业企业自主知识产权产品产值占比(%)	—	≥60
	新产品产值占工业总产值的比重(%)	—	≥20
	省级以上高新技术企业数(个)	8	≥50
	上市企业数量(家)	—	≥10

续表 9 - 1

一级指标	二级指标	现状值（2010 年）	参考数值（2015 年）
创新效率	每平方千米营业总收入(亿元)	—	≥50
	园区净利润占营业总收入的比例(%)	6.17	≥8.00
	高新技术企业营业总收入占园区的比例(%)	4.6	≥60.0
	新兴产业产值占工业产值比重(%)	—	≥50
创新服务	规模以上企业中拥有研发机构的企业所占比重(%)	—	≥50
	生产性服务业销售收入占园区营业总收入的比例(%)	—	≥30
	财政投入占全区研发投入的比重(%)	0.7	≥10.0
	科技企业孵化器面积(万 m^2)	2.6	≥100.0
	人才公寓和专家楼可容纳人数(万人)	—	≥2
创新环境	万元 GDP 能耗(吨标煤)	0.80	≤0.25
	万元 GDP 水耗(m^3)	85.4	≤40.0
	人均公共绿地面积(m^2)	7.1	≥15.0
	每万名从业人员中专业技术人员数(人)	—	≥3 000

注:指标体系中万元 GDP 能耗、万元 GDP 水耗和人均公共绿地面积的现状值为 2009 年数据。表格中加灰底部分的二级指标为在江苏省创新型园区建设评价指标体系的基础上新增的指标。

9.1.3 基于创新型园区五大支撑体系的规划引导

规划构建了包含企业创新支撑体系、产业创新支撑体系、服务创新支撑体系、创新人才支撑体系、制度创新支撑体系在内的创新型园区建设五大支撑体系(图 9 - 3)。在对开发区各个支撑体系发展现状进行评价的基础上,分别对每一个创新支撑体系进行了规划。

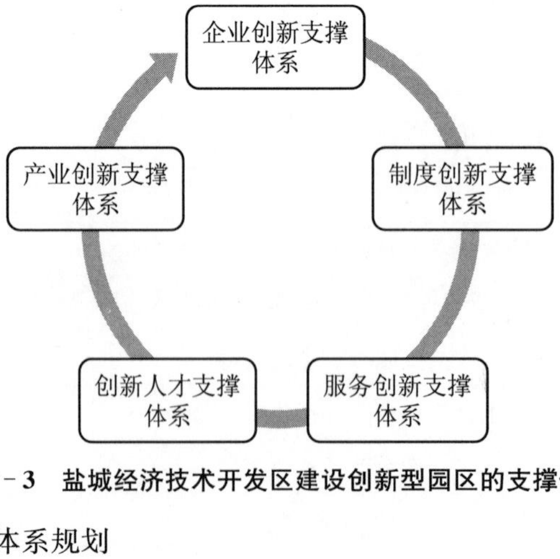

图 9 - 3　盐城经济技术开发区建设创新型园区的支撑体系

1）企业创新支撑体系规划

企业创新体系建设在盐城经济技术开发区创新型园区建设过程中发挥着核心作用。

完善的企业创新体系是开发区产业创新体系得以架构的基础，同时也将带动开发区其他创新体系的建设与发展。规划认为，盐城经济技术开发区的企业创新体系构建应该包括内外两个系统，内部系统包括企业的创新文化和创新氛围、企业自身的技术创新中心和创新平台，外部系统则包括管委会政策制定、共享技术研发平台、大学及科研机构等。鉴于此，规划提出开发区管委会在盐城经济技术开发区企业创新体系的建设过程中应该重点实施的六大工程。

（1）企业创新文化培育工程

企业创新文化的培育不仅需要企业自身的高度重视，同时也需要开发区管委会在企业创新文化的培育方面发挥组织协调作用。规划提出了开发区培育企业创新文化的行动策划，如举办创新大讲堂、创新活动周等活动，每个活动面向不同的群体、实施的间隔也不同（表 9－2）。

表 9－2　开发区企业创新文化培育工程行动策划

行动策划	具体内容	实施周期	面向群体	奖励措施
创新活动周	开发区组织开展企业创新成果展示周，并进行评比	一年一次	所有企业员工	对获得好评的前十名创新成果给予不同程度的奖励
“创新有我”征文大赛	开发区组织企业员工就创新话题进行有奖征文	一年一次	所有企业员工	对获奖员工颁发证书，并给予不同程度的物质奖励
创新知识竞赛	举行相关行业前沿技术领域知识竞赛	半年一次	企业技术创新人才	成绩优异者给予现金奖励，具体措施可由科技局制定
创新大讲堂	邀请省级以上创新创业人才，定期访问开发区并做学术报告	两月一次	企业技术创新人才和科技领军人才	一年听满三次以上报告，颁发结业证书
创新技能大赛	企业内部定期针对自身员工举行技能测试，激发员工创新动力	一月一次	企业专业技术人员	成绩突出者可获得外地培训机会，具体措施可由企业视自身情况灵活制定

（2）企业创新能力提升工程

开发区企业创新能力提升工程包含两个方面内容，一方面要进一步提升开发区内已有企业的创新能力，另一方面要对未来希望引进的企业设定创新门槛，对不满足条件的企业坚决不予以引进，确保开发区内企业整体创新能力的不断提升。现有企业的技术能级提升重点针对两类企业，对技改投入比重较大的企业给予相应比例的税收减免，对在区内设立研发机构的外资企业给予在报关、税收等方面的政策优惠。就未来引进企业而言，开发区应该优先引进具有研发中心或积极开展产学研合作的企业，限制引进没有研发机构的纯加工制造型企业。

（3）企业创新人才共享工程

规划将开发区的创新人才共享机制分为三个步骤，首先建立开发区人才共享数据库，为人才共享奠定信息基础，其次针对企业与高校及科研机构间的人才共享、大企业与中小企业间的人才共享、企业与政府间的人才共享这三种人才共享类型遴选不同的创新人才，最后对人才共享实施成效进行评估。三种人才共享类型的具体模式如表 9-3 所示。

表 9-3 开发区企业创新人才共享的三种类型

涉及主体		共享模式	具体内容
企业	高校及科研机构	委托共享	企业委托高校和科研机构定制化培养人才
		候鸟式共享	高校和科研机构的人才定期到企业提供技术支持
企业	管委会	管理共享	管委会以“创业保姆”的形式选派具有管理经验的工作人员帮助初创企业处理日常管理问题
大型企业	中小型企业	购买共享	企业间签署人才转让协议，大企业为小企业提供创新人才
		项目共享	企业间以共同承担项目的形式组建以大企业创新人才为主的创新团队

(4) 企业创新平台优化工程

规划建议开发区打造“一室、三站、三中心”的企业创新平台体系，“一室”即国家重点实验室，“三站”即研究生工作站、博士生工作站和院士工作站，“三中心”即工程技术中心、工程研究中心和企业技术中心，并给出了不同企业类型适合建设的创新平台载体以及具体的建设模式(表 9-4)。

表 9-4 开发区企业创新平台体系

创新平台体系	创新平台载体		适合企业	建设模式
一室	国家重点实验室		大型骨干企业	政产学研合作共建为主、自建为辅
三站	研究生工作站		小型企业	与高校合作为主
	博士生工作站		大型骨干企业	自建为主
	院士工作站		大型骨干企业	自建为主、管委会扶持
三中心	工程技术中心	市级	小型企业	自建为主、管委会扶持
		省级以上	大型骨干企业	政产学研合作共建为主、自建为辅
	工程研究中心	市级	小型企业	自建为主、管委会扶持
		省级以上	大型骨干企业	政产学研合作共建为主、自建为辅
	企业技术中心	市级	小型企业	自建为主、管委会扶持
		省级以上	大型骨干企业	政产学研合作共建为主、自建为辅

(5) 企业创新绩效评价工程

为了提高开发区内企业对创新的认识，同时便于开发区管委会更好地了解区内各企业的创新动态，规划构建了开发区企业创新绩效评价体系(表 9-5)。按照最终的得分结果，将开发区内企业的创新绩效分为三种类型，即优化提升型、重点关注型和特殊扶持型。

表 9-5　开发区企业创新绩效评价工程

评价指标	评价标准(个)	参考评分	备注
专利授权 (25分)	≥50	25	发明专利不少于10项
	20—49	15	发明专利不少于5项
	5—19	10	发明专利不少于1项
	1—4	5	—
论文发表 (20分)	5	20	必须为相关行业一级核心期刊
	4	15	
	3	10	
	2	5	
荣誉称号 (15分)	国家重点高新技术企业	15	—
	省级以上高新技术企业	10	—
	市高新技术企业	5	—
新产品数量 (25分)	≥20	25	—
	15—19	15	—
	10—14	10	—
	5—9	5	—
组织申报职称 (15分)	≥10	15	必须为中级职称以上
	5—9	10	
	1—4	5	

（6）企业创新投入激励工程

规划建议从企业硕士以上学历员工所占比重、企业主导建设的创新平台数量和企业创新课题承担等级这三大方面进一步激励企业的创新投入，根据企业在三类指标中所处的位置管委会给予不同程度的奖励（表 9-6）。

表 9-6　开发区企业创新投入激励体系

衡量指标	参考标准	激励措施	备注
硕士以上学历 员工所占比重(%)	≥25	奖励5万元	不满一年工作经验的员工不计入考核
	15—24	奖励2万元	
	5—14	奖励1万元	
创新平台建设数量(个)	≥5	奖励5万元	至少有一个省级以上创新平台
	3—4	奖励3万元	
	1—2	奖励1万元	

续表 9-6

衡量指标	参考标准	激励措施	备注
创新课题承担等级	国家级	同步配套科研经费的 25%	总奖励金额不超过 10 万元
	省级	同步配套科研经费的 15%	
	市级	同步配套科研经费的 5%	

2）产业创新支撑体系

产业创新支撑体系作为开发区创新体系的一部分，是衔接企业创新体系和开发区创新体系的重要环节。完整的产业创新体系应该包含三个元素，即产业创新节点、产业创新链和产业创新集群。规划提出了盐城经济技术开发区"四点、六链、三群"的产业创新体系总体架构，"四点"分别指公共技术研发平台、知识创新平台、科技成果转移平台和政产学研合作平台；"六链"分别指汽车及零部件制造产业创新链、新能源汽车产业创新链、软件及服务外包产业创新链、光电产业创新链、新能源装备产业创新链和现代服务业创新链；"三群"分别指新能源汽车产业创新集群、软件及服务外包产业创新集群和光电产业创新集群。规划建议开发区管委会围绕产业创新体系，重点实施提升开发区产业创新能力的三大工程。

（1）产业创新研发平台提升工程

规划建议开发区借鉴中科院泰州应用技术研究院、台湾工业技术研究院、苏南工业技术研究院和西北工业技术研究院等模式，全面整合省内外科研院所、高校的科研力量和盐城经济技术开发区的产业基础，积极筹备建设盐城市首家应用技术研究院，作为公共应用技术开发平台，并对其运营模式、合作机构、组织结构和企业孵化等四个方面给出了具体的建议（表 9-7）。

表 9-7　盐城应用技术研究院建议发展模式

运营模式		前期以政府投入为主，后期自主经营
合作机构		中国科学院、清华大学、浙江大学、东南大学、南京大学、天津大学、吉林大学等
组织结构	研究所	新能源汽车、光电、软件及服务外包、汽车及零部件制造
	服务中心	技术转移服务、专利服务、产品检测
企业孵化	实验工厂计划	通过实验工厂，对技术进行改良，将实验室技术转化成可向企业输出的成熟产业技术
	孵化中心	企业可以申请进入孵化中心，并可以使用实验室和设备

规划建议未来开发区要充分依托高等院校和高科技企业，全力建设五个重点实验室，并力争通过重点实验室的建设，培育五个具有国内领先水平的知识创新团体、基地和一批有分量的科技成果，构建开发区知识创新平台。

规划建议开发区依托行业实力雄厚，有一流的工程技术开发、设计、试验条件的重点科研机构、高等院校或企业等创建 20 个工程技术中心，构建科技成果转移平台，主要分布在新能源汽车、软件及服务外包、光电和汽车及零部件制造这四类行业。

规划建议开发区继续加大企业技术中心建设，至 2015 年底建设 50 家企业技术中心，加快新技术、新工艺的开发、引进和消化吸收力度，为产业升级提供技术来源和技术支撑，构建产学研合作平台。

(2) 产业创新链打造工程

产业创新链是基于产业链核心环节的创新链构造，其实质是将创新体系植入到产业链的核心环节。按照这样的思路，分别对开发区的汽车及零部件产业创新链、新能源汽车产业创新链、软件及服务外包产业创新链、光电产业创新链、新能源装备产业创新链和现代服务业创新链等六条产业创新链进行规划。这里只选取汽车及零部件产业创新链进行详细介绍。

规划从产品链和创新链两个部分对汽车及零部件产业创新链进行架构，其中产品链涵盖了开发区汽车产业现有的几种主要产品，创新链则涵盖了基础研究、应用实验研究等创新环节，开发区对不同的汽车产品应该关注不同的创新链环节(表 9-8)。

表 9-8　汽车及零部件产业创新链规划

		创新链				
		基础研究	应用实验研究	成果孵化与技术转让	规模生产	市场运作
产业链	汽车发动机	√		√		
	车身和底盘		√			
	汽车专用模具				√	
	经济型轿车				√	√
	重型卡车				√	
	特种车	√			√	

(3) 产业创新集群培育工程

产业创新集群是开发区提升产业创新能力的重要载体，产业创新集群由产业创新节点如企业和创新研发平台、产业创新链以及外围的高等院校、科研机构、金融机构、中介机构等社会组织共同形成。结合盐城经济开发区内各个园区的发展现状，规划建议至规划期末应该重点培育新能源汽车及零部件产业园、盐城国际软件及服务外包基地和光电产业园等三个产业创新集群。产业创新集群培育的目标为五年内打造三个超 100 亿元产值的专业园区，建成不少于 50 万 m^2 的孵化中心，每个园区都创立 1—3 个影响较大的国家级品牌，新兴产业园区都建成 3—5 个行业领先的公共技术研发平台，成为拉动开发区经济快速发展的新增长极。

3) 创新人才支撑体系

完整的创新人才体系应该包括创新人才的培养、创新人才的引进和创新人才的激励等三大部分。因此，规划也分别从这三个方面对开发区的人才体系建设提出指导。

(1) 创新人才培养体系

就创新本身而言，其自身存在一个金字塔体系，处于塔尖的是知识发现，塔尖下依次还有应用发明、技术创新、集成创新等。相应地，创新人才也存在一个类似的金字塔结构，从塔尖到塔底依次为科技领军人才、技术创新人才、工程技术人才和专业技术人员。因此，开发区创新人才培养机制建设应该考虑不同层次的人才需求。一方面，开发区要充分依托盐城的高等院校以及一批国家级和省级科研机构的学科建设优势和科技研发优势，加强实用型技术人才的培育，夯实创新人才金字塔的基础；另一方面，在人才培养方式上，开发区要重视国内著名高校在外设立的分校或研究院的作用。规划建议开发区根据现有产业发展基础，积极吸引在该领域内实力强劲的院校来区设立分校或研究院（表 9－9）。

表 9－9　规划建议开发区选择的合作院校

产业类型	相关学科	建议开发区选择合作的院校
汽车制造	车辆工程、机械制造	清华大学、吉林大学、同济大学、华南理工大学等
新能源汽车	能源与环境、动力工程	东南大学、复旦大学、清华大学等
软件设计开发	计算机、软件工程	清华大学、南京大学、浙江大学、东南大学等
光电产业	电子信息与技术、光电信息工程	天津大学、浙江大学、南京理工大学等

在创新人才培养计划方面，规划建议开发区实施“筑巢孵凤 5233 计划”，力争用五年时间，在开发区内建立两所国内知名大学的分校或研究院，培养 300 名中高级技术创新人才，3 000 名专业技术人员，夯实开发区内科技研发人员的基础。

（2）创新人才引进体系

在创新人才引进模式上，突出“不求所有、但求所用”的柔性人才引进理念，规划建议盐城经济技术开发区结合自身人才引进特点，重点实施三大人才引进计划，即“海归计划”、“候鸟计划”和“银色计划”。如表 9－10 所示，每类计划分别面向不同的人才群体，采取的合作内容也各不相同。

表 9－10　盐城经济技术开发区人才引进三大计划

创新人才引进模式	具体内容	面向群体
海归计划	建立留学归国人员创新创业基金，鼓励他们应用所学知识创办企业	留学归国的年轻博士
候鸟计划	以专利和发明加盟园区内企业，定期来企业指导技术难题并举办科技创新讲座	国内中青年创新创业领军人才
银色计划	人才和专利、发明或团队一起入驻开发区，以合同形式确定合作期限	国内外高精尖退休人才

在创新人才引进计划方面，江苏省各地制定的专项人才引进计划多达 82 项，如江苏省“双创计划”、无锡“530 计划”、苏州“姑苏人才计划”、南京“321 计划”、常州“龙城英才计划”、镇江“331 计划”等。鉴于此，规划建议盐城经济技术开发区要结合目前的人才需求情况，制定明确的人才引进计划，重点实行“蓝海 123 人才引进计划”，即开发区在未来五年时间内要力争引进 10 名国家“千人计划”高端领军人才，20 名海外留学归国高层次创新创业人才，300 名具有硕士以上学历的高端技能人才。

（3）创新人才管理体系

为了让更多的创新人才愿意来开发区工作和生活，开发区的创新人才管理体系应该重点突出两大计划，即创新人才奖励计划和创新人才服务计划。

创新人才奖励计划分为两大部分，包括人才引进初期的奖励计划及人才成长期的奖励计划。在人才引进初期，根据人才引进的层次不同分别给予不同等级的奖励（表 9－11）。

表 9 - 11　盐城经济技术开发区创新人才引进初期奖励计划

人才层次	人才构成	奖励方式					
		创业资金	税收减免	居住条件	医疗保障	交通出行	配偶就业
第一梯队	国家“千人计划”人才	100 万元	前五年免 100%	高档别墅	私人医生、健身教练	民航、铁路和公交贵宾（Very Important Person，简称 VIP）服务	随迁随调
	两院院士						
第二梯队	江苏“双创计划”人才	50 万元	前三年免 100%	独栋专家楼	私人医生	民航、铁路和公交 VIP 服务	随迁随调
	省“333”工程						
第三梯队	盐城市创新创业领军人才	30 万元	前三年免 100%	高级人才公寓	健身教练	铁路和公交 VIP 服务	帮助解决
	海外留学归国创业人才						

与以往其他地区的人才奖励计划不同，本规划同时还关注了创新人才在开发区的成长，对后期在开发区创新创业过程中继续创造显著成果的人才实行开发区人才成长期奖励计划（表 9 - 12）。对有突出贡献的创新人才，授予其相关称号或协助其申请国家“千人计划”或江苏省“双创计划”等。

表 9 - 12　盐城经济技术开发区创新人才成长期奖励计划

一级指标	二级指标	资金资助（元）	申请荣誉
国家授权专利	发明	5 000	年获得专利超过三项，授予“开发区创新大师”称号
	实用新型	3 000	
	外观设计	1 000	
承担课题或项目	国家级	20 000	承担省级以上重点项目超过三项，积极资助申请省“双创计划”人才计划
	省级	10 000	
	市级	5 000	
发表论文	科学引文索引（Science Citation Index，简称 SCI）或工程索引（Engineering Information，简称 EI）收录	20 000	—
	国内相关领域一级核心期刊	5 000	

在创新人才服务方面，规划从人才需求、人才供给、人才结构和人才匹配等角度建立开发区“紧缺人才指数体系”，定期对开发区的人才紧缺程度进行定量描述和预测提醒，针对不同级别的紧缺程度，给出相应的人才政策指导。

4）服务创新支撑体系

规划从生产性创新服务体系和生活性创新服务体系这两个方面对开发区的服务创

新支撑体系提出建设指引。

（1）生产性创新服务体系

盐城经济技术开发区未来构建的生产性创新服务体系应该主要包括综合型生产创新服务中心、投融资服务体系、产业技术支撑体系、技术市场服务体系、区域联盟服务体系等。

表 9-13　开发区生产性创新服务体系规划

创新服务体系	具体内容	开发区已有基础
综合型生产创新服务中心	如生产力促进中心、创业服务中心，为企业提供综合性服务	创业孵化服务中心
投融资服务体系	吸引银行、保险公司、风投公司等多类型的金融机构入驻园区，形成多元化、多层次的投融资体系建设	科技小额贷款公司、中国农业银行盐城经济开发区科技支行
产业技术支撑体系	共性技术服务平台、公共科技研发平台	研发协作服务中心
技术市场服务体系	技术转让服务平台、技术信息发布平台	—
区域联盟服务体系	开展园区合作、创建高新技术产业行业协会与高峰论坛	南北合作共建园区

（2）生活性创新服务体系

以创建高科技人才生活乐园为宗旨，打造集居住、工作、休闲于一体的功能完善的高科技产业社区，建立层次明确的生活性创新服务体系（表 9-14）。

表 9-14　开发区生产性创新服务体系规划

生活性创新服务设施	建议衔接内容
人才公寓	合理预测需求，开发面向不同白领阶层的不同档次住房
基础教育设施	加盟江苏省盐城中学等知名学校，新建新城小学、新城初中和实验小学
医疗卫生设施	形成市级医院和社区医疗卫生服务中心两级医疗系统
文化娱乐设施	新增文化艺术中心、电影院、娱乐厅、健身娱乐中心、书店等文化娱乐场所
商业服务设施	提供大型商场、超市、特色商业街等高端服务，同时建立基层商业服务设施

5）制度创新支撑体系

开发区的制度创新，主要是指开发区的管理机构为确保开发区的技术创新、高技术产业的顺利发展和经济增长，保证参与者能够从中获得相应的利益而对自身现行制度的变革，主要包括管理体制创新和公共政策创新两方面的内容。

（1）创新型园区的管理体制建设

在组织架构方面，规划建议形成以开发区管委会为核心的职能型组织结构，即在管委会统一领导下，设置工管委办公室、科技局、财政局、经济发展局等职能部门，负责开发区的各项日常事务，同时在工管委办公室层面下设六个园区办公室，与各职能部门协作，负责各个园区的科技、招商、建设等管理工作。

在管理方式方面，规划建议从以下两个方面创新园区办公室的管理方式（表 9-15），开发区可以对已经涉及的内容进行衔接和优化，对未涉及的内容进行补充。

表 9－15　园区办公室管理方式创新的内容

管理方式	具体内容	开发区的选择		
		已涉及需衔接	已涉及需优化	未涉及需补充
由领导型向服务型转变	方便共享的办公空间	√		
	高效便捷的会务服务		√	
	专业的咨询培训服务			√
创新园区的沟通机制	产品博览会		√	
	行业高峰会			√
	专业学术研讨会			√
	开通园区微博			√

(2) 创新型园区的公共政策体系建设

规划从招商、财政和科技金融三个方面对开发区的公共政策体系进行了构建。

在招商政策方面，规划建议开发区未来的招商政策应该围绕主导产业的产业链缺失环节，进行“补链”招商，对拥有自主知识产权的企业进行重点引进和扶持。同时，对新建设的光电产业园、韩资工业园等高科技园区，按照大项目—产业链—产业集群—产业基地四步走的发展思路，以重大项目为依托，进而打造产业链和产业集群。

规划构建了开发区招商项目评估指标体系，作为开发区对外招商参考的标准(表 9－16)。根据得分情况，将拟招商的项目分为优先引进(80—100 分)、重点引进(65—80 分)、限制引进(50—65 分)和禁止引进(50 分以下)四个等级，并进一步建立招商项目数据库，形成项目的动态评估机制。

表 9－16　开发区招商项目评估指标体系

一级指标	二级指标	参考标准	得分
产业类别(20 分)	国家鼓励类	七大战略性新兴产业	20
	国家允许类	未纳入国家限制和禁止类产业的其他产业	15
	国家限制类	参见国家限制类产业目录	5
	国家禁止类	参见国家禁止类产业目录	3
投资强度(20 分)	注册资本投资(10 分)	150 万元/hm^2 以上	10
		50—150 万元/hm^2，按每 10 万元增计 1 分	1—10
		低于 50 万元/hm^2	0.5
	固定资产投资(10 分)	200 万元/hm^2 以上	10
		40—200 万元/hm^2，按每 16 万元增计 1 分	1—10
		低于 40 万元/hm^2	0.5
经济效益(30 分)	地均销售收入(10 分)	1 000 万元/hm^2 以上	10
		500—1 000 万元/hm^2，按每 50 万元增计 1 分	1—10
		低于 500 万元/hm^2	0.5

续表 9-16

一级指标	二级指标	参考标准	得分
经济效益（30 分）	地均税收额（10 分）	30 万元/hm^2 以上	10
		5—30 万元/hm^2，按每 2.5 万元增计 1 分	1—10
		低于 5 万元/hm^2	0.5
	单位 GDP 能耗（10 分）	低于 0.25 吨标准煤/万元	10
		0.25—0.75 吨标准煤/万元，按每 0.05 t 标准煤增计 1 分	1—10
		高于 0.75 吨标准煤/万元	0.5
科技含量（30 分）	知识产权（15 分）	国家发明专利或国外专利授权	15
		实用新型和外观设计	12
		国家级名牌名标	10
		省级名牌名标	8
		拥有自主品牌	6
	创新研发（15 分）	研发投入占销售收入比重超过 5%，按每 1%减计 1 分	1—5
		省级以上工程技术中心	5
		与高校、科研机构有合作关系	3
		设有研发部门	2

注：引进项目必须首先符合环保条件，不符合环保要求的项目不得予以评分并引进。

在财政政策体系建设方面，规划根据创新体系中各个活动主体在不同阶段的不同需求构建了适应不同创新形态、创新阶段和创新周期需求的财政政策体系（表 9-17）。

表 9-17　创新型园区财政政策体系

相关类型	类型细分	财政支持方式
创新形态	原始创新	对核心技术领域的财政支出
	集成创新	对创新的合作网络及服务网络的财政支出、税收优惠
	再创新	财政补贴奖励及再投资税收优惠
创新阶段	基础研究	相关产业的基础研究投入、吸引独立科技机构入驻
	应用开发	税收间接抵免、投资担保
	商品化	税收优惠、投资担保
创新周期	初创期	财政补贴奖励、创业担保
	成长期	税收减免优惠、投资担保
	扩张期	研发项目税收减免、再投资激励、金融扶持

在科技金融支撑方面，规划建议开发区形成直接、间接融资结合，场内、场外市场并举的多层次科技金融支持体系，通过鼓励政府采购、加强银行合作和设立风险投资基金

等方式，广泛开展企业与银行、非银行金融机构等的合作，拓宽间接融资渠道。同时，组织发行企业债券、推动企业改制上市等，提高直接融资比重。

9.1.4 基于创新要素重组的开发区空间布局规划

创新型园区的空间划分方法可以借鉴一般开发区规划的片区划分方法，但也可以从创新能力的角度进行空间划分。一般而言，自主创新按照难易程度可以分为三类：原始创新、集成创新和技术引进再创新。在借鉴自主创新分类方法的基础上，同时结合创新服务的需要，最终在开发区东部形成“四区三轴”的创新要素空间布局结构。如图 9-4 所示，“四区”是指创新服务区、原始创新区、集成创新区和技术引进与再创新区，其中创新服务区位于开发区的南部，原始创新区主要包括新能源及汽车零部件产业园，集成创新区主要包括韩资工业园和光电产业园，技术引进与再创新区主要包括出口加工区和上海漕河泾工业园区。“三轴”是指创新服务轴、创新联系轴和创新发展轴。

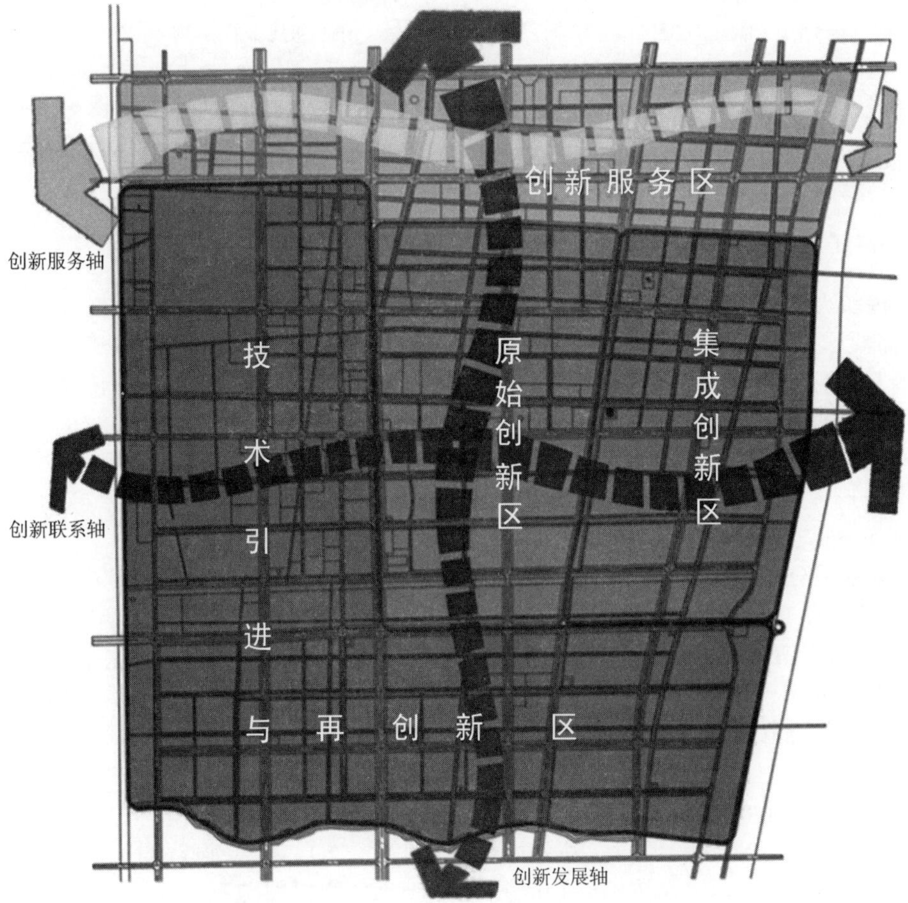

图 9-4 开发区创新要素的空间布局总体结构

9.2 宿迁市新材料产业园产业发展与空间布局规划①

宿迁市新材料产业园位于江苏省宿迁高新区内，宿迁高新区原为江苏宿豫经济开发区，始建于2001年3月，2006年5月经省政府批准为省级经济开发区。2012年11月，省政府正式批复同意江苏宿豫经济开发区更名为宿迁高新技术产业开发区。宿迁市新材料产业园是宿迁市委市政府首批确定建设的六个新兴产业集聚区之一，启动区规划用地范围总面积约为10 km^2。

该规划项目开展于2013年3月份，由江苏省宿迁高新技术产业开发区管理委员会委托东南大学城市规划设计研究院和东南大学区域与城市发展研究所承担编制。针对新材料产业园这类专业化园区，本次规划在集约型产业空间规划技术路线的基础上，特别突出成果的可操作性，内容共分为三大部分：首先，从新材料产业的基础研究出发，解读了新材料产业发展的基本特点和空间格局，并对高新区的产业和企业发展现状进行了分析；在此基础上，借鉴国内外新材料产业园的发展经验，提出了新材料产业园的战略定位，对产业园的行业选择和空间布局进行规划引导；最后，从新材料产业园的目标招商企业选择、创新支撑体系构建和实施计划三个方面对新材料产业园的建设策略提出具体指引(图9-5)。本书对规划内容中的产业选择、产业空间准入门槛、目标企业选择和创新支撑体系进行了重点介绍。

9.2.1 基于三维综合优选法和区域竞争的新材料细分行业选择

与传统开发区产业规划不同的是，专业化产业园区的主导产业一般比较明确，因此，需要进一步明确这类园区的细分行业选择。新材料涉及领域广泛，既包括新出现的具有优异和特殊性能的材料，也包括经改进后性能明显提升的传统材料，关于新材料产业的定义尚未形成统一的标准。本次规划采用当前比较权威的定义，即新材料产业指围绕新材料研发、示范和生产所形成的产业，其一般涵盖三个方面：新材料本身形成的产业、新材料技术及其装备制造业、质量保证与检验体系和相关服务业。

在确定细分行业库的基础上，规划将从两个方面构建新材料细分行业的选择标准。一方面，从行业基本属性出发，包括产业成长力和产业竞争力两个维度，利用三维综合优选法，选出适合宿迁高新区未来发展的细分行业类型；另一方面，从区域竞争格局出发，综合考虑徐州、淮阴、连云港等周边地区新材料产业的发展现状，根据错位竞争的原则进一步优化细分行业类型。

1) 新材料产业细分行业库的构建

与新材料产业的定义类似，关于新材料的分类目前也存在多种不同的标准。规划梳理了理论界和企业界常用的五种分类标准(表9-18)。需要强调的是，不同的分类之间相互交叉和嵌套，例如按性能特征分类的新型功能材料包括了按功能分类的九种材料。

① 项目名称及时间："宿迁市新材料产业园产业发展与空间布局规划"，2013年3月。委托单位：江苏省宿迁高新技术产业开发区管理委员会。承担单位：东南大学城市规划设计研究院、东南大学区域与城市发展研究所。

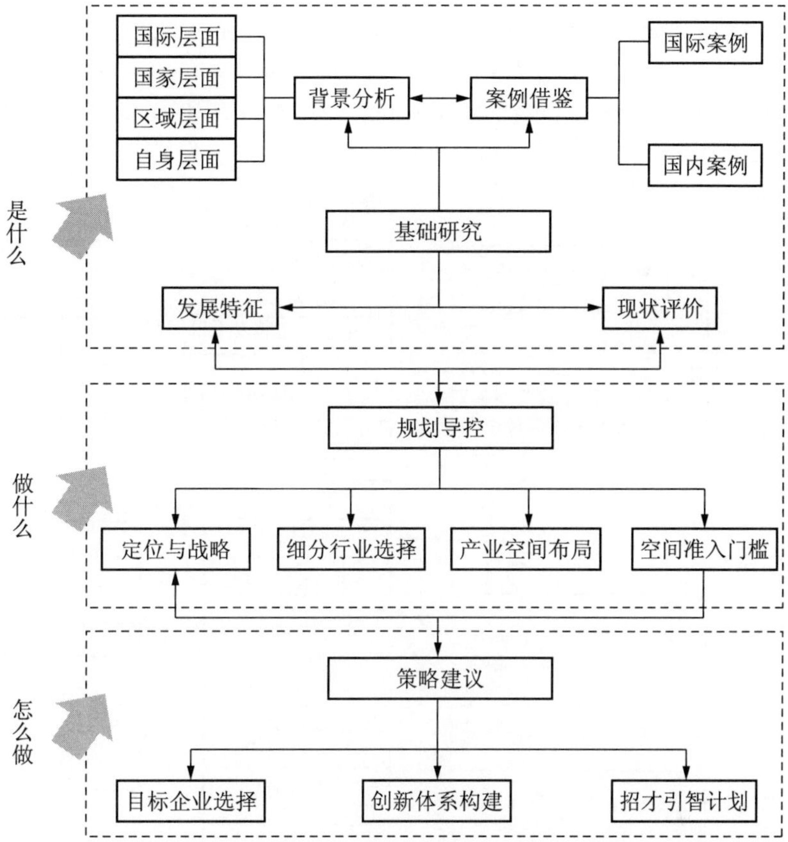

图 9－5　宿迁市新材料产业园产业发展与空间布局规划技术路线

表 9－18　新材料产业的常见分类标准

标准	性能特征	材质	功能	形态与结构	应用领域
种类	新型功能材料	金属材料	电功能材料	薄膜材料	电子信息材料
	新型结构材料	无机非金属材料	磁功能材料	超微细材料	新能源材料
	—	有机高分子材料	热功能材料	纤维材料	纳米材料
	—	复合材料	力功能材料	多孔材料	先进复合材料
	—	—	光功能材料	无气孔材料	先进陶瓷材料
	—	—	声功能材料	复合材料	生态环境材料
	—	—	化学功能材料	多层材料	新型功能材料
	—	—	生物医学功能材料	非晶材料	生物医用材料
	—	—	核功能材料	纳米材料	高性能结构材料
	—	—	—	弥散强化材料	智能材料
	—	—	—	—	新型建筑材料
	—	—	—	—	化工新材料

为了研究的方便以及与相关统计数据的衔接，在充分吸收上述五种分类标准的基础上，规划采用国家工业和信息化部关于新材料产业的分类方法，包括六大类、21 中类、42 小类细分行业(图 9 - 6)。此分类方面存在六大类分类过于宽泛和 42 小类分类过细的问题。综合以上两个方面的考虑，本次规划采用包括稀土功能材料、稀有金属材料在内的 21 中类的分类方法遴选出细分新材料行业库。

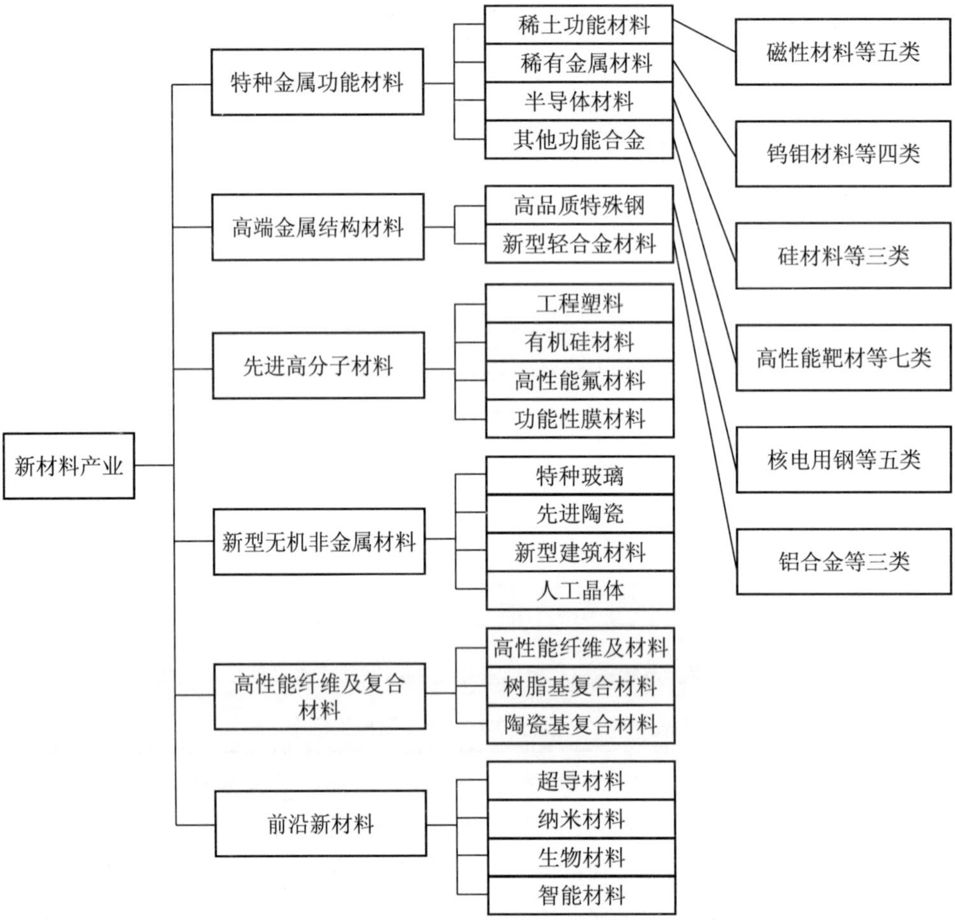

图 9 - 6 细分新材料行业数据库

2) 基于三维综合优选法的细分产业选择

基于三维综合优选法的细分产业选择，其基本思路是：首先构建细分产业的评价指标体系，然后结合全国范围内细分行业的定量统计数据和定性分析，对每一类行业进行评价，根据得分的大小选择适宜发展的细分行业类型。

(1) 产业评价指标体系

新材料产业细分行业的评价指标体系包括产业成长力评价指标体系和产业竞争力评价指标体系。具体而言，产业成长力评价指标体系包括产业增长速度、产业集聚程度、资源丰裕度和对外依存度四个方面内容，并按照 10 分制标准进行打分(表 9 - 19)。产业成长力指标反映了不同细分新材料行业类型未来的发展潜力，新材料行业的成长力得分越高，说明该行业未来的发展潜力越强。

表 9-19　产业成长力评价指标体系

一级指标	二级指标	评价等级				
		8—10	6—8	4—6	2—4	0—2
产业增长速度(0.4)	产值增长率(%)	>20	15—20	10—15	5—10	<5
	产量增长率(%)	>20	15—20	10—15	5—10	<5
	利税增长率(%)	>20	15—20	10—15	5—10	<5
产业集聚程度(0.3)	产业基地分布	很集中	集中	一般	分散	很分散
	上市企业数量	>40	30—40	20—30	10—20	<10
资源丰裕度(0.15)	原料的供应能力	很强	强	一般	弱	很弱
对外依存度(0.15)	出口所占比重(%)	>40	30—40	20—30	10—20	<10
	进口所占比重(%)	>40	30—40	20—30	10—20	<10

产业竞争力评价指标体系包括产业发展环境、政策扶持力度、市场潜在需求和产业发展风险程度等四个方面的内容，也按照10分制标准进行打分(表9-20)。产业竞争力指标反映了不同细分新材料行业类型与其他细分新材料行业之间的竞争能力，新材料行业的竞争力得分越高，说明该行业未来的竞争能力越强。

表 9-20　产业竞争力评价指标体系

一级指标	二级指标	评价等级				
		8—10	6—8	4—6	2—4	0—2
产业发展环境(0.3)	全球产业发展现状	很好	好	一般	差	很差
	国内产业发展现状	很好	好	一般	差	很差
	区域产业发展现状	很好	好	一般	差	很差
政策扶持力度(0.4)	政府体制创新	很多	多	一般	少	很少
	地方法律法规	很支持	较支持	支持	一般	不支持
	产学研合作	很多	多	一般	少	很少
	科技金融政策	很多	多	一般	少	很少
市场潜在需求(0.1)	产品的潜在需求量	很大	大	一般	少	很少
产业发展风险程度(0.2)	对上游行业议价能力	很强	强	一般	弱	很弱
	对下游行业议价能力	很强	强	一般	弱	很弱
	对环境污染程度	很低	低	一般	高	很高

(2) 细分产业选择结果

运用层次分析法，对各类行业的产业成长力和产业竞争力进行评价，结合产业规模评价结果，识别出产业成长力、产业竞争力和产业规模位居前列的16类建议发展的行业和三类不建议发展的行业类型(表9-21)。

表 9-21　建议和不建议发展的细分新材料产业类型

发展类型	细分行业名称
建议发展	① 稀土功能材料；② 稀有金属材料；③ 半导体材料；⑤ 新型轻合金材料；⑥ 特种钢材料；⑧ 工程塑料；⑨ 膜材料；⑩ 工业陶瓷材料；⑫ 锂电池材料；⑬ 特种玻璃材料；⑭ 新型建材；⑮ 高性能纤维复合材料；⑯ 超导材料；⑰ 纳米材料；⑱ 生物材料；⑲ 智能材料
不建议发展	④ 硬质合金材料；⑦ 特种橡胶材料；⑪ 人工晶体材料

在 16 类建议发展的行业中，我们可以通过比较各类型细分行业的分项指标得分情况，进一步将其分为三种不同类别。如图 9-7 所示，横轴为产业成长力坐标，纵轴为产业竞争力坐标，圆的大小代表产业规模，面积越大说明产业规模越大，实心圆代表建议选择的每一类行业。

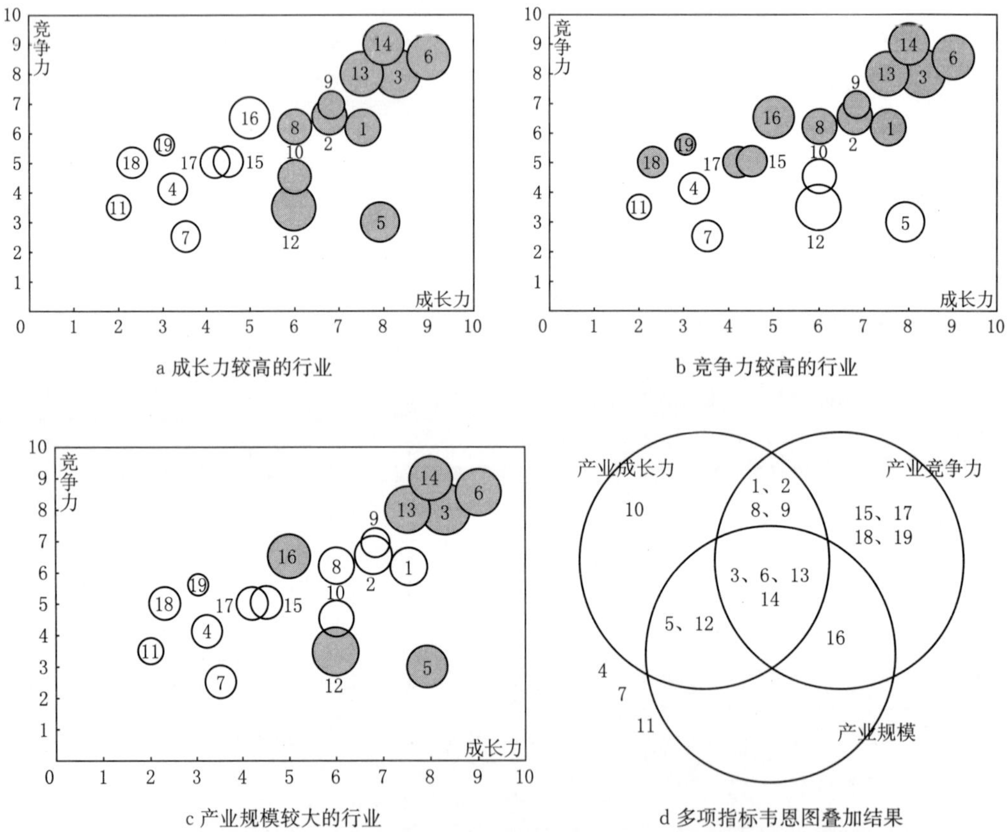

a 成长力较高的行业　b 竞争力较高的行业
c 产业规模较大的行业　d 多项指标韦恩图叠加结果

图 9-7　建议发展行业的细分类型及叠加结果分析

第一类是成长力较高的行业，即产业成长力得分较高的行业，所有这类行业成长力的得分均超过了 5 分，共包括稀土功能材料等 11 类行业；第二类是竞争力较高的行业，即产业竞争力得分较高的行业，所有这类行业竞争力的得分均超过了 5 分，共包括稀土功能材料等 13 类行业；第三类是产业规模较高的行业，所有这类行业产业规模均超过了所有行业的平均水平，共包括半导体材料等七类行业（表 9-22）。

表 9-22 建议发展行业中的三类细分行业类型

发展类型	细分行业名称
产业成长力较高	① 稀土功能材料；② 稀有金属材料；③ 半导体材料；⑤ 新型轻合金材料；⑥ 特种钢材料；⑧ 工程塑料；⑨ 膜材料；⑩ 工业陶瓷材料；⑫ 锂电池材料；⑬ 特种玻璃材料；⑭ 新型建材
产业竞争力较高	① 稀土功能材料；② 稀有金属材料；③ 半导体材料；⑥ 特种钢材料；⑧ 工程塑料；⑨ 膜材料；⑬ 特种玻璃材料；⑭ 新型建材；⑮ 高性能纤维复合材料；⑯ 超导材料；⑰ 纳米材料；⑱ 生物材料；⑲ 智能材料
产业规模较大	③ 半导体材料；⑤ 新型轻合金材料；⑥ 特种钢材料；⑫ 锂电池材料；⑬ 特种玻璃材料；⑭ 新型建材；⑯ 超导材料

在上述分项评价指标结果的基础上，将三个分项指标的评价结果进行韦恩图叠加，运用三维综合优选法，可以进一步识别核心行业、次核心行业和辅助行业（图 9-7）。其中，三项指标均高的为核心行业，有两项指标较高的行业为次核心行业，只有一项指标高的为辅助行业，三项指标均不高的为不建议发展行业。基于三维综合优选法的产业最终选择结果如表 9-23 所示。

表 9-23 基于行业属性的细分行业选择结果

发展类型	细分行业名称	发展策略
核心行业	半导体材料、特种钢材料、特种玻璃材料、新型建材	必备型，创造条件必须重点发展的行业
次核心行业	稀土功能材料、稀有金属材料、新型轻合金材料、工程塑料、膜材料、锂电池材料、超导材料	机会型，如果机会合适可以发展的行业
辅助行业	工业陶瓷材料、高性能纤维复合材料、纳米材料、生物材料、智能材料	摇摆型，可以发展也可以不发展的行业
不建议发展行业	硬质合金材料、特种橡胶材料、人工晶体材料	回避型，能不发展就不要发展的行业

3）基于区域竞争格局的细分产业选择

宿迁市新材料产业园的细分行业选择不仅要基于产业的基本属性做出判断，还要考虑徐州、连云港、淮阴等周边地区新材料产业的现状和发展趋势，准确把握区域新材料产业的竞争格局。

徐州市重点发展的五大新材料产业包括微电子与新型显示材料、新能源材料、高性能复合材料、纳米及绿色化工材料、新型金属与电子陶瓷材料，计划到 2015 年新材料产业产值达 700 亿元。连云港市依托丰富的硅资源，重点发展硅材料，包括电子信息材料、新型无机非金属材料、新能源材料和化工新材料，另外重点发展高性能碳纤维及复合材料，计划到 2015 年新材料产业实现销售收入 800 亿元，重点建设国家火炬计划东海县硅材料产业基地、连云港新材料产业国家高技术产业基地和化工新材料产业园。淮安市重点发展的三大新材料产业包括金属新材料（特种钢材料）、盐化工新材料和凹土新材料，至“十二五”末，淮安将建成全省最大的金属新材料产业基地，并打造成为中国“新盐都”

和中国“凹土之都”。各城市各类产业与本次规划基于行业属性确定的核心行业之间的竞合关系如表 9－24 所示。

表 9－24　徐州、淮安和连云港新材料产业发展重点及与核心行业的关系

<table>
<tr><th>城市</th><th colspan="2">新材料产业</th><th>主要产品</th><th>与核心行业的关系</th></tr>
<tr><td rowspan="5">徐州</td><td colspan="2">微电子与新型显示材料</td><td>电子化学品、封装材料、新型平板显示器</td><td>错位</td></tr>
<tr><td colspan="2">新能源材料</td><td>多晶硅、发光二极管(Light Emitting Diode,简称 LED)晶片、半导体晶圆、光伏辅材</td><td>竞争</td></tr>
<tr><td colspan="2">高性能复合材料</td><td>玄武岩连续纤维工程木质复合材料</td><td>错位</td></tr>
<tr><td colspan="2">纳米及绿色化工材料</td><td>纳米银导电浆料、纳米碳浆料</td><td>错位</td></tr>
<tr><td colspan="2">新型金属与电子陶瓷材料</td><td>汽车用铝合金板材、新型高介电陶瓷复合功能材料</td><td>错位</td></tr>
<tr><td rowspan="3">淮安</td><td colspan="2">特种钢材料</td><td>核电用钢、风电用钢、高速列车用钢、超临界和超超临界高压锅炉管坯钢和高等级无缝钢管</td><td>竞争</td></tr>
<tr><td colspan="2">盐化工新材料</td><td>环氧树脂、聚氨酯、改性尼龙、碳纤维、有机硅单体、硅橡胶</td><td>错位</td></tr>
<tr><td colspan="2">凹土新材料</td><td>纳米凹土、干燥剂、高黏剂、抗盐黏土</td><td>错位</td></tr>
<tr><td rowspan="5">连云港</td><td colspan="2">高性能碳纤维及复合材料</td><td>环氧模塑料、聚乙烯纤维、碳纤维复合增强材料</td><td>错位</td></tr>
<tr><td rowspan="4">硅材料</td><td>电子信息材料</td><td>多晶硅材料、单晶硅材料、电子封装材料、电子芯片、半导体照明材料</td><td>重合</td></tr>
<tr><td>新型无机非金属材料</td><td>石英玻璃原料、玻璃管、硅微粉</td><td>错位</td></tr>
<tr><td>新能源材料</td><td>太阳能级多晶硅、单晶硅，光伏玻璃材料，非晶硅光伏材料</td><td>重合</td></tr>
<tr><td>化工新材料</td><td>硅橡胶、硅树脂、白炭黑、分子筛、氟橡胶、氟树脂、特种工程塑料</td><td>错位</td></tr>
</table>

从基于区域竞争格局的产业分析结果判断，本次规划基于行业基本属性初步遴选的细分新材料核心行业类型与宿迁市周边的徐州、淮阴、连云港地区重点发展的新材料产业基本能形成错位竞争的关系。对于构成竞争关系的特种钢材料和半导体材料这两种产业类型，规划认为可以进一步从行业产品选择角度寻求与周边地区的错位竞争。因此，本次规划最终确定的宿迁市新材料产业细分行业选择结果仍然以基于行业属性分析的产业类型为主，在部分行业的具体产品选择上突出与周边地区的差异性。

4）基于核心行业的产业链构建

（1）半导体材料产业链

半导体材料产品主要包括多晶硅和单晶硅以及由此衍生的硅外延片、抛光片、硅棒等。基于半导体材料产品下游应用的新材料行业主要有半导体器件、集成电路和太阳能光伏电池等。如图 9－8 所示，考虑到与连云港半导体材料的错位竞争关系，宿迁市新材料产业园应该重点关注半导体产业链的中下游。

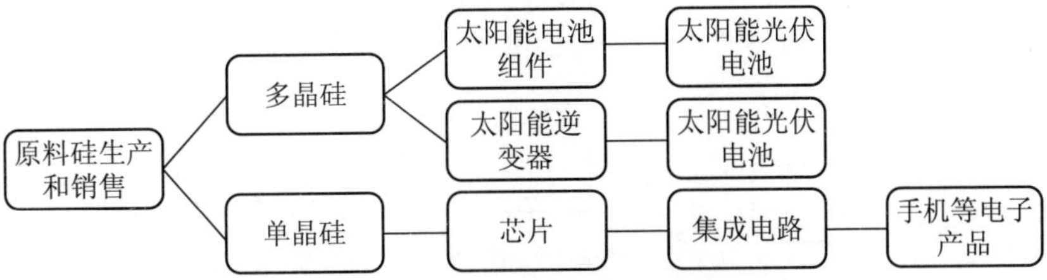

图 9－8　半导体新材料产业链

（2）特种钢材料产业链

特种钢材料产品主要包括核电用钢、超超临界火电用钢、高品质不锈钢、高性能汽车钢和其他高品质特殊钢。考虑到与淮安特种钢材料的错位竞争关系，宿迁市新材料产业园的特种钢材料产业链应该重点关注海洋工程用钢、汽车生产用钢和能源工业用钢，并围绕此构建特种钢材产业链（图 9－9）。

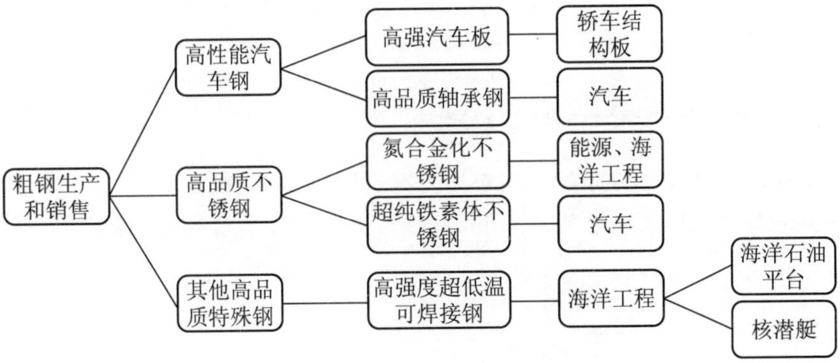

图 9－9　特种钢材料产业链

（3）特种玻璃材料产业链

特种玻璃材料产品主要包括节能玻璃、新能源玻璃、基板玻璃、耐热和高强度玻璃以及石英玻璃等。为与连云港错位发展，宿迁市新材料产业园特种玻璃产业链应该重点关注中空玻璃、太阳能超白玻璃、平板显示玻璃和平板高强度耐热玻璃等，并围绕此构建特种玻璃材料产业链（图 9－10）。

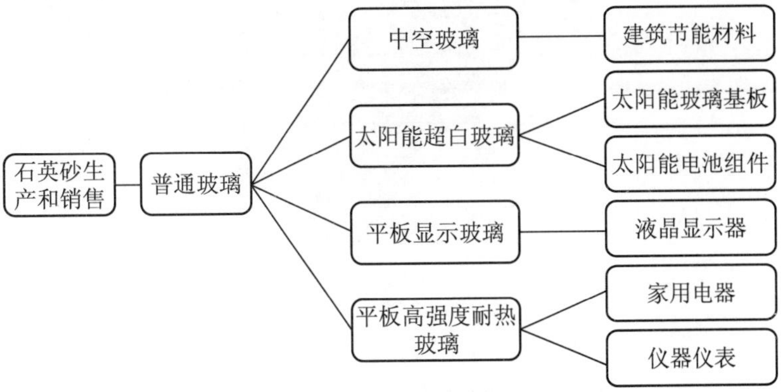

图 9－10　特种玻璃材料产业链

(4) 新型建材产业链

新型建材材料产品主要包括石膏板、保温空心砌块、岩棉纤维材料、矿棉板和防火保温板等，主要原材料包括建筑石膏、沥青和高分子材料等，其下游行业与房地产业直接相关，宿迁市新材料产业园新型建材产业链如图 9－11 所示。

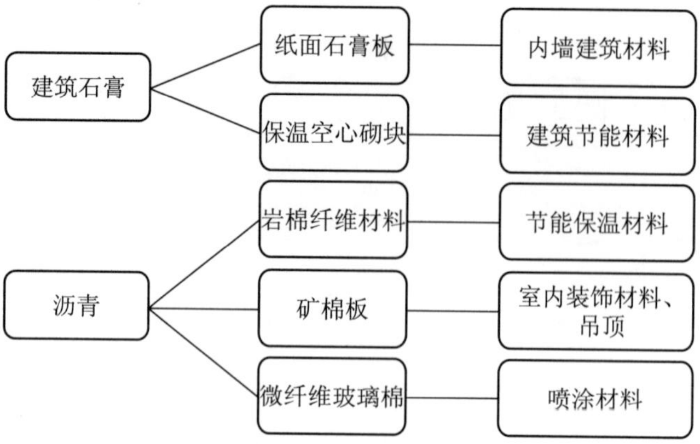

图 9－11　新型建材产业链

9.2.2　基于空间准入门槛的分片区建设指引

通过对基于现状企业分布的空间布局方案、基于产业链联系的理想空间布局方案以及基于两者叠加形成的空间布局方案的多方案比选，最终形成的新材料产业园产业空间

图 9－12　新材料产业园产业空间布局规划

布局规划方案如图 9－12 所示，包括新材料研发展销区、四大核心行业片区以及其他类型新材料产业发展片区。

在产业空间布局规划方案的基础上，规划进一步提出了基于空间准入门槛的分片区建设指引。宿迁高新区新材料产业园分片区产业准入控制指标的选择要满足产业园未来建设创新低碳型园区的需求，涵盖集约、低碳和生态三大类指标。具体指标值主要参考《江苏省建设用地指标》(2010)和可持续发展社区协会(Institute for Sustainable Communities，简称 ISC)出台的《低碳园区发展指南及使用手册》内的相关指标设置，部分指标结合宿迁高新区新材料产业园的实际发展情况而略有变化。这里仅列举新材料产业研发展销区和半导体新材料产业区两个片区的建设指引指标(表 9－25、表 9－26)

表 9－25　新材料产业研发建设用地指标控制导引

片区名称：新材料产业研发展销区			用地面积(hm^2)：39
大类指标	小类指标	参考值	备注
集约型	容积率	≥0.8	—
	建筑系数(%)	—	—
	投资强度(万元/hm^2)	—	投资方式可由政府和企业共同投资建设
低碳型	万元 GDP 碳排放量(t)	≤0.8	—
	公共建筑单位面积电耗(kWh/m^2·a)	≤90	—
	绿色出行比例(%)	≥60	—
生态型	绿地率(%)	20—25	指引性指标
	工业固体废弃物综合利用率(%)	—	—

表 9－26　半导体材料产业建设用地指标控制导引

片区名称：半导体新材料产业区			用地面积(hm^2)：82
大类指标	小类指标	参考值	备注
集约型	容积率	≥1.1	—
	建筑系数(%)	≥40	—
	投资强度(万元/hm^2)	≥4 000	投资方式可由政府和企业共同投资建设
低碳型	万元 GDP 碳排放量(t)	≤1.8	—
	单位工业增加值能耗(吨标准煤/万元)	≤0.9	—
	绿色出行比例(%)	≥65	—
生态型	绿地率(%)	10—14	指引性指标
	工业固体废弃物综合利用率(%)	≥95	—

9.2.3　基于二维坐标分析法的目标企业选择

新材料产业园的目标企业选择是本次规划区别于传统开发区产业规划的特点之一。

可以说，通过对新材料行业内企业的定量分析，确定新材料产业园未来招商引资的重点对象，大大增强了规划的可操作性，从行业中观视角向企业微观视角的转变应该成为这类专业化园区规划发展的趋势。

1）目标企业库构建

新材料产业园未来入驻企业的选择应该遵循国际化、高端化和品牌化的原则，从全球市场和国内市场两个层面引进新材料领域的优势企业，包括国际市场的引领型企业和国内市场的主力型企业，带领上下游企业形成产业集群，保持新材料产业园较快的规模增长速度和较强的创新能力。

（1）国际引领型企业库

美国《财富》杂志每年发布的世界500强企业排行榜是衡量全球大型公司综合实力的最著名、最权威的榜单。基于2012年发布的最新排行榜，我们筛选出涉及新材料领域的26家企业作为国际引领型企业目标企业库，包括巴斯夫、杜邦、陶氏化学、塔塔钢铁等知名企业。对这类企业的吸引主要以在高新区内建立生产基地为主，以期吸引更多为之配套的企业。

（2）国内主力型企业库

就构建国内主力型企业库而言，我们以国内目前上市的55家新材料企业作为国内主力型企业初步遴选库。上市公司的规模大、企业信誉好，是主力型企业的很好选择。结合规划确定的新材料产业园的细分行业类型，剔除涉及不适宜园区发展产业的企业，最终建立了囊括47家企业的国内主力型企业目标企业库，包括康得新股份、蓝星化工、宁波韵升等国内知名企业。

2）评价指标体系构建

针对国际引领型企业和国内主力型企业，我们分别从企业的发展实力和入驻能力两个角度构建评价指标体系。国际引领性企业指标体系和国内主力型企业指标体系均包括企业整体实力和入驻可能两个方面，但在具体指标类型、权重和评分标准方面略有不同（表9－27至表9－29）。

表9－27　国际引领型企业发展实力评价指标体系

指标	权重	0—2	2—4	4—6	6—8	8—10
营业收入（百万美元）	0.35	20 000—30 000	30 000—40 000	40 000—55 000	55 000—90 000	＞90 000
年增长率（%）	0.25	5—10	10—20	20—30	30—40	＞40
利润率（%）	0.25	＜2	2—4	4—6	6—9	＞9
品牌价值（百万美元）	0.15	＜2 000	2 000—4 000	4 000—6 000	6 000—9 000	＞9 000

表9－28　国内主力型企业发展实力评价指标体系

指标	权重	0—2	2—4	4—6	6—8	8—10
主营业务收入（亿元）	0.3	0—20	20—40	40—60	60—100	＞100
营业利润率（%）	0.2	＜5	5—15	15—25	25—35	＞35
主营业务收入年均增长率（%）	0.3	＜20	20—40	40—60	60—100	＞100
股价走势	0.2	一直下降	先升后降	基本平稳	先降后升	一直上升

表 9－29　国际引领型企业和国内主力型企业入驻可能评价指标体系

指标	权重	0—2	2—4	4—6	6—8	8—10
在中国的基地个数(含总部)	0.4	1	2—3	4—5	5—8	>8
在中国的基地分布	0.4	苏北有	苏北无，江苏有	江苏无，长三角有	长三角无，东南部有	东南部无
今后拓展方向	0.2	已定，非江苏	未定	东南部	长三角	江苏

3）目标企业选择结果

运用层次分析法，对两类企业各项指标进行综合评分，建立发展实力和入驻能力二维矩阵。如图 9－13 所示，横轴表示入驻可能性，纵轴表示发展实力，运用二维坐标分析法，选取发展实力强、入驻能力强的企业作为新材料产业园未来招商引资的重点对象。目标企业选择的具体结果如表 9－30 所示。

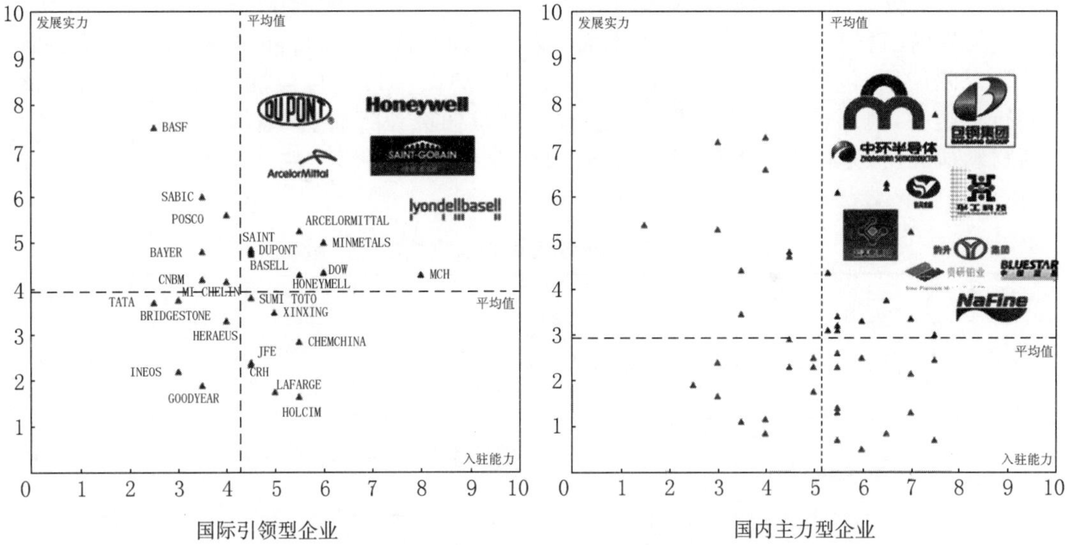

图 9－13　目标企业选择二维矩阵

表 9－30　目标企业选择结果

目标企业类型	企业名称
国际引领型	安赛乐米塔尔(ArcelorMittal)、圣戈班集团(Saint-Gobain)、杜邦公司(DuPont)、陶氏化学(Dow Chemical Company)、霍尼韦尔国际公司(Honeywell International)、三菱化学控股(Mitsubishi Chemical Holdings)、中国五矿集团公司(China Minmetals Corporation)、利安德巴塞尔工业公司(LyondellBasell Industries)
国内主力型	安徽巢东水泥股份有限公司、安徽皖维高新材料股份有限公司、安泰科技股份有限公司、贵研铂业股份有限公司、葫芦岛锌业股份有限公司、华工科技产业股份有限公司、蓝星化工新材料股份有限公司、南风化工集团股份有限公司、内蒙古包钢稀土高科技股份有限公司、宁波韵升股份有限公司、山东鲁阳股份有限公司、太原双塔刚玉股份有限公司、天津中环半导体股份有限公司、云南云天化股份有限公司

9.2.4 基于创新支撑体系构建的园区发展战略

从技术属性看，新材料产业本身属于高新技术行业，因此，提前谋划新材料产业园的创新支撑体系建设是园区未来实现可持续发展的重要保障。规划借鉴了盐城经济技术开发区创新型园区规划里提出的五大创新支撑体系，在产业创新体系和人才创新体系两个方面进一步提高规划的可操作性，突出平台建设和以人文本的理念。为避免重复，这里仅介绍这两大创新支撑体系规划。

1）产业创新支撑体系建设

规划从高校和科研院所两个方面对高新区产业创新体系的构建提出建议。

与国内著名高校合作方面，根据教育部 2012 年颁布的学科评估结果，以清华大学、北京科技大学为代表的国内著名高校位列材料科学与工程专业前 20 名。比较各所大学新材料研究的优势领域，结合宿迁新材料产业园所确定的核心和次核心新材料细分行业类型，规划建议高新区应该重点关注以下九所大学：北京科技大学、西北工业大学、上海交通大学、武汉理工大学、华南理工大学、浙江大学、天津大学、西安交通大学和北京工业大学。未来应该加强与这些高校之间的合作。

与省内新材料产业研究院合作方面，规划梳理了江苏省内目前与新材料有关的部分研究院信息，包括所在城市和主要研究领域（表 9－31）。结合新材料产业园未来核心行业类型，规划建议可以考虑与南京玻璃纤维研究设计院、国家“千人计划”（镇江）新材料研究院、东南大学江阴新材料研究院、哈工大常州研究院新材料研究中心等进行合作。

表 9－31 江苏省部分新材料研究院及研究领域

城市	研究院名称	研究领域
南京	河海大学新材料新能源开发研究院	先进复合材料、高性能纤维材料及非通讯光纤材料、高性能金属表面涂层材料
	南京玻璃纤维研究设计院	玻璃纤维、矿物棉、特种玻璃纤维及织物、非通讯光纤材料
	水利部水工新材料工程技术研究中心	水泥基复合与改性新材料、金属结构腐蚀与防护新材料、高性能超耐久水工新材料、水生态环境友好新材料
苏州	南京大学（苏州）高新技术研究院	新能源材料、信息与光电传感材料
	西安交大苏州研究院新材料技术实验室	摩擦材料、轻质材料、合金材料、纳米材料
	太仓纤维新材料产业技术研究院	纤维材料
常州	哈工大常州研究院新材料研究中心	新材料、环保工程、先进制造、新能源等领域
镇江	国家“千人计划”（镇江）新材料研究院	锂电池正负极材料、新型太阳能电池材料、新型冶金材料
无锡	东南大学江阴新材料研究院	金属新材料

续表 9－31

城市	研究院名称	研究领域
连云港	南京大学连云港高新技术研究院	高性能聚合新材料、新型水处理材料、高性能光电新材料
	南京大学东海新材料工程技术研究中心	太阳能新型光伏硅晶片、光纤通讯材料、超纯超细石英砂
	南京理工大学连云港研究院	化工合成材料、纳米功能材料
南通	南京大学南通材料工程技术研究院	新能源材料
淮安	淮安市盐化工新材料产业研究院	盐化工新材料

2）人才创新支撑体系建设

新材料产业园的人才引进应突出高端化的原则，重点关注新材料研究领域的领军人才和高层次人才。规划对中国工程院化工、冶金与材料工程学部的院士名单进行了遴选，梳理出与新材料领域相关的院士共有 40 名。如表 9－32 所示，所遴选出的院士的研究领域涉及无机非金属材料、稀土金属材料、金属材料、生物陶瓷材料、钢铁材料、半导体材料等多个方面。从引进可能性的角度，规划建议高新区可以重点关注江苏籍或在江苏省内工作的院士，包括陈祥宝等 10 名院士。

表 9－32　建议引进的中国工程院院士名单

姓名	研究领域	籍贯	工作单位
陈祥宝	复合材料	江苏省常熟市	中国航空工业集团公司、北京航空材料研究院
丁传贤	无机涂层材料	江苏省海门市	中国科学院上海硅酸盐研究所
顾真安	无机非金属材料	江苏省无锡市	中国建筑材料科学研究院
李正邦	钢铁冶金	江苏省南京市	钢铁研究总院
钱旭红	有机化工	江苏省宝应县	华东理工大学
殷瑞钰	钢铁冶金	江苏省苏州市	钢铁研究总院
张耀明	无机非金属材料	江苏省无锡市	东南大学能源与环境学院
唐明述	无机非金属材料	四川省安岳县	南京工业大学材料科学与工程学院
翁宇庆	钢铁材料	江苏省常熟市	北京交通大学机电学院
吴慰祖	精细化工	江苏省南通市	总参谋部第五十五研究所

9.3　苏州太湖科技产业园区概念性设计中的产业规划①

苏州太湖科技产业园位于苏州城西、太湖之滨，坐落在江苏省历史文化名镇光福镇和光福景区内，是苏州太湖国家旅游度假区的重要组成部分。依托太湖优越的自然资源，该园区旨在建设“生产与自然的生态式发展示范区”，并承接度假区周边现有工业企

① 项目名称及时间：“苏州太湖科技产业园区概念性设计”，2012 年 6 月。委托单位：苏州市规划局。承担单位：东南大学城市规划设计研究院。

业的搬迁和转移。规划范围为西至230省道，南至苏福公路，东至玉屏山—凤凰山及绕城高速公路，北至光福镇行政边界与苏州高新区科技城交界，总面积为7.5 km^2。

该规划项目开展于2012年6月，由苏州市规划局委托东南大学城市规划设计研究院承担编制。由于系统深入的战略分析和产业规划，该城市设计在苏州太湖科技产业园区概念性设计国际竞赛中最终荣获第一名。与以往城市设计不同，该规划特别突出园区产业定位及功能配置要求，对科技园的产业选择和布局进行了定性和定量论证。

9.3.1 基于不同层面的产业发展环境分析

总体而言，太湖科技产业园的产业发展面对着长三角地区、苏州市、苏州太湖国家旅游度假区和光福镇四个不同层面的发展背景与环境。

1）长三角地区——领衔国家经济转型期道路探索的区域先锋

长三角地区是国内产业园区最为集中的地区，它构成了太湖科技产业园产业发展的大背景。经济转型是国家"十二五"时期的重中之重，长三角作为我国经济发展最为活跃的地区，是实现由"制造"向"创造"转变，进而引领全国经济"质"飞跃的引擎区域。2010年，国务院正式批准了《长江三角洲地区区域规划》，明确要将长三角地区打造成"世界级城市群"、建设成一流水平的旅游目的地。太湖科技产业园坐落于苏州市太湖国家旅游度假区，濒临太湖，是分担长三角在科技与旅游两方面角色功能的重要节点，在长三角的度假区和街镇发展这一层面具有其战略前沿性和特殊性。

2）苏州市——勇当长三角地区"率先"全面发展的排头兵

江苏省是我国推进"两个率先"发展的示范省份，苏州市更是走在江苏省率先发展的最前面。同时，苏州市作为长三角产业园区最为集中的城市之一，对于太湖科技产业园的产业发展方向具有重要的引导意义。作为国家级历史文化名城、世界级旅游城市和经济前沿城市，苏州市承担着重要的使命，对于"两个率先"的实现，将进一步巩固其在江苏省、长三角乃至全国的领先地位。与之相呼应，苏州亦展开了"三区三城"的建设，更加注重"率先"精神、"进位"意识、"路径"选择，太湖科技产业园依托太湖国家旅游度假区，借助独特的自然资源要素，塑造绿色经济形象，这成为谋求特色崛起之路径，树立争先进位之品牌的关键。

3）苏州太湖国家旅游度假区——彰显苏州城市品牌的绿色名片

太湖国家旅游度假区是苏州滨湖地区发展的一面旗帜和一张绿色名片，太湖时代到来是这一地区发挥区域影响力的重要战略时期。在此形势下，太湖科技产业园亦在经历迅速崛起的战略机遇期，在苏州市、吴中区、度假区等上位地区的政策和资金支持下，伴随太湖文化论坛首届年会的开幕，太湖科技产业园应当承担起先行先试的责任，尤其是在文化创意和生态产业等新型产业培育、人文科技旅游等领域的绿色名片打造方面，其作用独一无二。

4）光福镇——争创江南水乡基底特色的现代生态城镇典范

"湖光山色、洞天福地"，作为太湖国家旅游度假区的两个主要街镇之一，光福镇在1999年即被命名为江苏省历史文化名镇。《苏州市吴中区城乡协调规划(2008—2020)》中提出光福镇是以自然生态、人文历史为特色的旅游型城镇，度假区的高新技术产业基地，进一步明确了光福镇兼具自然人文旅游服务与现代生产功能的生态城镇特征。太湖科技产业园正是光福镇这一特征的集中体现。通过太湖科技产业园"富有江南水乡特色的生态型现代化光福新镇"的建设，以及今后各类高新技术产业的引进和培育，在进一步彰显光福镇发展特色的同时，也肯定其自身的区域角色。

将上述发展环境进一步概括为宏观和中观两个层面，可以发现太湖科技产业园在产业的人文内涵和科技含量两个方面塑造自身的产业特色，并考虑园区特定的自然基质，结合自身及周边的环境条件，进一步增强园区的产业综合水平和与社会、环境的协调程度，谋求在现代服务业和高新技术产业（尤其是文化创意、科技研发等产业）领域实现突破（表 9－33）。

表 9－33　太湖科技产业园的产业发展环境分析

区域范围	视角	产业发展方向	空间关系
长三角产业目标	宏观发展环境	先进制造业基地和现代服务业基地	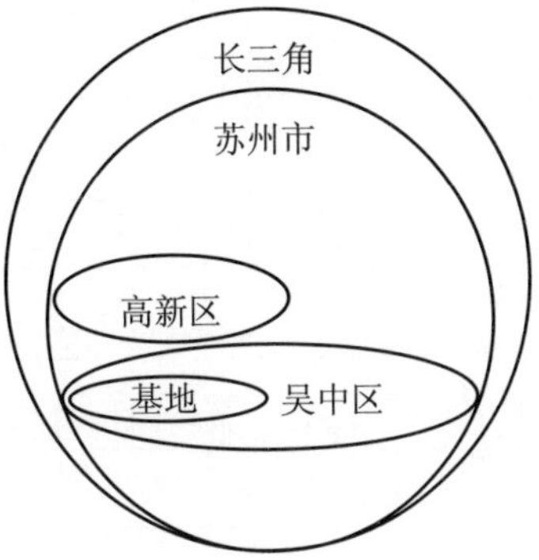
苏州市产业目标		优化产业结构，转变经济增长方式；大力推进第三产业的发展，特别是生产性和消费性服务业的发展；实现第二产业结构升级，提高自主创新能力和产出效益；保持第一产业的适度规模，发展精品农业	
吴中区产业目标	中观发展环境	建设江南传统文化和自然山水旅游服务基地，市级文化创意、科研教育基地	
高新区产业目标		建设国家级高新技术产业基地和自主创新高地，承担市级商业、文化、娱乐等职能	

9.3.2　基于多维分析的产业发展定位与功能配置

1）多维路径下的发展定位选择

规划从三个维度对太湖科技产业园的产业发展定位进行遴选，并在此基础上归纳得出太湖科技产业园的最终发展定位。

（1）基于背景环境的定位遴选

基于发展背景的研究从区域、城市、园区和街镇四个层面阐释了太湖科技产业园在科技、人文、产业和生态等视角下所扮演的角色和应该发挥的作用（图 9－14）。

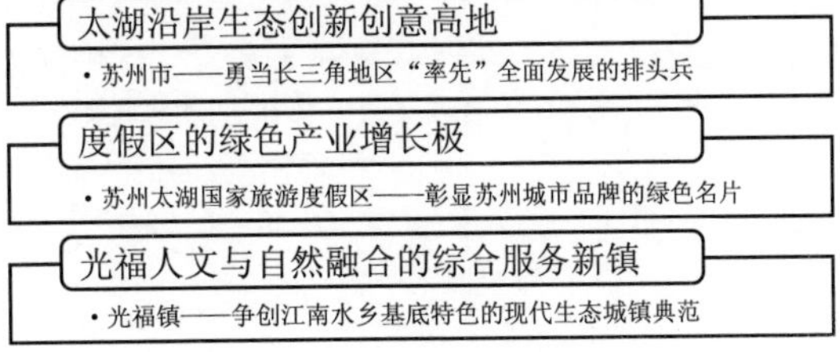

图 9－14　基地背景环境分析

（2）既有规划功能定位中的功能提取

基于规划解读的研究通过对上位规划、同位规划以及周边规划的分析，得到太湖科技产业园需要从生态特质、产业方向和生活环境三个方面进行衔接、补充和优化（图 9－15）。

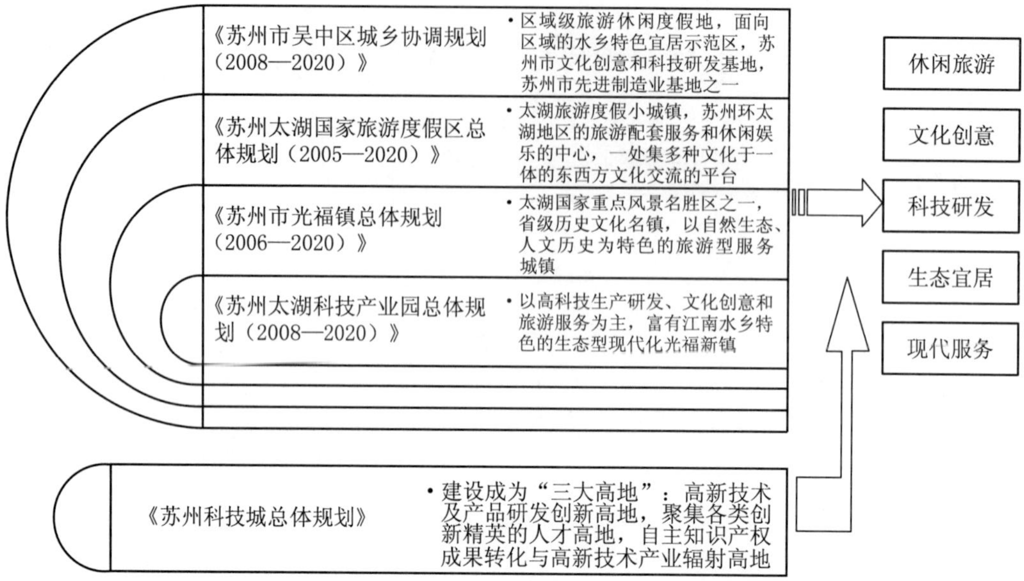

图 9－15　基于既有规划的基地功能提取

（3）国内外先进案例的理念与实践引导

案例借鉴选取科技产业园建设和创新创意产业培育两类案例，从理念引导、空间布局、设施配套、要素组织、功能配置、政策扶持六个方面总结可资借鉴的经验（表 9－34）。

表 9－34　案例借鉴经验小结

	经验借鉴	相应案例
理念引导	生活、工作和休闲三位一体的设计理念	德国里姆（Messestadt Riem）科技园
	生态优先、以人为本和个性突出的发展理念	中关村生命科学园
空间布局	生产服务核心区的打造	北欧科学园区系列 新加坡纬壹科技城 中国台湾新竹工业园
	娱乐休闲场所的塑造	新加坡纬壹科技城
	院落组团式空间的组织	中关村生命科学园 中国台湾新竹工业园 德国里姆（Messestadt Riem）科技园
	基于园区特色的空间组织	中关村生命科学园 北欧科学园区系列
设施配套	高效的交通网络	德国里姆（Messestadt Riem）科技园
	高品质的基础设施	中国台湾新竹工业园

续表 9-34

	经验借鉴	相应案例
要素组织	科研交流信息平台	中国台湾新竹工业园
	有机组织自然和城市要素	新加坡纬壹科技城 上海张江文化科技创意产业基地
功能配置	与周边地区进行功能衔接	新加坡纬壹科技城
	园区产业与功能的遴选	北欧科学园区系列
政策扶持	资金、土地、人才和服务的政策支持	上海张江文化科技创意产业基地

与此同时，苏州市"三区三城"建设指出，要建设"科学发展的样板区、开放创新的先行区、城乡一体的示范区，成为以现代经济为特征的高端产业城市，生态环境优美的最佳宜居城市，历史文化与现代文明相融的文化旅游城市"，从而进一步肯定了太湖科技产业园的发展和建设。综合考量以上分析，得到太湖科技产业园的发展目标："智然＋天城"（图 9-16）。

在"智然天城"发展目标的导引下，将太湖科技产业园的功能按照辐射能力的强弱在不同的空间区域层面进行划分，最终形成苏州太湖科技产业园的发展定位如下：长三角江南水乡与太湖风情凝结的休闲旅游基地，苏州太湖沿岸科技与人文汇聚的创意创新体验区，吴中区山水城林交融的生态型现代综合服务组团。

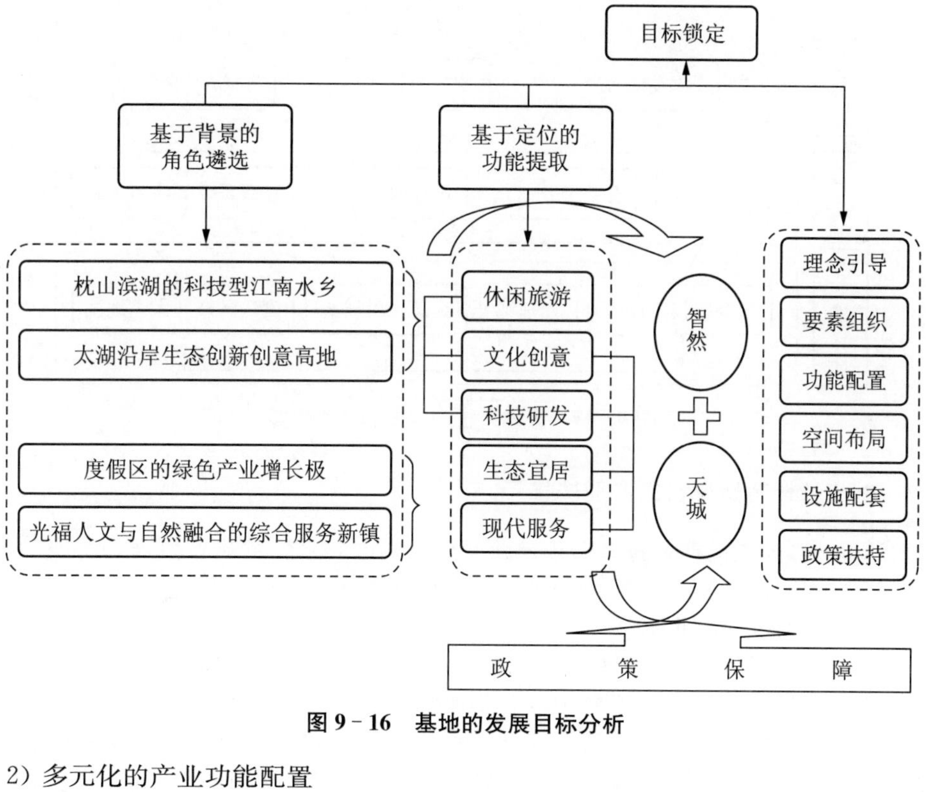

图 9-16　基地的发展目标分析

2）多元化的产业功能配置

太湖科技产业园的功能配置需要以现有规划和上述目标定位为引导，立足于自身条件基础，并兼顾周边关联区域的影响。根据既有规划和以上目标定位，太湖科技产业园的功能主要有休闲旅游、文化创意、科技研发、生态宜居、现代服务五类；依据自身发展基础和关联区域影响，将五类功能分为自发培育、主动衔接和双向驱动这三种发展模式。

（1）自发培育型功能

特色品牌方面：强调以文化导引的创新创意产业为基点，着力培育彰显太湖科技产业园生态氛围的文化创意产业，打造太湖科技产业园的文化创意品牌。

居住保障方面：强调以生态环境为亮点，以产业培育为抓手，为高素质人才提供景观优美、条件良好的居住环境，在保障太湖科技产业园人气的同时集聚人力资本。

（2）主动衔接型功能

生产活动方面：强调对接科技城电子信息和先进装备制造的产业特色，太湖科技产业园作为科技城主要产业链科技研发环节的重要组成部分，承担研发和小型试验等科技含量较高的高端生产功能。

游憩休闲方面：强调苏州沿太湖地区丰富的自然旅游资源，太湖科技产业园作为整体资源的一部分，以科技旅游与绿色旅游作为其游憩休闲的主题，进一步夯实其在太湖旅游度假区乃至整个太湖沿岸地区的休闲旅游地位。

（3）双向驱动型功能

现代生活服务方面：主动与光福镇衔接，以当地的居民生活需求为基础，同时满足整个科技产业园未来各类就业人员的生活需求。

现代生产服务方面：着力在金融保险、商务办公等产业领域为科技研发功能提供必要的服务支撑，进而完善太湖科技产业园整体的生产和服务体系。

综上，形成太湖科技产业园主要功能及其对应的主要载体情况如图 9－17 所示。

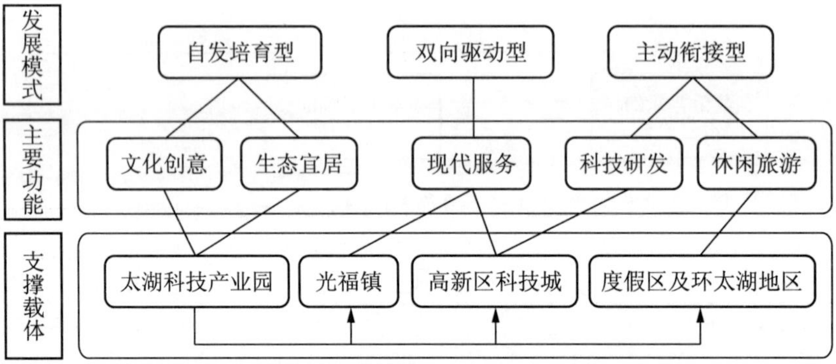

图 9－17　太湖科技产业园的功能配置

9.3.3　基于综合定量分析的产业选择

太湖科技产业园的产业选择必须兼顾与周边园区和乡镇的错位发展，并分析基地产业发展条件的比较优势，在此基础上得出基地产业选择的最终结论。

1）与周边街镇的产业协调

太湖科技产业园的产业发展需要考虑与吴中区各镇，尤其是周边街镇的产业发展方向相协调，比较既有规划中关于吴中区各街镇产业选择的引导结果，光福镇依托太湖旅游度假区这一载体的资源特色，其产业选择结果为：高科技生产研发业、文化创意产业、旅游休闲服务业和生态农业。故而太湖科技产业园在产业发展和空间组织过程中需要加强对于产业“生态性”的考虑，注重对于自然山水资源的把握，因势利导，在空间和功能上实现有机的衔接。

2）产业发展的比较优势判断

比较太湖科技产业园所在的光福镇与周边部分城镇的产业发展条件，在可达性方面主要考虑区位可达性和运输系数，在资源保障方面主要考虑剩余土地资源量、农业用地转换成本和工业用地价格，在规模集聚指数方面主要考虑人均 GDP、建设用地非农产出和城市规模等指标，综合得到经济重要性指数；生态重要性指数主要选择山地、湿地、自然保护区、历史文化名城等指标。

经过如下方程的无量纲处理和加权，即

$$X = \frac{X' - X'_{\min}}{X'_{\max} - X'_{\min}}$$

$$C_i = \sum_{j=1}^{n} X_{ij} \cdot P_j$$

其中，C_i 指第 i 单元的某类衡量指数；X_{ij} 指第 i 单元的第 j 要素值；P_j 指第 j 要素值的权重。

依据规模集聚指数、交通可达性指数、资源保障指数得到经济重要性指数（图 9 - 18）。

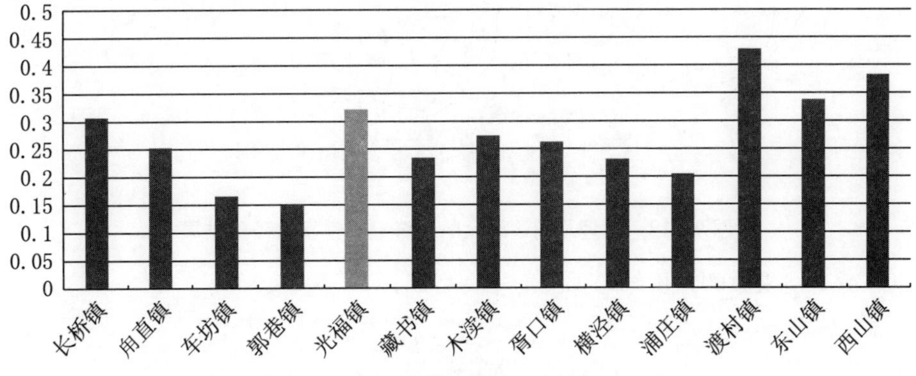

a 规模积聚指数

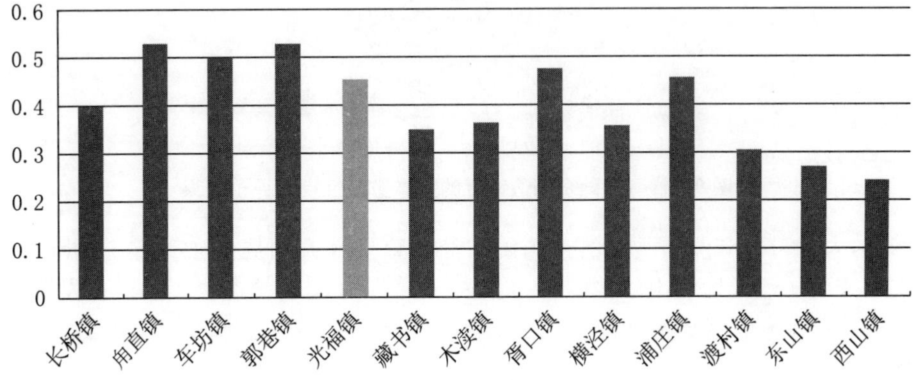

b 交通可达性指数

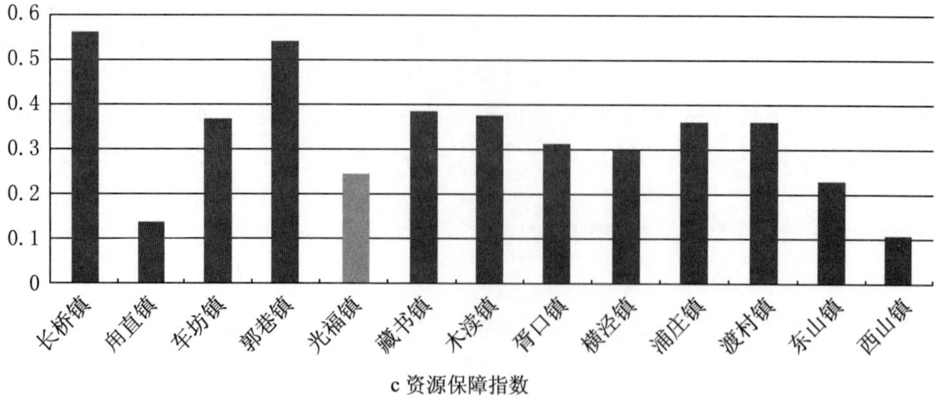

c 资源保障指数

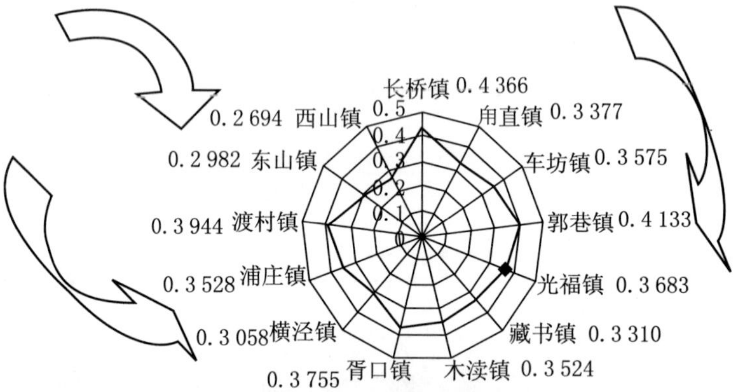

d 评价结果

图 9－18　基地及周边地区的经济重要性指数评价结果

生态重要性指数的评价结果如图 9－19 所示。

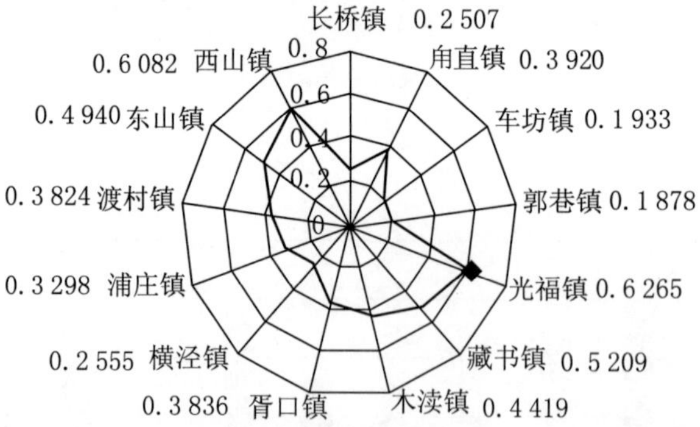

图 9－19　基地及周边地区的生态重要性指数评价结果

综上，太湖科技产业园所在的光福镇在经济重要性方面居于中等偏上的地位，在生态重要性方面居于极为突出的地位，从而进一步证实太湖科技产业园的产业发展道路应以高新技术产业和现代服务业为主，同时结合自身的生态特色，最终形成园区的区域产业品牌。

3）产业选择结果

产业选择分为高新技术产业和现代服务业两大类。

(1) 高新技术产业的选择

比较苏州市的主要高新技术产业及其在产业调整振兴政策中涉及的细类行业情况，结合区域发展环境、自身发展基础以及产业自身特点，以既定原则为前提，对太湖科技产业园的高新技术产业进行遴选，据此建立高新技术产业遴选的指标评价体系（表 9－35）。

表 9－35　产业遴选评价指标体系

一类指标	二类指标	相对权重
发展基础(A_1)	生态基础(B_{11})	1/2
	产业基础(B_{12})	1/2
发展环境(A_2)	生态环境(B_{21})	3/10
	产业环境(B_{22})	2/5
	政策环境(B_{23})	1/5
	社会环境(B_{24})	1/10
自身特点(A_3)	产出效率(B_{31})	1/2
	产业周期(B_{32})	1/2

计算方法如下：

$$IV = \sum_{i=0}^{3} T_i$$

$$T_i = A_i \cdot \sum B_{ij} \cdot C_{ij}$$

其中，IV 是某类产业的评价得分；T_i是第 i 类指标的得分；C_{ij} 根据比较性高低和存在与否存在两类取值，即 1 和 0，相对积极的结果取 1，反之取 0。

从而得到高新技术产业的遴选结果如表 9－36 所示。

表 9－36　产业遴选结果

高新技术产业	苏州产业调整振兴中主要涉及行业内容	评价得分	园区适宜选择的高新技术产业类型
电子信息	光电及集成电路、现代通讯、计算机及网络产品制造等	0.85	光电及集成电路、现代通讯
装备制造	汽车及零配件、航空部件、精密机械、电梯、模具等	0.60	精密机械
服务外包	软件开发、研发设计、动漫、物流/供应链管理等	0.80	软件开发
新能源	太阳能(光伏)、风能、核能、生物质能等	0.40	—
生物医药	生物科技(基因、蛋白等)、医药制造及研发等	0.20	—

此外，还需考虑太湖科技产业园与高新区科技城的“产业关联性”，这主要体现为若

干产业领域的衔接。科技城产业发展的重点领域为软件与集成电路产业、电子通讯产业、生物医药产业、先进装备制造业，结合太湖科技产业园自身对生产功能配置的实际需求，确定其内部准入的高新技术产业门类主要有光电及集成电路、现代通讯和软件开发三类。

(2) 现代服务业的选择

遵循既定的产业选择原则，将太湖科技产业园的现代服务业选择界定如下：金融保险服务、商务商贸服务、文化创意服务。

其中，金融保险服务和商务商贸服务主要是作为提高园区综合服务水平、耦合园区发展目标中“城”之概念的基本支撑而存在的；而文化创意服务则需特别关注提取园区的自然人文特质，并在一定的空间范围内形成产业特色。

文化创意产业是指那些从个人的创造力、技能和天分中获取发展动力的企业，并包含体现文化特征与人文内涵的旅游服务和休闲娱乐业，其发展需要根据园区自身的条件策划相应的培育和发展支撑。太湖科技产业园文化创意产业发展的支撑及其与金融保险服务业和商务商贸服务业的衔接情况如图 9 - 20 所示，太湖科技产业园的文化创意产业主要选择为：文化艺术代理服务、旅游服务和休闲娱乐服务三类。

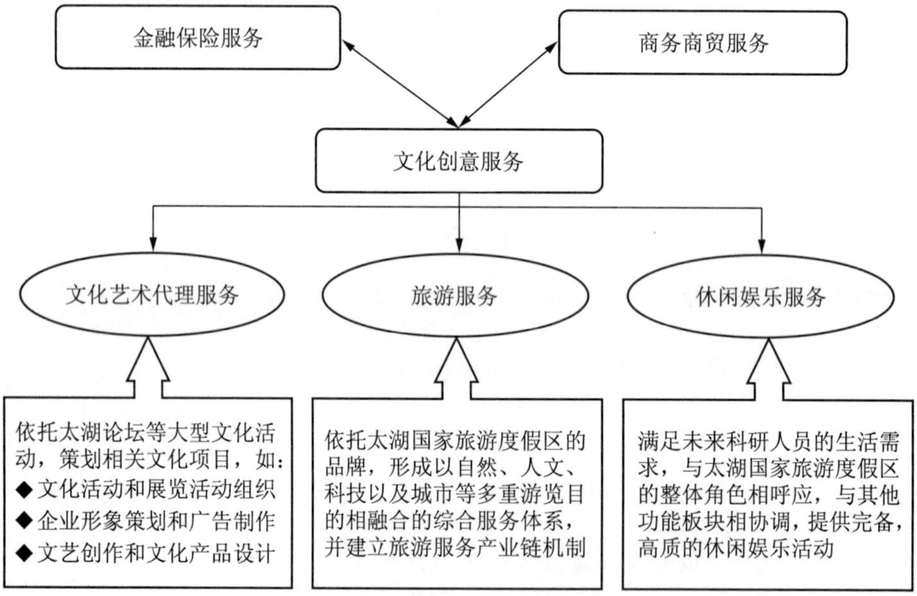

图 9 - 20　基地的产业选择结果

9.3.4　基于要素识别的产业布局

基于产业布局的影响要素甄别，太湖科技产业园的产业布局需考虑以下几方面的内容：注重产业空间分布与园区内外生态基质在功能和空间上的协调性，注重高新技术产业对于各类生产要素的集聚要求(组团式布局)，注重文化创意产业对于自然环境和舒适程度的高层次需求，注重产业体系和产业链与周边园区及街镇等产业载体的产业关联性。综上所述，结合已有功能的配置结果和既选产业的发展特点，建议产业布局如表 9 - 37 所示。

表 9-37 太湖科技产业园产业布局

<table>
<tr><th></th><th colspan="3">主要行业类型</th><th>产业布局</th></tr>
<tr><td rowspan="5">特色产业(作为产业园乃至度假区的特色而培育)</td><td rowspan="3">高新技术产业</td><td>现代通讯</td><td>通讯产业园</td><td rowspan="10">
</td></tr>
<tr><td>软件开发</td><td>软件城</td></tr>
<tr><td>光电及集成电路</td><td>光电谷</td></tr>
<tr><td rowspan="3">文化艺术代理服务</td><td>文化活动和展览活动组织</td><td rowspan="3">创意社区</td></tr>
<tr><td>企业形象策划和广告制作</td></tr>
<tr><td rowspan="5">辅助产业(作为度假区的必要构成而培育)</td><td>文艺创作和文化产品设计</td></tr>
<tr><td colspan="2">旅游服务</td><td rowspan="4">综合服务区、专业服务区</td></tr>
<tr><td colspan="2">休闲娱乐服务</td></tr>
<tr><td colspan="2">金融保险业</td></tr>
<tr><td colspan="2">商贸商务业</td></tr>
</table>

如表 9-38 所示,为进一步指导基地的开发建设,规划将基地按地块进行编号,对每一标号内的地块从地块面积、基底面积、建筑面积、容积率和密度等五个方面的经济技术指标提出控制导引(囿于篇幅,本书仅列出部分地块)。

表 9-38 基地不同地块的相关经济技术指标

编号	地块面积(m^2)	基底面积(m^2)	建筑面积(m^2)	容积率	密度
0	40 394.5	14 216.0	43 416.0	1.075	0.352
1	69 989.0	19 905.0	78 147.0	1.117	0.284
2	18 546.0	9 572.6	28 717.8	1.548	0.516
3	35 270.6	13 266.0	40 566.0	1.150	0.376
4	76 431.0	27 935.0	113 757.0	1.488	0.365
5	93 450.0	33 626.0	130 830.0	1.400	0.360
6	22 590.0	10 244.0	50 581.0	2.239	0.453
7	21 714.0	10 957.0	56 865.0	2.619	0.505
8	35 718.0	12 794.0	39 150.0	1.096	0.358
9	66 533.0	24 418.0	96 294.0	1.447	0.367
10	69 491.0	27 178.0	104 574.0	1.505	0.391

参考文献

别洛乌索夫. 1984. 苏联城市规划设计手册[M]. 詹可生，王仲谷，译. 北京：中国建筑工业出版社

曹亮功. 2007. 城市规划与社会和谐——以大连海湾工业区规划为例[J]. 建筑学报，(3)：34－36

曹敏娜，王兴平. 2003. 高新技术产业开发区的功能定位研究——以南京高新区为例[J]. 人文地理，18(2)：37－41，74

陈立定. 2007. 新加坡工业用地政策对我国工业用地年租制的启示[J]. 浙江树人大学学报，7(4)：54－57

陈文凑. 2010. 浅谈发展中的开发区产业规划与城市规划[J]. 理论探讨，(1)：205

创智中国. 2012. 中国中小企业人力资源管理白皮书[EB/OL]. http://www.prnasia.com/pr/2012/09/05/12078382.shtml

崔功豪，王兴平. 2006. 当代区域规划导论[M]. 南京：东南大学出版社：141－171

达婷. 2008. 城市化背景下城市规划与产业规划的互动关系[J]. 山西建筑，34(12)：63－64

东南大学城市规划设计研究院，东南大学区域与城市发展研究所. 2006. 连云港经济技术开发区产业布局规划[Z]

樊丙庚. 1993. 四川开发区规划建设的探讨[J]. 四川建筑，(2)：2－5

方创琳，张小雷，史育龙，等. 2011. 中国城镇产业布局分析与决策支持系统[M]. 北京：科学出版社：123－124

耿娜娜. 2011. 城市规划与产业规划的互动研究[J]. 江苏科技信息，(11)：53－54

顾立三，尤家宜. 1995.《上海市工业区规划编制技术要求》研究综述[J]. 上海建设科技，(6)：10－11

广西华蓝设计(集团)有限公司. 2010. 广西北部湾经济区南宁—东盟经济开发区总体规划(2010—2030)[Z]

杜徐雄. 2004. 关于我国高新区产业发展规划的几点思考[J]. 兰州学刊，(6)：118－120

郭建. 2008. 中国近代城市规划文化研究[D]. 武汉：武汉理工大学：176－177

国都设计技术专员办事处. 2006. 首都计划[M]. 南京：南京出版社

海门市政府办公室. 2011. 市政府办公室关于印发海门市工业项目准入预评估实施办法(试行)的通知[Z]

韩家相. 1984. 蛇口工业区的规划与建筑[J]. 建筑学报，(7)：20－27

郝寿义，安虎森. 2004. 区域经济学[M]. 2版. 北京：经济科学出版社：222－247

李百浩. 2003. 中国近现代城市规划历史研究[D]. 南京：东南大学

李德华. 2001. 城市规划原理[M]. 3版. 北京：中国建筑工业出版社：176－184

李小建，等. 1999. 经济地理学[M]. 北京：高等教育出版社：225－237

李益彬. 2007. 启动与发展——新中国成立初期城市规划事业研究[M]. 成都：西南交通大学出版社：38

梁仁彩. 1989. 工业区的等级类型及其结构特征的探讨[J]. 地理学报，44(1)：57－67

刘再兴. 1997. 工业地理学[M]. 北京：商务印书馆

陆大道. 1979. 工业区的工业企业成组布局类型及其技术经济效果[J]. 地理学报，34(3)：248－264

南京市江宁区人民政府. 2013. 关于推进全区“优二进三”工作的实施意见(试行)[Z]

南京市人民政府. 2013. 关于进一步规范工业及科技研发用地管理的意见[Z]

彭秀涛，荣志刚. 2006. “一五”计划时期工业区规划布局回顾[J]. 四川建筑，26(S1)：44－46

仇保兴. 2002. 城市定位理论与城市核心竞争力[J]. 城市规划，26(7)：11－13，53

青岛高新技术产业开发区管委会. 2009. 关于印发《青岛高新区高新技术产业项目入园条件及评估管理暂行办法》的通知[Z]

任震英，沈寿贤. 1981. 兰州市西固工业区规划与实施[J]. 城市规划，(1)：49－54

阮仪三，夏南凯，纽心毅，等. 1994. 青岛经济技术开发区规划[J]. 城市规划汇刊，(4)：17－23，64

《上海城市规划志》编纂委员会. 1999. 上海城市规划志[M]. 上海：上海社会科学出版社

上海市经委，市房地局，市规划局. 2005. 关于加强本市土地集约利用，试行产业用地评估工作的指导意见[Z]

沈复芸. 1984. "一五"时期包头规划回顾[J]. 城市规划，(5)：26－28

沈玉麟. 1999. 天津市北大港石化城规划忆实[C]//中国城市规划学会. 五十年回眸——新中国的城市规划. 北京：商务印书馆：545－549

司马方，仇向洋. 2004. 定位理论比较分析[J]. 现代管理科学，(8)：16－17

孙伟红. 2012. 史谈包头规划[J]. 城建档案，(9)：15－18

汪宇明，曾刚，宁越敏，等. 2003. 新世纪城市工业发展布局规划——广西南宁市的探索与实践[M]. 北京：科学出版社

王宝玲. 1997. 城市开发区规划浅谈[J]. 北京规划建设，(S1)：15－17

王建国，等. 2007. 后工业时代产业建筑遗产保护更新[M]. 北京：中国建筑工业出版社：158－161

王宁. 1993. 从宏观、中观和微观谈开发区规划的新思路[J]. 城市规划汇刊，(6)：14－25

王兴平，等. 2013. 开发区与城市的互动整合——基于长三角的实证分析[M]. 南京：东南大学出版社：317－368

王兴平，钱德福，齐文. 2008. 基于"空间准入"的开发区产业布局规划研究——以连云港经济技术开发区为例[J]. 规划师，24(3)：37－41

王兴平，袁新国. 2009. 中国城市再开发概述与开发区再开发案例[R]//中国城市规划学会常务理事会. 第三届城市再开发专家亚洲国际交流会. 天津：103－108

王兴平. 2002. 城市企业化与城市战略规划[J]. 城市规划，26(6)：69－72，96

王兴平. 2005. 中国城市新产业空间——发展机制与空间组织[M]. 北京：科学出版社

王兴平. 2008. 中国开发区空间配置与使用的错位现象研究——以南京国家级开发区为例[J]. 城市发展研究，15(2)：85－91

王兴平. 2013. "城市休眠"空间需激活与修复[J]. 凤凰周刊·城市，(3)：25

王学峰. 2003. 试论开发区规划管理的几个问题[J]. 城市规划，27(11)：39－43，64

王泽淼. 2013. 开发区规划管理的几个问题[J]. 建材与装饰，(7)：42－43

魏心镇. 1982. 工业地理学(工业布局原理)[M]. 北京：北京大学出版社

吴贤文. 2005. 工业区控制性详细规划的控制和兼容[J]. 规划师，21(6)：80－81

吴星. 2008. 论现有产业建筑再利用评价体系[J]. 现代商业，(14)：272

肖熠，等. 2009. 天津区县工业园区规划编制方法研究[J]. 城市，(9)：36－41

谢晖，王兴平，章建豪，等. 2007. 基于效益分析的节约型城市规划方法探索——以常州天宁经济开发区规划为例[J]. 规划师，23(6)：15－20

熊鲁霞，骆棕. 2000. 上海市工业用地的效率与布局[J]. 城市规划汇刊，126(2)：22－29，45

徐海贤，邹军. 2007. 在高速增长中寻求健康发展——江苏城市化的理性选择[J]. 城市规划，31(3)：35－39

叶雁冰. 2005. 旧工业建筑再生利用的价值探析[J]. 工业建筑，35(6)：32－34

袁新国，王兴平. 2011. 再开发背景下开发区产业建筑改造再利用研究——以漕河泾新兴技术开发区为例[J]. 城市规划，35(10)：67－73

张利平，楼江. 2011. 工业用地年租制模式探讨——借"土地二次开发"之机推进工业用地供给方式的转变[J]. 上海国土资源，32(2)：51－56

张卫，孙莹，郭小兰. 2012. 洛阳涧西工业区街坊色彩问题研究[J]. 现代城市研究，(8)：65 - 71
张文忠，等. 2009. 产业发展和规划的理论与实践[M]. 北京：科学出版社
周辅成. 1958. 广西南宁市工业区规划介绍[J]. 建筑学报，(11)：34 - 35，24
周岚. 2002. 中国社会经济环境下的城市规划[J]. 城市规划，18(12)：18 - 20
朱英明. 2006. 中国产业集群分析[M]. 北京：科学出版社：10 - 18
邹德慈. 1992. 开发区规划的若干问题[J]. 城市规划，(5)：17 - 19
邹德慈. 2003. 论城市规划的科学性[J]. 城市规划，27(2)：77 - 79
邹德慈. 2005. 走向主动式的城市规划——对我国城市规划问题的几点思考[J]. 城市规划，29(2)：20 - 22

图片来源

图 1 - 1 源自:郭建. 2008. 中国近代城市规划文化研究[D]. 武汉:武汉理工大学:176 - 177

图 1 - 2 源自:(民国)国都设计技术专员办事处. 2006. 首都计划[M]. 南京:南京出版社

图 1 - 3 源自:《上海城市规划志》编纂委员会. 1999. 上海城市规划志[M]. 上海:上海社会科学出版社

图 1 - 4 源自:李百浩. 2003. 中国近现代城市规划历史研究[D]. 南京:东南大学;张卫,孙莹,郭小兰. 2012. 洛阳涧西工业区街坊色彩问题研究[J]. 现代城市研究,(8):65 - 71

图 1 - 5 源自:任震英,沈寿贤. 1981. 兰州市西固工业区规划与实施[J]. 城市规划,(1):49 - 54

图 1 - 6 源自:孙伟红. 2012. 史谈包头规划[J]. 城建档案,(9):15 - 18

图 1 - 7 源自:沈复芸. 1984. "一五"时期包头规划回顾[J]. 城市规划,(5):26 - 28

图 1 - 8 源自:李百浩. 2003. 中国近现代城市规划历史研究[D]. 南京:东南大学

图 1 - 9 源自:韩家相. 1984. 蛇口工业区的规划与建筑[J]. 建筑学报,(7):20 - 27

图 1 - 10 源自:《上海城市规划志》编纂委员会. 1999. 上海城市规划志[M]. 上海:上海社会科学出版社

图 1 - 11 源自:笔者绘制

图 2 - 1 至图 2 - 13 源自:笔者绘制

图 3 - 1 源自:笔者绘制

图 3 - 2 源自:别洛乌索夫. 1984. 苏联城市规划设计手册[M]. 詹可生,王仲谷,译. 北京:中国建筑工业出版社

图 3 - 3 源自:王兴平. 2005. 中国城市新产业空间——发展机制与空间组织[M]. 北京:科学出版社:153

图 3 - 4 源自:王兴平,等. 2013. 开发区与城市的互动整合——基于长三角的实证分析[M]. 南京:东南大学出版社:47

图 3 - 5 至图 3 - 9 源自:笔者绘制

图 3 - 10 源自:http://www. dpchina. com/zbd/sqxg/02-2. html

图 3 - 11 源自:http://www. dpchina. com/zbd/phase1Mp/Image 18. jpg

图 3 - 12、图 3 - 13 源自:笔者绘制

图 4 - 1 至图 4 - 8 源自:笔者绘制

图 4 - 9 源自:王建国,等. 2007. 后工业时代产业建筑遗产保护更新[M]. 北京:中国建筑工业出版社:158 - 161

图 4 - 10 源自:http://bbs. szhome. com/commentdetail. aspx? id=57242302&projectid=52260&c=38;http://blog. sina. com. cn/s/blog_5f9f38680100hd8z. html

图 4 - 11、图 4 - 12 源自:笔者拍摄

图 5 - 1 源自:南京市城市规划编制研究中心,南京大学建筑规划设计研究院. 2009. 江苏软件园吉山基地(SOD012)控制性详细规划[R]

图 5 - 2 至图 5 - 4 源自:笔者绘制

图 5 - 5 源自:http://www. ltkfq. com/E_ReadNews. asp? NewsID=390

图 6 - 1 源自:笔者绘制

图 6 - 2 源自:笔者根据 2009 年宁波市统计年鉴、政府报告及开发区概况介绍资料整理而得

图 6 - 3 源自:笔者绘制

图 6 - 4 源自:笔者利用 ArcGIS9.2 软件分析制作而得
图 6 - 5 源自:笔者绘制
图 6 - 6 源自:笔者利用 SPSS 软件制作而得
图 6 - 7 源自:笔者绘制
图 6 - 8 源自:笔者利用 ArcGIS9.2 软件制作而得
图 6 - 9 源自:笔者绘制
图 6 - 10、图 6 - 11 源自:笔者利用 ArcGIS9.2 软件制作而得
图 7 - 1 源自:笔者结合规划基础资料图件绘制
图 7 - 2 源自:笔者绘制
图 7 - 3 源自:笔者借助 SPSS 软件计算而得
图 7 - 4 至图 7 - 10 源自:笔者利用 ArcGIS9.2 软件制作而得
图 7 - 11 源自:笔者绘制
图 7 - 12 源自:笔者结合规划基础资料图件绘制
图 8 - 1 源自:笔者根据历年吴中区统计年鉴数据整理而得
图 8 - 2 源自:笔者根据 2008 年吴中区统计年鉴数据整理而得
图 8 - 3 源自:笔者绘制
图 8 - 4 至图 8 - 7 源自:笔者利用 ArcGIS9.2 软件制作而得
图 8 - 8 源自:笔者根据 2010 年武进区统计年鉴数据整理而得
图 8 - 9、图 8 - 10 源自:笔者根据历年洛阳镇政府工作报告数据整理而得
图 8 - 11 至图 8 - 13 源自:笔者绘制
图 8 - 14 至图 8 - 17 源自:笔者利用 ArcGIS9.2 软件制作而得
图 8 - 18 源自:常州市规划设计院提供
图 8 - 19 源自:笔者利用 ArcGIS9.2 软件制作而得
图 8 - 20 源自:笔者根据 2011 年如东县统计年鉴数据整理而得
图 8 - 21 源自:笔者根据如东县经济和信息化委员会提供数据整理而得
图 8 - 22、图 8 - 23 源自:笔者绘制

图 9 - 1 源自:笔者根据 2010 年度江苏省开发区科学发展综合评价结果绘制而得,其中无锡和常州为高新区,其余均为经济技术开发区

图 9 - 2 源自:笔者根据盐城市第二次 R&D 资源清查公报整理而得
图 9 - 3 至图 9 - 20 源自:笔者绘制

表格来源

表 1－1、表 1－2 源自：笔者整理

表 2－1 至表 2－6 源自：笔者根据相关资料整理而得

表 2－7 至表 2－12 源自：笔者绘制

表 2－13 源自：笔者根据相关资料整理而得

表 3－1 源自：别洛乌索夫. 1984. 苏联城市规划设计手册[M]. 詹可生，王仲谷，译. 北京：中国建筑工业出版社：254－255

表 3－2、表 3－3 源自：笔者绘制

表 3－4 源自：别洛乌索夫. 1984. 苏联城市规划设计手册[M]. 詹可生，王仲谷，译. 北京：中国建筑工业出版社：254－255

表 3－5 源自：王兴平，等. 2013. 开发区与城市的互动整合——基于长三角的实证分析[M]. 南京：东南大学出版社：94－95

表 3－6 至表 3－10 源自：笔者绘制

表 4－1 至表 4－7 源自：笔者绘制

表 5－1 至表 5－3 源自：笔者绘制

表 5－4 源自：参照上海市及所属区县工业项目预评估有关资料制作

表 6－1 源自：笔者根据钦州市的历史数据及总体规划中经济目标预测结论整理而得

表 6－2 源自：笔者根据钦州市的各工业区的历史数据和发展定位整理而得

表 6－3 源自：笔者根据钦州市的分行业发展评价和近期发展目标整理而得

表 6－4 源自：笔者根据钦州市的各工业区的产业适宜性及未来引导方向整理而得

表 6－5 源自：笔者根据环保、效益、产业适宜性等内容的相关结论整理而得

表 6－6 源自：笔者根据 2009 年上海市、江苏省、浙江省和宁波市统计年鉴整理而得

表 6－7 源自：笔者根据 2009 年宁波市统计年鉴整理而得

表 6－8 源自：笔者根据 2009 年宁波市统计年鉴及各开发区概况介绍资料整理而得

表 6－9 源自：笔者根据 2009 年宁波市统计年鉴整理而得

表 6－10 源自：笔者根据开发区产业分析结论整理而得

表 6－11 源自：笔者根据评价思路和既有统计数据获取情况整理而得

表 6－12 源自：笔者通过数据分析而得

表 6－13 源自：笔者根据评价思路和既有统计数据获取情况整理而得

表 6－14 源自：笔者通过数据分析而得

表 6－15 源自：笔者根据竞争力和整合度评价结论整理而得

表 6－16 源自：笔者根据竞争力评价结论整理而得

表 6－17 源自：笔者根据整合度评价结论整理而得

表 6－18 源自：笔者根据综合评价结论整理而得

表 6－19 源自：笔者基于熊鲁霞，骆棕. 2000. 上海市工业用地的效率与布局[J]. 城市规划汇刊，126(2)：22－29，45整理

表 6－20 源自：笔者基于历史数据和先发地区的经验数据整理而得

表 6－21 源自：笔者基于各类产业发展的历史数据及未来的产业格局预测整理而得

表 6－22 源自：笔者基于各类产业用地规模的分析结论整理而得

表 6－23 源自：笔者根据各工业板块的现状、定位及未来的用地规模预期整理而得

表 6 - 24 源自:笔者基于历史数据和经济增长目标整理而得

表 6 - 25 源自:笔者根据各工业板块的现状、定位及未来的人口规模预期整理而得

表 6 - 26 源自:笔者根据工业用地适宜性评价的因子细化得到

表 6 - 27、表 6 - 28 源自:笔者基于成对明智比较法确定

表 6 - 29 源自:笔者根据既有结论和江苏省建设用地指标、国土资源部工业项目建设用地控制指标确定

表 6 - 30 源自:笔者结合主成分分析方法计算要求整理而得

表 6 - 31 源自:笔者借助 SPSS 软件分析而得

表 6 - 32 源自:笔者根据主成分分析结论判断而得

表 6 - 33 源自:笔者结合现状、空间分析及数据分析结论整理而得

表 6 - 34 源自:笔者根据既定标准化方法要求及现有发展条件判断而得

表 7 - 1 源自:笔者根据 2003 年国家火炬计划统计资料整理而得

表 7 - 2 源自:笔者根据连云港经济技术开发区既有统计资料整理而得

表 7 - 3 源自:笔者根据连云港经济技术开发区发展目标及现实条件判断而得

表 7 - 4 源自:笔者根据连云港经济技术开发区发展目标及各产业发展要求标准整理而得

表 7 - 5 源自:笔者根据各片区发展条件及未来发展导向整理而得

表 7 - 6 源自:笔者根据连云港经济技术开发区现实条件整理而得

表 7 - 7 源自:笔者根据各片区发展条件及未来发展导向判断而得

表 7 - 8 源自:笔者根据中云片区发展条件判断而得

表 7 - 9 源自:笔者根据连云港经济技术开发区产业选择结论及各片区发展条件判断而得

表 7 - 10 源自:笔者根据各片区的产业角色分配结论整理而得

表 7 - 11 源自:笔者根据开发区现有的控制标准整理而得

表 7 - 12 源自:笔者结合开发区现有的控制标准及中云片区特点整理而得

表 7 - 13 源自:笔者根据既定标准整理而得

表 7 - 14 源自:笔者根据开发区现有的控制标准整理而得

表 7 - 15 源自:笔者根据优势度评价因子的选取整理而得

表 7 - 16 源自:笔者根据主成分分析方法计算而得

表 7 - 17、表 7 - 18 源自:笔者根据主成分分析方法借助 SPSS 软件计算而得

表 7 - 19 源自:笔者借助 SPSS 软件计算而得

表 7 - 20 源自:笔者借助 SPSS 软件计算结论整理而得

表 7 - 21 源自:笔者根据苏州高新区经济发展目标及现实条件判断而得

表 7 - 22 源自:笔者结合既定产业分类标准自行整理而得

表 7 - 23 源自:笔者根据苏州高新区发展目标及现实条件判断而得

表 7 - 24、表 7 - 25 源自:笔者基于各片区发展基础与导向整理而得

表 7 - 26 源自:笔者基于各产业区发展基础与各片区发展导向整理而得

表 8 - 1 源自:笔者根据历年吴中区统计年鉴数据整理而得

表 8 - 2 源自:笔者根据预测结果整理而得

表 8 - 3、表 8 - 4 源自:笔者根据分析结果整理而得

表 8 - 5 至表 8 - 9 源自:笔者整理

表 8 - 10 源自:笔者根据相关资料整理而得

表 8 - 11 源自:笔者根据分析结果整理而得

表 8 - 12 源自:笔者根据如东县志和历年如东县统计年鉴数据整理而得

表 8 - 13 源自:笔者根据如东房产网 http://www.rdfc.cn/公布数据整理而得

表 8 - 14 至表 8 - 16 源自:笔者整理

表 8－17、表 8－18 源自:笔者根据分析结果整理而得
表 8－19 源自:笔者根据苏州市和常州市 2010 年统计年鉴整理而得
表 8－20 源自:笔者根据预测结果整理而得
表 9－1 至表 9－6 源自:笔者整理
表 9－7 源自:笔者根据分析结果整理而得
表 9－8 源自:笔者整理
表 9－9 至表 9－17 源自:笔者根据分析结果整理而得
表 9－18 源自:笔者根据相关资料整理而得
表 9－19、表 9－20 源自:笔者整理
表 9－21 至表 9－26 源自:笔者根据分析结果整理而得
表 9－27 至表 9－29 源自:笔者整理
表 9－30 源自:笔者根据分析结果整理而得
表 9－31 至表 9－35 源自:笔者整理
表 9－36 至表 9－38 源自:笔者根据分析结果整理而得